है चाँद तेरा चेहरा

गीत संग्रह

कैलाश चन्द्र यादव

Anybook

Published By

Anybook

Cell : 9971698930

E-mail: contactanybook@gmail.com

Website : www.anybook.org

Paperback first published by Anybook in 2025

Printed and bound in India

Cover, Design & Typesetting by Anybook

ISBN : 978-93-91571-99-3

कैलाश चन्द्र यादव लेखक का परिचय

जन्म तिथि	: नवम्बर 16 सन् 1960 ई०
शिक्षा	: एम. ए. (अर्थशास्त्र) एम. काम.
सम्प्रति	: भारत संचार निगम लिमिटेड से कार्यालय अधीक्षक के पद से सेवानिवृत
स्थायी पता	: मौ० कटरामालियान, म०.नं०.400 काका स्वीट्स के पास, काशीपुर-244713 जिला- ऊधमसिंहनगर (उत्तराखण्ड)
अस्थायी पता	: बांसियोंवाला मन्दिर रोड, राजमण्डप चौराहे से पहले, काशीपुर-244713 जिला- ऊधमसिंह नगर (उत्तराखण्ड)
मो० नं०	: 94589-37977, 90273-33919

पुस्तक परिचय

है चाँद तेरा चेहरा गीत संग्रह दिल की गहराईयों को छूने वाला है। एक-एक गीत को बड़े ही मधुर अन्दाज से लिखा गया है। सभी गीत पुराने फिल्मी गीतों पर आधारित हैं। किसी भी गीत का पुराने गीत पर आधारित होना ठीक उसी तरह है जैसे कि रागों के आधार पर गीत सृजन। संगीत के वही सात सुर हैं और इन्हीं में सारे विश्व का संगीत समाया है।

शब्दों को नये कलात्मक अन्दाज में लिखना उतना साधारण नहीं है जैसा कि हम गीत को संगीत के साथ सुनते हैं। चन्द अल्फ़ाज़ों की जुस्तजू भी गीतकार के लिये तपस्या बन जाती है। गीतकार गीत में नये शब्द जोड़ नयी कृति को जन्म देता है वहीं दूसरी और संगीतकार, गायक-गायिका मिलकर गीत को बिल्कुल नया स्वरूप प्रदान कर देते हैं।

इस संग्रह में मैंने अपने पाठकों के दृष्टिकोण को ध्यान में उस गीत का संकेत (Base) इंगित करने का प्रयास किया है। मेरे इन्हीं गीतों पर फिल्म जगत में कार्य चल रहा है. साज़ सरगम स्टूडियो पुणे महाराष्ट्र द्वारा इन्हें नया रूप प्रदान किया जा रहा है. इसके लिये मैं संगीतकार चन्द्र मोहन का आभार व्यक्त करता हूँ।

कैलाश चन्द्र यादव

"गीतकार"

काशीपुर जिला ऊधमसिंहनगर

उत्तराखण्ड

प्रकाशित पुस्तकों का विवरण

क्रम	वर्ष	गीतों की सं०	प्रकाशित पुस्तक का नाम
01.	2024	278	है चाँद तेरा चेहरा (गीत संग्रह)
02.	2024	271	देखूँ मैं तेरे ही सपने (गीत संग्रह)
03.	2024	280	दिल कैसे न बेक़रार हो (गीत संग्रह)
04.	2023	272	हो गयी रे मैं सयानी (गीत संग्रह)
05.	2023	285	आँखें तेरी जानम पैमाने दो (गीत संग्रह)
06.	2022	280	तेरे अल्फ़ाज़ को नग़मों में (गीत संग्रह)
07.	2022	###	गीत लेखन कैसे करें?
08.	2022	285	एक रंगीली लड़की ने (गीत संग्रह)
09.	2022	284	दिल को मेरे छू गयी (गीत संग्रह)
10.	2021	284	कब से तेरी राह में बैठी (गीत संग्रह)
11.	2020	284	ऐसा तुझमें क्या है (गीत संग्रह)
12.	2020	379	साजन मेरे साजन (गीत संग्रह)
13.	2020	016	आपातकाल में सृजन फुलबाड़ी
14.	2018	000	इस उपवन में (कहानी संग्रह)
15.	2018	181	सपनों में तुम (गीत संग्रह)
16.	2018	281	ऐसे मौसम में (गीत संग्रह)
17.	2017	240	सनम तेरे प्यार में (गीत संग्रह)
18.	2017	182	साजन-साजन (गीत संग्रह)
19.	2002	355	याद आओगे तुम (गीत संग्रह)
20.	2001	056	तुम पिया नहीं आये (वि०रचना संग्रह)
21.	2002	048	कौन कली मुस्काई (बाल गीत)
22.	2001	059	मातृभूमि तुझे प्रणाम (राष्ट्रभक्ति गीत)
23.	1993	000	चिट्ठी आई है (मनोविश्लेषण)

Saz Sargam Production, Pune- Maharastra

साज़ सरगम प्रोडक्शन पुणे, महाराष्ट्र जो कि अपने फिल्म प्रोडक्शन और शानदार संगीत के लिये जाना माना नाम है। मैं साज़ सरगम की पूरी यूनिट का आभार व्यक्त करता हूँ जो मेरे गीतों पर लगातार कार्यरत है। साज़ सरगम प्रोडक्शन ने मेरे गीतों को जिस नये अन्दाज़ से संगीतबद्ध किया है वह देखते ही बनता है। एक ओर अपनी मधुर आवाज का जादू बिखेरते भूषण कुमार वहीं दूसरी ओर अपने कोकिला कण्ठ की मालिक वैजू चांदवले, राधिका हेंगेकर, सुषमा जोरे, अपर्णा जमसेंडेकर, रिचा मेनन तथा अन्य सभी कलाकार जो इस टीम से जुड़े हैं वे प्रशंसा के पात्र हैं।

संगीतकार चन्द्र मोहन ने मेरे जिन गीतों को अब तक संगीतबद्ध किया है एवं वे यू-ट्यूब पर धूम मचा रहे हैं मैं उनका उल्लेख करना चाहूँगा।

My Song recorded by Chandra Mohan Hangekar, filmeria Saz Sargam Studio Pune, Maharastra

~~~ नैन नशीले गेसू घटा से
~~~ हाँ कह दे
~~~ उल्फ़त की डोरी से
~~~ रुके न कहीं सिलसिला प्यार का
~~~ Ram Krishna Bhakti geet
(Singar-Richa Menon)
~~~ लिखूँ क्या अल्फ़ाज़ जो तुझको आये पसंद
~~~ पवन पुत्र हनुमान (भूषण कुमार)
~~~ मजा ले मजा ले (गायक-भूषण कुमार)
~~~ कहो फिर जय श्री राम (वैजू चाँदवले)
~~~ Aankhen teri jaanam Paimane
~~~ Bheegi Bheegi barsatein
~~~ 0 Dilruba Tuzko Itna chahun
~~~ Ho gai ho gai mein Sayani
~~~ Dilwale mohabbat Jane na tu
~~~ ya dil mujhe tu de mein geet
~~~ Ho Gayi mai Sayani (an Interview)

My other song on youtube

~~~ Dooriyaan Najdikiyan
~~~ Wada nahin karte Sanam
~~~ Mujhe churi to la de
~~~ Lagti tum ho chand chakori
~~~ Dil todd ke na jaiyo
~~~ Piya tera naam
~~~ Wada nahin karte Sanam (F)
~~~ Tujhse pyar karte hain yaar
~~~ Are kya kahna teri kali kali
~~~ Phuljhari lagti ho jaanam
~~~ जानेजां दूर से आवाज
~~~ तू सनम बेवफ़ा है
~~~ बात दो रुपये की है मामला है
~~~ हादसा एक बन गयी ज़िंदगी
~~~ खुशियों के दीप जलाने आयी
~~~ तुम जो आओ तो पतझड़ सा मौसम

Saz Sargam is with **Chandramohan Hangekar** and **2 others**.

2h ·

बहुत कम ऐसे गीतकार हैं जिन्होने हर चीज पर और सिच्यूएशन पर गाना लिखा हो.

आदरणीय प्रा. कैलाश चंद्र जी को इस विशेष दिन पर बहुत बहुत शुभकामनाये..

अनुक्रम

वन्दना गीत

दे शक्ति दे~दे बुद्धि दे~देवराजा
दे शक्ति दे~दे बुद्धि दे~देवराजा
दे शक्ति दे~दे बुद्धि दे~देवराजा
दे शक्ति दे~दे बुद्धि दे~देवराजा

उसे टाल जो असम्भव
उसे टाल जो असम्भव, सम्भव की दे साया

है लक्ष्य जो भी सम्भव
संकल्प दे सवाया

मेरे लिये जो सम्भव
उसके लिये हर पल~दे बुद्धि देवराजा

विश्वास न ये टूटे~दे बुद्धि दे~देवराजा
दे बुद्धि दे~देवराजा~दे बुद्धि दे~देवराजा
दे शक्ति दे~दे बुद्धि दे~देवराजा
दे शक्ति दे~दे बुद्धि दे~देवराजा
दे शक्ति दे~दे बुद्धि दे~देवराजा
दे शक्ति दे~दे बुद्धि दे~देवराजा

आसमां में फहरा तिरंगा

आसमां में फहरा तिरंगा जन-जन हुआ है मस्त
आयी पन्द्रह अगस्त~~~आयी पन्द्रह अगस्त
आसमां में फहरा तिरंगा जन-जन हुआ है मस्त
आयी पन्द्रह अगस्त~~~आयी पन्द्रह अगस्त

याद करें हम सब आज~वीरों की क़ुरबानी को
याद करें चन्द्रशेखर को~झांसीवाली रानी को
याद करें जवाहर को~याद करें उस गाँधी को
याद करें बल्लभ को~उनके कारनामों को
दशोंदिशा खुशियों से झूमे~बाधा हो न कष्ट
आयी पन्द्रह अगस्त~~~आयी पन्द्रह अगस्त

पहुँचे ये पैग़ाम मेरा~खेतों और खलिहानों में
फहरे तिरंगा आज मेरा~ऊँचे-ऊँचे मचानों में
फहरे ये दुकान में~फहरे हर मकान में
फहरे ये जहाज में~फहरे रेगिस्तान में
सूरज वो निराशाओं का~आज हुआ है अस्त
आयी पन्द्रह अगस्त~~~आयी पन्द्रह अगस्त

आओ मिटायें धरती से~जितना भी हो अँधियारा
स्वच्छ-साफ हो यहाँ-वहाँ, एक-एक अपना गलियारा
गिनवायें एक-दूजे को~जीवन की अच्छाईयाँ
दिखलायें हम बच्चों को~वीरों की परछाईयाँ
दुनिया में बजे अपना डंका~रखें स्वंय को व्यस्त
आयी पन्द्रह अगस्त~~~आयी पन्द्रह अगस्त

खुशियाँ हजारों लेकर 15 अगस्त आई

खुशियाँ हजारों लेकर~पन्द्रह अगस्त आई
क़ुदरत का हर नज़ारा~लगे मस्त-मस्त भाई
खुशियाँ हजारों लेकर~पन्द्रह अगस्त आई
क़ुदरत का हर नज़ारा~लगे मस्त-मस्त भाई

मर गये जो सिपाही~सत-सत उन्हें नमन है
सदा फहरे ये तिरंगा~मुझे प्यारा ये वतन है
माँ भारती को पूजो~माटी तिलक लगा लो
हाथों में हाथ लेकर~सब शिकवे भूल डालो
नये-नये पैग़ाम लेकर~पन्द्रह अगस्त आई
क़ुदरत का हर नज़ारा~लगे मस्त-मस्त भाई
खुशियाँ हजारों लेकर~पन्द्रह अगस्त आई
क़ुदरत का हर नज़ारा~लगे मस्त-मस्त भाई

है एक अपना मज़हब~हम सब हैं भाई-भाई
क्या हिन्दू क्या मुसलमां~क्या सिख क्या ईसाई
पानी है हमको मंजिल~यही लक्ष्य हो हमारा
सबके लिये जियें हम~यही प्रण हो हमारा
धरती से आसमां तक~पन्द्रह अगस्त छाई
क़ुदरत का हर नज़ारा~लगे मस्त-मस्त भाई
खुशियाँ हजारों लेकर~पन्द्रह अगस्त आई
क़ुदरत का हर नज़ारा~लगे मस्त-मस्त भाई

भूलें कभी न हम-तुम~वीरों की वो कुरबानी
जां पर खेलकर जो~लायें हैं ये आजादी
फिर आओ याद कर लें~हैं जो अमर गाथायें
हम एहतराम कर लें~पहना के पुष्प मालायें
जागृति के आंगन में~पन्द्रह अगस्त आई
क़ुदरत का हर नज़ारा~लगे मस्त-मस्त भाई
खुशियाँ हजारों लेकर~पन्द्रह अगस्त आई
क़ुदरत का हर नज़ारा~लगे मस्त-मस्त भाई

करवा चौथ मनाने का दिन आया

करवा चौथ मनाने का दिन
आया-आया-आया है री सखियों
करवा चौथ मनाने का दिन
आया-आया-आया है री सखियों
सोलह श्रृंगार करने का दिन
आया-आया-आया है री सखियों
करवा चौथ मनाने का दिन ....

बदरी की ओट में चन्दा छिपा है आज
खोलूँ व्रत कैसे मैं बड़ी मुश्किल में जान
सखियों आओ चलें छत पर देखने
करें चन्दा के दर्शन चलनी ले हाथ में
लम्बी उम्र साजन की हो, पल सुख का है री सखियों
सोलह श्रृंगार करने का दिन
आया-आया-आया है री सखियों
करवा चौथ मनाने का दिन ....

साजन जी हमारे पिलायेंगे जल हमें प्यार से
रूठूँगी जब मैं मनायेगे तब दुलार से
मिटेंगी आज सब दूरियां, टूटेगी कभी न ये डोरियाँ
खुशियों से दामन भरा ये रहे
खाली कभी न हों ये झोलियाँ
कसमें-वादे निभाने का दिन
आया-आया-आया है री सखियों
सोलह श्रृंगार करने का दिन
आया-आया-आया है री सखियों
करवा चौथ मनाने का दिन ....

अब न आयेंगे तेरी गलियों में हम
(Base-Sajan-sajan pukarun...)

अब न आयेंगे तेरी गलियों में हम
अब न आयेंगे तेरी गलियों में हम
चाहे कितना पुकारो तुम हमका सनम
अब न आयेंगे तेरी गलियों में हम
अब न आयेंगे तेरी गलियों में हम

चल न पायेगा अब हम पे तेरा ये जादू
तेरी ख़ातिर अब न होंगे हम बेकाबू
हो गये फिर से हम दोनों अब मैं और तू
अब न छायेंगे तेरी सखियों में हम
चाहे कितना पुकारो...
कितना पुकारो तुम हमका सनम
अब न आयेंगे तेरी गलियों में हम...2

अब न घायल कर पायेगी तेरी अँगड़ाई
यूँही न भी डस पायेगी हमें तन्हाई
न भी दिल को धड़कायेगी अब पुरबाई
दिल बहलायेंगे नहीं जल्वों से हम
चाहे कितना पुकारो...
कितना पुकारो तुम हमका सनम
अब न आयेंगे तेरी गलियों में हम...2

लिखेंगे न तुमको हम अब अफ़साने
याद में तेरी छलकेंगे न अब पैमाने
भूली-बिसरी बातें हुईं वो गुजरे ज़माने
अब न गायेंगे यूँ महफ़िल में हम
चाहे कितना पुकारो...
कितना पुकारो तुम हमका सनम
अब न आयेंगे तेरी गलियों में हम...2

अब तक भी याद है मुझे
(Base-Aa jaye kisi din tu...)

अब तक भी याद है मुझे...
अब तक भी याद है मुझे... एहसास वो तेरा
अब तक भी याद है मुझे... एहसास वो तेरा
यूँ कैसे भुला भी दूँ...
यूँ कैसे भुला भी दूँ ...अरमान मैं तेरा
अब तक भी याद है मुझे... एहसास वो तेरा

रातें थी गुजारी कई~गुमनाम बस्ती में
रातें थी गुजारी कई~गुमनाम बस्ती में
लम्हें वो शरारत के~खोये थे मस्ती में
किस तरह चुकाऊँ भला...
किस तरह चुकाऊँ भला...एहसान मैं तेरा
अब तक भी याद है मुझे... एहसास वो तेरा

तू और की क्यों हो गयी~इतना तो यकीं होता
तू और की क्यों हो गयी~इतना तो यकीं होता
मिल-जुल करते हल~शिकवा अगर होता
बेवज़ह कर बैठा...
बेवज़ह कर बैठा...ऐतबार मैं तेरा
अब तक भी याद है मुझे... एहसास वो तेरा

मुद्दत से नहीं सोया~न ही चैन मिला दिल को
मुद्दत से नहीं सोया~न ही चैन मिला दिल को
जाने रोग लगा कैसा~नहीं मिलती दवा मुझको
किस तरह ठगा है मुझे ...
किस तरह ठगा है मुझे...क्या ग़ुनाह है मेरा
अब तक भी याद है मुझे... एहसास वो तेरा

अब तुझपे नहीं है भरोसा
(Base-Sab khil gaye gaalon...)

अब तुझपे नहीं है भरोसा कि वादे तू हजार भी कर
अब तुझपे नहीं है भरोसा कि वादे तू हजार भी कर
अब तुझपे नहीं है भरोसा...
दर्द ऐसा दिया तूने मितवा दीवाने तक़रार न कर
अब तुझपे नहीं है भरोसा कि वादे तू हजार भी कर

छोड़ दी ये दुनिया क्यों तू बना है सन्यासी
छोड़ दी ये दुनिया क्यों तू बना है सन्यासी
तू है बुद्धू तू अनाड़ी प्रीत की रीत न जाने
जाने भी क्यों छिप-छिप कर लिखता मुझे अफ़साने
तुझको न मैं मिलने वाली जा ये उम्मीद न कर
अब तुझपे नहीं है भरोसा कि वादे तू हजार भी कर
दर्द ऐसा दिया तूने मितवा दीवाने तक़रार न कर

चढ़ती जवानी नाजुक-नाजुक होंठ मेरे कमल
चढ़ती जवानी नाजुक-नाजुक होंठ मेरे कमल
जा के तू लौटा न इधर बीती जाती उमर
करवटें लेकर रात गुजारूँ... ख़ुद को कैसे मैं सभालूँ
न तू मोहन न मैं तेरी राधा,न तू मोहन न मैं तेरी राधा
कि मेरा इन्तज़ार न कर
अब तुझपे नहीं है भरोसा कि वादे तू हजार भी कर
अब तुझपे नहीं है भरोसा...
दर्द ऐसा दिया तूने मितवा दीवाने तक़रार न कर

अफ़साना दिल का लिखता हूँ
(Base-ye duniya wale pachhenge...)

अफ़साना दिल का लिखता हूँ...
अफ़साना दिल का लिखता हूँ
कभी सांझ ढले कभी भोर ही में...
जब याद तेरी मुझे आती है
अफ़साना दिल का लिखता हूँ...
कभी सांझ ढले कभी भोर ही में...जब याद तेरी....
अफ़साना दिल का लिखता हूँ...

किस तरह दिल बहलाऊँ, कुछ बात तेरी अँगड़ाई में
जुल्फ़ें मचलता सावन, आ मिल कभी तन्हाई में
कजरारे नैना मतवारे...
लब मस्ती के हैं धारे...लब मस्ती के हैं धारे
अफ़साना दिल का लिखता हूँ...

F- माना कि तू है परदेसिया,तुझे देखे बिना घबराये जिया
ख़्वाबों में तेरे मैं खोयी हूँ,अंजाने तुझको दिल दे दिया
जब प्यार मेरा तूने माँगा....
इक़रार मेरा तूने चाहा...इक़रार मेरा तूने चाहा
अफ़साना दिल का लिखती हूँ...
कभी सांझ ढले कभी भोर ही में...
जब याद तेरी मुझे आती है
अफ़साना दिल का लिखती हूँ...

M- अरमान तेरा मैं कर बैठा, तुझसे तुझको चुरा लूँगा
F- मेहमान तू मेरे है दिल का,सीने से तुझको लगा लूँगी
झूठ है ये नहीं हक़ीक़त है
मुझको तेरी जरूरत है...मुझको तेरी जरूरत है
M- अफ़साना दिल का लिखता हूँ...
F- कभी सांझ ढले कभी भोर ही में...
F & M- जब याद तेरी मुझे आती है

अफ़साना मैं लिखती तुझको सनम
(Base-Jiske sapne hume roj...)

अफ़साना मैं लिखती तुझको सनम
खायी तेरी कसम~दिलवाला तू कैसा...
दिलवाला तू कैसा...करे न करम...करे न करम
अफ़साना मैं लिखती तुझको सनम,खायी तेरी...
दिलवाला तू कैसा,करे न करम...करे न करम

सपनों में तू ही रोज आने लगा
सपनों में तू ही रोज आने लगा
नींद रातों की मेरी उड़ाने लगा
इतना क्यों करे तू ...इतना क्यों करे तू ...
मुझ पे सितम... रहे गैरों के संग
दिलवाला तू कैसा...करे न करम...करे न करम
अफ़साना मैं लिखती तुझको सनम,खायी तेरी...
दिलवाला तू कैसा,करे न करम...करे न करम

तूने देखा जो दिल की कली खिल गयी
तूने देखा जो दिल की कली खिल गयी
लगा ऐसा कि मन्जिल मुझे मिल गयी
रे मन ही मन....रे मन ही मन....
मैं मुस्काई सनम...शरमाई सनम
दिलवाला तू कैसा...करे न करम...करे न करम
अफ़साना मैं लिखती तुझको सनम,खायी तेरी...
दिलवाला तू कैसा,करे न करम...करे न करम

भीगा-भीगा समां लूँ मैं अँगड़ाईयाँ
भीगा-भीगा समां लूँ मैं अँगड़ाईयाँ
कानों में चुभती शहनाईयाँ
मुझे डसने लगी... मुझे डसने लगी...
तन्हाई सनम... तेरे सिर की कसम
दिलवाला तू कैसा...करे न करम...करे न करम
अफ़साना मैं लिखती तुझको सनम,खायी तेरी...
दिलवाला तू कैसा,करे न करम...करे न करम

अख़बारों में छपवा दूँगा
(Base-Tere Chehre mein wo jadu...)

अख़बारों में छपवा दूँगा...अख़बारों में छपवा दूँगा
मैं प्यार भरे अफ़साने, सारी दुनिय ये जानेगी
हम हो गये दीवाने...हम हो गये दीवाने

हीरे सा ये यौवन तेरा, परियों सा है रूप तेरा
गालों पे तिल का है पहरा,इनपे मर-मर क्यों न जाऊँ
हिरनी जैसी तेरी चाल, ज़ुल्फ़ें करती हैं क़माल
कैसे पूछूँ ये सवाल,तुझसे कैसे मैं नैन लड़ाऊँ
मेरी जान तुझे भिजवा दूँगा
मैं रोज नये नज़राने...मैं रोज नये नज़राने
अख़बारों में छपवा दूँगा...

तुझमें हैं सारी वो खूबी,जितनी मैंने रब से चाही
क्या नाम तेरा अजूबी,तुझको क्या कहके मैं बुलाऊँ
जब-जब लेती तू अँगड़ाई,शामत मुझपे कैसी आयी
तौबा-तोबा रामदुहाई,हाल दिल का कैसे बताऊँ
दीवारों पे लिखवा दूँगा
लब मय से भरे पैमाने...लब मय से भरे पैमाने
अख़बारों में छपवा दूँगा...

अब ये ठान लिया है मन में,तुझको पाना जीवन में
बसना तेरी चितवन में,जानम कब तक हाँ तू करेगी
आ जा चुपके-२ दिल में,वरना होगी तू मुश्किल में
न है साथी कोई मंजिल में,जानम तन्हा तू तड़पेगी
वक़्त आने पे बतला दूँगा
शमा में जले परवाने...शमा में जले परवाने
अख़बारों में छपवा दूँगा...

अंग-अंग मेरा शोला
(Base-Man mera tujhko ....)

अंग-अंग मेरा शोला...बेताब दिल ये डोला
अंग-अंग मेरा शोला...बेताब दिल ये डोला
है कमसिन ये जवानी
तेरे प्यार में जानेजां हुई मैं दीवानी
तेरे प्यार में जानेजां हुई मैं दीवानी

श्रृंगार मेरा यौवन, सांसों में महके चन्दन
लबों के हैं छलके पैमाने
गेसू हैं मेरे बिखरे, क़ातिल है अँगड़ाई
मचलते हैं लाखों परवाने
जानम मुझ पे कर दे थोड़ी सी मेहरबानी
है कमसिन ये जवानी
तेरे प्यार में जानेजां हुई मैं दीवानी
तेरे प्यार में जानेजां हुई मैं दीवानी
अंग-अंग मेरा शोला...बेताब दिल ये डोला
है कमसिन ये जवानी
तेरे प्यार में जानेजां हुई मैं दीवानी
तेरे प्यार में जानेजां हुई मैं दीवानी

है मौसम मनभावन, आयेगा मेरा साजन
बैठी मैं हूँ पलकें बिछाये
है चाँद वो मेरा, चकोर मैं उसकी
उसके ही तो सपने सजाये
नजर मुझपे डाले सँवरे ज़िंदगानी
है कमसिन ये जवानी
तेरे प्यार में जानेजां हुई मैं दीवानी
तेरे प्यार में जानेजां हुई मैं दीवानी
अंग-अंग मेरा शोला...बेताब दिल ये डोला
है कमसिन ये जवानी
तेरे प्यार में जानेजां हुई मैं दीवानी
तेरे प्यार में जानेजां हुई मैं दीवानी

आओ भी प्यार हम करें!*
(Base-Dil mein jo baaten hain...)

M- आओ भी प्यार हम करें! आगे की रब जाने
आओ भी प्यार हम करें! आगे की रब जाने
गुफ़्तगू गुप-चुप करें रहें क्यों अन्जाने
F- ठहरे तुम परदेसी...बनेंगे अफ़साने
अभी हमें जाना घर...कल की कल जाने
ठहरे तुम परदेसी...बनेंगे अफ़साने

F- थोड़ी सी पाकर जानम तन्हाई
रास्ते में हमको छेड़ोगे
M- हमको नहीं गर देना है दिल ये
किसी न किसी को तो दोगे
F- झूठी तुम्हारी बातें हैं हमदम
धोखा मुझे तुम दोगे
M- आओ भी प्यार हम करें! आगे की रब जाने
गुफ़्तगू गुप-चुप करें रहें क्यों अन्जाने
F- ठहरे तुम परदेसी...बनेंगे अफ़साने
अभी हमें जाना घर...कल की कल जाने

M- बुझ न सकेगी दिल की लगी ये
पायल की छम-छम से पूछो
F- नादान हैं हम कमसिन अभी
ख़ुद अपने ही दिल से पूछो
M- चिंगारी थी जो शोला बनी है
कब तक न ये तुम जानोगे
F- थोड़े तुम जिद्दी थोड़े अनाड़ी, ऐसे नहीं तुम मानोगे
M- आओ भी प्यार हम करें! आगे की रब जाने......
F- ठहरे तुम परदेसी...बनेंगे अफ़साने ....

आ भी तो पास कह दूँ

M- आ भी तो पास कह दूँ मैं अपने दिल की बात
आ भी तो पास कह दूँ मैं अपने दिल की बात
F- देख रहा हमको ज़माना
M- तू है शमा मैं परवाना
चुपके-चुपके दिल मुझे दे दे होती क्यों नाराज
आ भी तो पास कह दूँ मैं अपने दिल की बात
आ भी तो पास कह दूँ ~~~~~~~~~~~

F- दिल मेरा तुम तोड़ न देना
M- आगे से तुम ये न कहना
F- कैसे करूँ ऐतबार मैं तुझपे
M- तुम मेरे इस दिल में रहना
सोते-जगते शाम-सवेरे करना मुझको याद
आ भी तो पास कह दूँ मैं अपने दिल की बात
आ भी तो पास कह दूँ ~~~~~~~~~~~

M- छूने दे मुझको ये शाने
F- जा-जा दूर हट दीवाने
M- पीने दे नयनों से मय तू
F- यूँ ही न बने अफ़साने
होले-होले पूछ रहा तू सारे दिल के राज़
आ भी तो पास कह दूँ मैं अपने दिल की बात
आ भी तो पास कह दूँ ~~~~~~~~~~~

M- गोरी तेरे नयनों से मैं तो चुराऊँ काजल
इश्क़ में तेरे होने लगा रफ़्ता-रफ़्ता पागल
प्यारी-प्यारी बातों को कब तू समझेगी
कारी-कारी तू बदरिया कब भी बरसेगी
हरदम तू मेरी जरूरत इतनी है तू ख़ास
आ भी तो पास कह दूँ मैं अपने दिल की बात
F- आ भी तो पास कह दूँ मैं अपने दिल की बात

आ रहा मजा तेरी हर बात में
(Base-Aaiye bahar ko hum...)

आ रहा मजा तेरी हर बात में
आ रहा मजा तेरी हर बात में
भीग लें आ प्यार की बरसात में
आ रहा मजा तेरी हर बात में, भीग लें आ प्यार....
बेसबब लेती तू अँगड़ाईयाँ
दो कदम चलें क्यों न साथ में
आ रहा मजा तेरी हर बात में, भीग लें आ प्यार....

तेरे वास्ते मैंने लिखे कितने अफ़साने
तेरे वास्ते मैंने लिखे कितने अफ़साने
मिलने तू न आयी गुजरे कितने ज़माने
जानेमन तू मेरी हर सांस में
भीग लें आ प्यार की बरसात में
आ रहा मजा तेरी हर बात में, भीग लें आ प्यार....

बाहों में आ-जा अब काहे की मजबूरी
बाहों में आ-जा अब काहे की मजबूरी
हो गये जब दो दिल एक इतनी क्यों है दूरी
कब तलक रहें इस आस में
भीग लें आ प्यार की बरसात में
आ रहा मजा तेरी हर बात में, भीग लें आ प्यार....

एक दिन चाँद-सितारों से माँग तेरी भर दूँगा
एक दिन चाँद-सितारों से माँग तेरी भर दूँगा
खुशियाँ सारी मैं तेरे कदमों में रख दूँगा
दूँगा न दगा रहूँगा साथ में
भीग लें आ प्यार की बरसात में
आ रहा मजा तेरी हर बात में, भीग लें आ प्यार....

आग़ाज़ तो अच्छा है अंजाम
(Base-Is tarah mohabbat ki...)

आग़ाज़ तो अच्छा है अंजाम ख़ुदा जाने
आग़ाज़ तो अच्छा है अंजाम ख़ुदा जाने
कहने को सभी अपने अपना भी कोई माने
आग़ाज़ तो अच्छा है अंजाम ख़ुदा जाने
कहने को सभी अपने अपना भी कोई माने
आग़ाज़ तो अच्छा है अंजाम ख़ुदा जाने

पल भर की दोस्ती से मेरा दिल नहीं भरा
दर्देजिगर हुआ है शुरू क्यों... नहीं पता
आये न आये अब पैग़ाम तेरा जाने
आये न आये अब पैग़ाम तेरा जाने
कहने को सभी अपने अपना भी कोई माने
आग़ाज़ तो अच्छा है अंजाम ख़ुदा जाने

मुड़कर न देखे फिर से वो दीवाना समझकर
ठुकरा भी न दे प्यार को बेगाना समझकर
सुनसान ये रास्ता है चलना किधर जाने
सुनसान ये रास्ता है चलना किधर जाने
कहने को सभी अपने अपना भी कोई माने
आग़ाज़ तो अच्छा है अंजाम ख़ुदा जाने

मुश्किल से मिलते आजकल दुनिया में हमसफ़र
कटती नहीं है ज़िंदगी तन्हा यूँ बैठ कर
परवाने को जलना है शमा भी न ये जाने
परवाने को जलना है शमा भी न ये जाने
कहने को सभी अपने अपना भी कोई माने
आग़ाज़ तो अच्छा है अंजाम ख़ुदा जाने

आगे राम जाने...मैंने तुझसे
(Base-Tumse door rahke...)

M- ओ...आगे राम जाने... ओ...आगे राम जाने...
मैंने तुझसे मुहब्बत की है,थोड़ी दिल ने शरारत की है
F- ओ...आगे राम जाने... ओ...आगे राम जाने...
मैंने तुझसे मुहब्बत की है,थोड़ी दिल ने शरारत की है
ओ...आगे राम जाने... ओ...आगे राम जाने...

M- अब गुजरती नहीं तन्हा ज़िंदगी
तेरे कदमों में मैंने की ले बन्दगी
तेरे कदमों में मैंने की ले बन्दगी
F- हाल-ए-दिल ए-सनम कह दिया है तुझे
यारा बाहों में अपनी तू ले-ले मुझे
यारा बाहों में अपनी तू ले-ले मुझे
M&F- ओ...आगे राम जाने... ओ...आगे राम जाने...
मैंने तुझसे मुहब्बत की है,थोड़ी दिल ने शरारत की है
ओ...आगे राम जाने... ओ...आगे राम जाने...

M- भूल गये ज़माने के हम सारे ग़म
क्यों न सागर 'ओ' नदिया से मिल जायें हम
क्यों न सागर 'ओ' नदिया से मिल जायें हम
F- तू ही सपनों का मेरे मनमीत है
मिल के चलना ही दुनिया की रीत है
मिल के चलना ही दुनिया की रीत है
M&F- ओ...आगे राम जाने... ओ...आगे राम जाने...
मैंने तुझसे मुहब्बत की है,थोड़ी दिल ने शरारत की है
ओ...आगे राम जाने... ओ...आगे राम जाने...

आज फिर... याद तेरी आ रही
(Base-yeh sama sama hai...)

आज फिर... याद तेरी आ रही... मुझे तड़पा रही
ऋतु ये सुहानी हंसी...नये...नग़में सुना रही
आज फिर... याद तेरी आ रही... मुझे तड़पा रही
ऋतु ये सुहानी हंसी...नये...नग़में सुना रही

करता था घायल मुझको बलखा के चलना
ऐसे में तय था मेरे दिल का मचलना
रातों जगाता मुझको तेरा ही सपना... तेरा ही सपना
आज फिर... तन्हा मुस्का रही... मुझे तड़पा रही
ऋतु ये सुहानी हंसी...नये...नग़में सुना रही

मिले अकेले थे हम सूनी थी वो रातें
किया हम करते थे उल्फ़त की बातें
मुझ पर लुटाते थे तुम मस्ती के ढेरे...मस्ती के ढेरे...
आज फिर... ख़ुमारी छा रही... मुझे तड़पा रही
ऋतु ये सुहानी हंसी...नये...नग़में सुना रही

मुसाफ़िर हैं हम सारे अज़ब हैं ये राहें
मुकद्दर में जितना है उतना ही पायें
मौसम की तरह जैसे सबका बदलना...सबका बदलना
आज फिर... क्यों तू लिखवा रही...मुझे तड़पा रही
ऋतु ये सुहानी हंसी...नये...नग़में सुना रही

आज नहीं बस में जिया
(Base-Panchhi Banu udti...)

आज नहीं बस में जिया बेक़रार मैं
रात भर जागी तेरे इन्तज़ार में
आज नहीं बस में जिया बेक़रार मैं
रात भर जागी तेरे इन्तज़ार में

तेरे बिन अधूरा है सावन
तेरे बिन न भाये कोई मौसम
दुनिया है तेरे दम से रंगी
तेरे सिवा न दूजा कोई हमदम
और तू कितने भी लेगा इम्तिहान रे...2
रात भर जागी तेरे इन्तज़ार में
आज नहीं बस में जिया बेक़रार मैं
रात भर जागी तेरे इन्तज़ार में

बढ़ती जाती है दिल की धड़कन
रास आने लगा मुझको दरपन
चन्द उल्फ़त के लम्हें मैं चाहूँ
क्यों बचाने लगा मुझसे दामन
किस तरह तुझसे कहूँ बार-बार मैं...2
रात भर जागी तेरे इन्तज़ार में
आज नहीं बस में जिया बेक़रार मैं
रात भर जागी तेरे इन्तज़ार में

चार कर ले आ मुझसे तू अँखियाँ
खुल के कर ले आ मुझसे बतियाँ
कर ऐसे न मुझ संग ठिठौली
छेड़ती हैं मुझे सारी सखियाँ
याद कर तुझको रोऊँ ज़ार-ज़ार मैं...2
रात भर जागी तेरे इन्तज़ार में
आज नहीं बस में जिया बेक़रार मैं
रात भर जागी तेरे इन्तज़ार में

आ जा मेरी बाहों में सनम
(Base- Bheega Bheega pyar ka sama...)

M- आ जा मेरी बाहों में सनम, दीवाना दिल माने ये नहीं
सजनी...दीवाना दिल माने ये नहीं
F- आहें भरूँ ठण्डी मैं सनम, दीवाना दिल माने ये नहीं
सजना...दीवाना दिल माने ये नहीं
M- आ जा मेरी बाहों में सनम
दीवाना दिल माने ये नहीं, सजनी...दीवाना दिल.....

M- ये दिल क्या है जान भी अपनी
नाम तेरे लिख दूँगा...नाम तेरे लिख दूँगा...
F- बाली उमरिया कैसे संभालूँ
संग तेरे चल दूँगी...संग तेरे चल दूँगी...
कटती नहीं है अब तन्हाई मुझको है तुझपे यकीं
दीवाना दिल माने ये नहीं
सजना...दीवाना दिल माने ये नहीं
M- आ जा मेरी बाहों में सनम
दीवाना दिल माने ये नहीं, सजनी...दीवाना दिल.....

M- दिल की लगी ये कहने लगी है
होने दे पूरे अरमां...होने दे पूरे अरमां...
F- छैलछबीला बाँका सिपहिया
तू दिल का मेहमां...तू दिल का मेहमां...
मैं हूँ बंजारन तू है बन्जारा कब से तेरे दिल में बसी
दीवाना दिल माने ये नहीं
सजना...दीवाना दिल माने ये नहीं
M- आ जा मेरी बाहों में सनम
दीवाना दिल माने ये नहीं, सजनी...दीवाना दिल.....
F- आहें भरूँ ठण्डी मैं सनम, दीवाना दिल माने ये...

आती है झूम के जब मस्त जवानी
(Base-Jhukti ghata gaati hawa...)

आती है झूम के जब मस्त जवानी
तब ही तो बनती है प्रेम कहानी
आती है झूम के जब मस्त जवानी
तब ही तो बनती है प्रेम कहानी

छाने लगा कैसा नशा देखूँ जब दरपन
थामे कोई हाथ मेरा चल दूँ मैं संग-संग
जानूं न किसके लिए रहती बैचेन
उसके हवाले ही कर दूँ तन-मन
गाती है नग़में जवां ऋतु ये सुहानी
आती है झूम के जब मस्त जवानी
तब ही तो बनती है प्रेम कहानी
आती है झूम के जब मस्त जवानी
तब ही तो बनती है प्रेम कहानी

मुख है मेरा चाँद सा हुस्न है शोला
देखा मुझे जिसने भी मन वही डोला
अलबेली नार हूँ मैं मय भरी आंखें
चाहा मैंने जिसको है बड़ा भोला
कहते हैं लोग ये सब हुई मैं सयानी
आती है झूम के जब मस्त जवानी
तब ही तो बनती है प्रेम कहानी
आती है झूम के जब मस्त जवानी
तब ही तो बनती है प्रेम कहानी

आयी जो तेरी याद तो
(Base-Duniya kisi ke pyar mein...)

आयी जो तेरी याद तो अफ़साना लिख दिया
आयी जो तेरी याद तो अफ़साना लिख दिया
मैंने तो तेरे प्यार में ख़ुद ही को रंग लिया
आयी जो तेरी याद तो अफ़साना लिख दिया
मैंने तो तेरे प्यार में ख़ुद ही को रंग लिया
आयी जो तेरी याद ~~~~~~~~~~~

तू दिल के आस-पास है कितनी भी दूर है....2
हर फैसला ही तेरा मुझको मन्जूर है....2
बदला है नाम मैंने अन्जाना रख लिया
आयी जो तेरी याद तो अफ़साना लिख दिया
मैंने तो तेरे प्यार में ख़ुद ही को रंग लिया
आयी जो तेरी याद ~~~~~~~~~~~

कैसी ये बेरूख़ी सनम रास्ते बदल गये....2
अल्फाज़ जो तूने कहे नग़मों में ढल गये....2
ले अब से तेरा नाम भी रुख़साना रख दिया
आयी जो तेरी याद तो अफ़साना लिख दिया
मैंने तो तेरे प्यार में ख़ुद ही को रंग लिया
आयी जो तेरी याद ~~~~~~~~~~~

दुनिया दीवानों से जले समझे भला ये क्या....2
मीठी जुवां से ही ये कर दे न जाने क्या....2
मैंने भी ग़म भुलाने को पैमाना रख लिया
आयी जो तेरी याद तो अफ़साना लिख दिया
मैंने तो तेरे प्यार में ख़ुद ही को रंग लिया
आयी जो तेरी याद ~~~~~~~~~~~

आये कब जवानी आये कब
(Base-Koyal Kyon Gaye...)

M- आये कब जवानी...आये कब जवानी...
आये कब जवानी...आये कब जवानी...
F- लगती हैं जब शामें सुहानी... ऋतुयें मस्तानी
मन करना चाहे मनमानी,तब लुक-छिप आये जवानी
F- होती क्या निशानी...होती क्या निशानी
होती क्या निशानी...होती क्या निशानी
M- बागों में जब कली मुस्काई... ख़ुमारी सी छाई
तू भी लेने लगे अँगड़ाई याद ऐसे में आये... निशानी

M- लबों से जाम पी लूँ F--~~~~~~
M- लबों से जाम पी लूँ...
लबों से जाम पी लूँ मांगूं थोड़ा प्यार
मुद्दत से मैं हूँ करता सनम तुझपे ऐतबार
M- उड़ते दो पन्छी...उड़ते दो पन्छी
F- मनवा में जब हूक उठ जाये,कोई साथ मिल जाये
तन-मन में आग लग जाये तब हिल-मिल उड़ते दो पंछी

F- पलकों में बन्द है तू M-~~~~~~~~~
F- पलकों में बन्द है तू...
पलकों में बन्द है तू ...ए दिलदार
दिल तुझको आ मैं दे दूँ सनम तेरा इख़्तियार
डोले है नैय्या...डोले है नैय्या
M- थाम चला जब कोई बहियाँ बन कर खिबैया
मझधार में भूल भुलैया तब ले हिचकोले...नैय्या

F- मजनूं है तू कैसा M-~~~~~~~~
F- मजनूं है तू कैसा...
मजनूं है तू कैसा...दीवाना नहीं
गलियों में मेरी घूमे किये दिल को बेक़रार
दिलक़श हैं नज़ारे...दिलक़श हैं नज़ारे
M- लेती है तू रातों अँगड़ाई,सावन ऋतु आई
क़यामत किसपे है आई पर तू न समझे...इशारे
कोरस -आये कब जवानी...आये कब जवानी...

आ-जा आ-जा जानेजां ना

आजा आजा जानेजांना दिल है मुहब्बत का प्यासा
आजा आजा जानेजांना दिल है मुहब्बत का प्यासा
भँवरे निकले कलियाँ चटखी~देखे ये दुनिया तमाशा
आ-जा आ-जा जानेजां ना~~~~~~~~

भीगा-भीगा मौसम जवां~करने लगा मजबूर है
चोरी-चोरी चुपके-चुपके~आ जा सनम क्यों दूर है
ठंडी-ठंडी ये पुरबाई~क़ुदरत ने तुझको तराशा
भँवरे निकले कलियाँ चटखी~देखे ये दुनिया तमाशा
आ-जा आ-जा जानेजां ना~~~~~~~~

दिल को मेरे चुरा तू ले गई~पहली ही मुलाक़ात में
कुछ तो तुझमें है भी ऐसा~जागूँ सारी-सारी रात मैं
समां सुहाना अम्बर झूमे~जानेमन बाहों में आ जा
भँवरे निकले कलियाँ चटखी~देखे ये दुनिया तमाशा
आ-जा आ-जा जानेजां ना~~~~~~~~

जानम तेरा यौवन शोला~क़ातिल अँगड़ाईयाँ
दिल की बातें खुलकर कर लें~होने दे रुसवाईयाँ
दिल भी तेरा जां भी तेरी~झूठी न दे तू दिलासा
भँवरे निकले कलियाँ चटखी~देखे ये दुनिया तमाशा
आ-जा आ-जा जानेजां ना~~~~~~~~

सोचा मुझको तू करेगी~ऐसा मैं कुछ लिख जाऊँगा
कम न होगी तमन्ना मेरी~तेरे लिये मिट जाऊँगा
न भी झूठा है ये फ़साना~समझ ले दिल की भाषा
भँवरे निकले कलियाँ चटखी~देखे ये दुनिया तमाशा
आ-जा आ-जा जानेजां ना~~~~~~~~

आ हालेदिल तुझको सनम
(Base-Kabhi Hothon se mujhe...)

आ हालेदिल तुझको सनम तन्हा में सुनाऊँगी
तन्हा में सुनाऊँगी,तन्हा में सुनाऊँगी,तन्हा में सुनाऊँगी
किया प्यार..कैसे जाये जानेजां आ तुझे मैं सिखाऊँगी
आ हालेदिल तुझको सनम तन्हा में सुनाऊँगी
तन्हा में सुनाऊँगी,तन्हा में सुनाऊँगी,तन्हा में सुनाऊँगी

ऋतु मस्तानी आयी जियरवा डोले
ऋतु मस्तानी आयी जियरवा डोले
मन का पागल पन्छी जाने क्या बोले
होता है क्या...होता है क्या जीना तुझे मैं बताऊँगी
आ हालेदिल तुझको सनम तन्हा में सुनाऊँगी
तन्हा में सुनाऊँगी,तन्हा में सुनाऊँगी,तन्हा में सुनाऊँगी

देखूँ तेरे सपने मैं ख़्वाबों में तू आये
देखूँ तेरे सपने मैं ख़्वाबों में तू आये
बन के बादल जैसे मुझ पे तू छाये
होंठों से...होंठों से मदिरा तुझे मैं पिलाऊँगी
आ हालेदिल तुझको सनम तन्हा में सुनाऊँगी
तन्हा में सुनाऊँगी,तन्हा में सुनाऊँगी,तन्हा में सुनाऊँगी

ठण्डी-ठण्डी आहें भरूँ लूँ मैं अँगड़ाई
ठण्डी-ठण्डी आहें भरूँ लूँ मैं अँगड़ाई
मार ही न डालें कहीं रातों की तन्हाई
लम्हा-लम्हा...लम्हा-२ मैं तो तेरी सांसों में समाऊँगी
आ हालेदिल तुझको सनम तन्हा में सुनाऊँगी
तन्हा में सुनाऊँगी,तन्हा में सुनाऊँगी,तन्हा में सुनाऊँगी

आ के नहीं जाती है
(Base-Jab se tumhe dekha...)

M- आ के नहीं जाती है जानेजां याद तुम्हारी...2
F- बेक़रार करती दिल जानेजां याद तुम्हारी
M- आ के नहीं जाती है जानेजां याद तुम्हारी

M- भीगा-भीगा ये समां कह रहा प्यार करें
क्यों भी हम बेवज़ह आज तक़रार करें
F- प्यार होता भी है क्या मुझे मालूम नहीं
दिलरूबा जानेजिगर मैं हूँ मासूम अभी
M- तेरी ही तो रहती है हर समय ख़ुमारी...2
F- बेक़रार करती दिल जानेजां याद तुम्हारी
M- आ के नहीं जाती है जानेजां याद तुम्हारी

F- नशीले मेरे नयन महकता मस्त बदन
बुझेगी कैसे भला बता ये दिल की अगन
M- जरा नज़दीक़ तो आ बाहों में मेरी समा
मजा ले प्यार का आ चली है ठण्डी हवा
F- समझ नहीं आता ये कैसी है बीमारी...2
M- आ के नहीं जाती है जानेजां याद तुम्हारी
F- बेक़रार करती दिल जानेजां याद तुम्हारी

M- कैसे कटे ये सफर बड़ी है लम्बी डगर
मुझे और चाहिए क्या तेरी बस एक नज़र
F- सारा ये छोड़ के जग तुझे रब मान लिया
दीवानी मैं हूँ तेरी कर एहसान पिया
M&F- हर सुबह हमारी है शामें हैं हमारी
M&F- आ के नहीं जाती है जानेजां याद तुम्हारी

आ नैन से नैन लड़ा ले जानेतमन्ना
(Base-Tu pyar mange mein...)

आ नैन से नैन लड़ा ले जानेतमन्ना ए-जानेजिगर
आ नैन से नैन लड़ा ले जानेतमन्ना ए-जानेजिगर
पहली नज़र मुझपे कर गयी न जाने ये कैसा असर
आ नैन से नैन लड़ा ले जानेतमन्ना ए-जानेजिगर

कजरारे नयनों से जादू तू कर गयी वो
अपने ही आशिक को मदहोश कर गयी
गोरी कलाई के खनकाये जब कँगना
दीवाने दिल को पल भर में छल गयी
तेरी गली से जैसे गुजरा हो गयी जग को सारे ख़बर
आ नैन से नैन लड़ा ले जानेतमन्ना ए-जानेजिगर

कमसिन जवानी ये कैसे संभालेगी
अन्जाने प्रेम का रोग लगा लेगी
आ मेरे नज़दीक बाहों में भर लूँगा
मेरी मुहब्बत का मोल क्या देगी
तू है कली गर मैं हूँ भंवरा जायेगी भी जाने किधर
आ नैन से नैन लड़ा ले जानेतमन्ना ए-जानेजिगर

धरती से अम्बर का बिजली से बादल का
किरनों से सूरज का रिश्ता पुराना
ऐसा कुछ मेरा भी जानेजां तुझसे ही
सदियों से लगता चक्कर पुराना
तुझको बनाऊँगा मैं दुल्हन जानेगा ये सारा शहर
आ नैन से नैन लड़ा ले जानेतमन्ना ए-जानेजिगर

आ... सजनी प्यार के दिन आये
(Base-Yeh mera dil pyar ka diwana...)

आ...सजनी प्यार के दिन आये
मौसम मस्ताना जाने फिर कब आये
कू-कू कोयलिया कैसी ये धुन गाये
जुल्मी जवानी जाने कब ढल जाये
आ...सजनी प्यार के दिन आये

चाहा दिल ने तुझे... दिल ने तुझे दिलजानी
माँगा रब से तुझे कुछ तो समझ मेरी रानी
चाहा दिल ने तुझे... दिल ने तुझे दिलजानी
माँगा रब से तुझे कुछ तो समझ मेरी रानी
बातों ही बातों में बीत न पल जाये
आ...सजनी प्यार के दिन आये
मौसम मस्ताना जाने फिर कब आये

क्या हंसी ठण्डी चली... ठण्डी चली पुरबाई
साथिया जानेजिगर मिलन की ऋतु आई
क्या हंसी ठण्डी चली... ठण्डी चली पुरबाई
साथिया जानेजिगर मिलन की ऋतु आई
राग मल्हार जानेमन आज ये मन गाये
आ...सजनी प्यार के दिन आये
मौसम मस्ताना जाने फिर कब आये

रोज मैं लिखता तुझे... लिखता तुझे अफ़साने
और मैं क्या भी तो दूँ दिलकश से नज़राने
रोज मैं लिखता तुझे... लिखता तुझे अफ़साने
और मैं क्या भी तो दूँ दिलकश से नज़राने
दिल मुझे दे सनम क्यों भी तू शरमाये
आ...सजनी प्यार के दिन आये
मौसम मस्ताना जाने फिर कब आये
आ...सजनी प्यार के दिन आये

आशिक़ी कर मुझे क्या मिला

आशिक़ी कर मुझे क्या मिला
रोज दिल का नया ग़म मिला
बेख़ुदी में ये गुल क्या खिला
आशिक़ी कर मुझे क्या मिला~~~~~~~~~~

हर कदम पर मिली ऐसी नाक़ामियाँ~~~~2
लोग करते रहे मुझसे बेईमानियाँ
मीठा-मीठा ज़हर~कौन गुस्ताख़ ये~मुझे देता रहा
भूल पाया न ये सिलसिला
आशिकी कर मुझे क्या मिला
रोज दिल का नया ग़म मिला
बेख़ुदी में ये गुल क्या खिला
आशिक़ी कर मुझे क्या मिला~~~~~~~~~~

बेवफ़ाई वो की बयां क्या करूँ~~~~2
गर मैं शिकवा करूँ तो किससे करूँ
ए-जानेवफ़ा~रोग ऐसा लगा~नहीं जिसकी दवा
दिल दुःखाकर तुझे क्या मिला
आशिकी कर मुझे क्या मिला
रोज दिल का नया ग़म मिला
बेख़ुदी में ये गुल क्या खिला
आशिक़ी कर मुझे क्या मिला~~~~~~~~~~

डूबा मैं ख़्यालों में तेरे ही क्यों~~~~2
नज़र आती सदाओं में तू ही क्यों
ज़िंदगी मेरी~बेवज़ह ही एक~फ़लसफ़ा बन गई
बन्दगी कर मुझे क्या मिला
आशिकी कर मुझे क्या मिला
रोज दिल का नया ग़म मिला
बेख़ुदी में ये गुल क्या खिला
आशिक़ी कर मुझे क्या मिला~~~~~~~~~~

आशिक़ी से क्या मिला
(Base-Meri Tamannaon ki)

आशिक़ी से क्या मिला~कोई मुझे ये बता
आशिक़ी से क्या मिला~कोई मुझे ये बता
बन गयी है ज़िंदगी
ग़म की एक दास्तां...ग़म की एक दास्तां...
आशिक़ी से क्या मिला~कोई मुझे ये बता
बन गयी है ज़िंदगी
ग़म की एक दास्तां...ग़म की एक दास्तां...

चाहा जिसे इतना था
वही दगा दे गया... वही दगा दे गया
जाते-जाते वो मुझको बेवफ़ा कह गया
और क्या भी करता~मैं ठगा रह गया
इन्तहा थी प्यार की~थी बस ये ख़ता
बन गयी है ज़िंदगी
ग़म की एक दास्तां...ग़म की एक दास्तां...

जख़्मों सी बढ़ती गयी
दिल की बेक़रारियाँ... दिल की बेक़रारियाँ...
बेहिसाब करती रही वो मनमानियाँ
मुश्किलें कम न हुई~हुई दुश्वारियाँ
अपने ही हमराज़ ने~दी मुझे ये सजा
बन गयी है ज़िंदगी
ग़म की एक दास्तां... ग़म की एक दास्तां...

सांसों के तार टूटे
रूठी हर सरगम... रूठी हर सरगम...
जीने की आस नहीं~पतझड़ सा सावन
कितने अन्दाज से~रूठ गया हमदम
उसका ही अरमान ले~मैं क्यों मर मिटा
बन गयी है ज़िंदगी
ग़म की एक दास्तां... ग़म की एक दास्तां...

आया सावन का महीना
(Base-Mera Babu Chhail...)

आया सावन का महीना साजन आ-जा रे
आया सावन का महीना साजन आ-जा रे
मुश्किल दिल को है समझाना साजन आ-जा रे
छायी बहारें फुलवां खिले हैं साजन आ-जा रे
आया सावन का महीना साजन आ-जा रे
मुश्किल दिल को है समझाना साजन आ-जा रे

कर के आ कोई बहाना चुरा ले होंठों से लाली
सज-धज मैं खड़ी रे बाहें हैं तेरी सवाली
खुशी में होकर के मैंने थोड़ी सी मय लगा ली
तुझसे मुहब्बत करने लगी साजन आ-जा रे
आया सावन का महीना साजन आ-जा रे
मुश्किल दिल को है समझाना साजन आ-जा रे

बन गयी तेरी दीवानी पलकों में बन्द किया तुझको
तू है रे बाँका सिपहिया घर अपने ले चल मुझको
एक ही दिल वो भी नाज़ुक़ दूँ भला किस किसको
बन्द कली मैं खिलने लगी हूँ साजन आ-जा रे
आया सावन का महीना साजन आ-जा रे
मुश्किल दिल को है समझाना साजन आ-जा रे

घन-घन घन-घन करता बरसे न कैसा तू बादल
मुझ जैसी गोरी न भाये लगता आवारा है पागल
नयनन के तीरों से तूने करजवा किया है घायल
कदमों में तेरे सजदे करूँगी साजन आ-जा रे
आया सावन का महीना साजन आ-जा रे
मुश्किल दिल को है समझाना साजन आ-जा रे

आयी जब तेरी याद
(Base-0 Mere Dil ke chain...)

आयी जब...तेरी याद
आयी जब...तेरी याद सज़दे में सिर ये झुका है दिया
आयी जब...तेरी याद सज़दे में सिर ये झुका है दिया

जानेतमन्ना जानेजिगर तूने भला ये क्या किया
समझा बेगाना मुझको है आखिर क्यों ठुकरा दिया
बेवफा है तू... बेहया है तू
पलकों में बन्द तुझे कर लिया
आयी जब...तेरी याद सज़दे में सिर ये झुका है दिया

जाना न तूने उल्फ़त को यूँही मिली रुसवाईयाँ
ग़म की अँधेरी रातें हैं उस पर हैं तन्हाईयाँ
कटता अब नहीं... तन्हा ये सफर
क्या इरादा तूने बुलन्द कर लिया
आयी जब...तेरी याद सज़दे में सिर ये झुका है दिया

कैसे पहुँच पाऊँ मैं उधर तूने हैं की वो दूरियाँ
हद से ज्यादा रह-रह के बढ़ती गई मजबूरियाँ
उलझा मैं इधर... भटकी तू उधर
हद से ज्यादा तूने सितम कर दिया
आयी जब...तेरी याद सज़दे में सिर ये झुका है दिया

दुनिया की भारी भीड़ में मिल न सके दोबारा हम
जीने का यारो इस जग में भर न सके दोबारा दम
आँधी वो चली... उजड़ा है चमन
कोई दूजा क्या तूने पसंद कर लिया
आयी जब...तेरी याद सज़दे में सिर ये झुका है दिया

और तुझको कितने भी...
(Base-Rang dil ki dharkan...)

और तुझको कितने भी लिखूँ अफ़साने
है भरोसा तेरा क्या माने न माने
और तुझको कितने भी लिखूँ अफ़साने
है भरोसा तेरा क्या माने न माने

जुस्तजू तेरी मुझे लेकर कहाँ आई
साथ चाहा था मिली सदियों की तन्हाई
जुस्तजू तेरी मुझे लेकर कहाँ आई
साथ चाहा था मिली सदियों की तन्हाई
और तुझको कितने भी भेजूँ नज़राने
है भरोसा तेरा क्या माने न माने

छोड़ तुझको दिल लगाने मैं कहाँ जाऊँ
सूनी राहों में कहीं प्यासा न मर जाऊँ
छोड़ तुझको दिल लगाने मैं कहाँ जाऊँ
सूनी राहों में कहीं प्यासा न मर जाऊँ
और मुझसे कितने भी तेरे दीवाने
है भरोसा तेरा क्या माने न माने

तेरी गलियों में मैं भँवरे की तरह डोलूँ
राज़ उल्फ़त ये बता कैसे मैं खोलूँ
तेरी गलियों में मैं भँवरे की तरह डोलूँ
राज़ उल्फ़त ये बता कैसे मैं खोलूँ
और कहाँ जाऊँ मैं राज़ बतलाने
है भरोसा तेरा क्या माने न माने

और तुझको कितने भी लिखूँ अफ़साने
है भरोसा तेरा क्या माने न माने

ए-जानेजिगर ए-जाने जहां
(Base-ye khamoshiyan ye...)

ए-जानेजिगर ए-जाने जहां
नज़र यूँ चुराकर चली हो कहाँ
ए-जानेजिगर ए-जाने जहां
नज़र यूँ चुराकर चली हो कहाँ
ए-जानेजिगर ए-जाने जहां~~~~

संभलेगी ऐसे न मचलती जवानी
कि चलने भी दो ये प्रेम कहानी
कटेगी भी ऐसे न ये ज़िन्दगानी
गिराओ न हम पर तुम बिजलियाँ
ए-जानेजिगर ए-जाने जहां
नज़र यूँ चुराकर चली हो कहाँ
ए-जानेजिगर ए-जाने जहां~~~~

मिलेगा न दिल को सकून कहीं अब
चढ़ा है भी हम पर जुनून तेरा अब
मिलेंगे दोबारा हम जरूर कहीं अब
कभी बन्द करना न तुम खिड़कियाँ
ए-जानेजिगर ए-जाने जहां
नज़र यूँ चुराकर चली हो कहाँ
ए-जानेजिगर ए-जाने जहां~~~~

तड़पायेंगी तन्हा तुमको ये रातें
याद आयेंगी हरदम रंगी मुलाक़ातें
भुला न सकोगे तुम हुई थी जो बातें
भिगोती थी तन-मन जब बदलियाँ
ए-जानेजिगर ए-जाने जहां
नज़र यूँ चुराकर चली हो कहाँ
ए-जानेजिगर ए-जाने जहां~~~~

ए-जानेजिगर अन्जाने में ही
(Base-woh Chand Khila...)

ए-जानेजिगर अन्जाने में ही दीदार तेरा हो जाये अगर
ए-जानेजिगर अन्जाने में ही दीदार तेरा हो जाये अगर
इतना तो मुझको है भी यकीं फूल खिलें तू जाये जिधर
ए-जानेजिगर अन्जाने में ही दीदार तेरा हो जाये अगर
इतना तो मुझको है भी यकीं फूल खिलें तू जाये जिधर
ए-जानेजिगर अन्जाने में ही दीदार तेरा हो जाये अगर

नित फेस तेरा मैं देखूँ~दीवाना दिल मेरा हुआ जाये
लफ़्ज़ों में तेरे है जादू~फ़साना रोज़ नया लिखा जाये
तस्वीर में तू मुस्काये~तराना प्यार भरा मन मन गाये
दिल बेकरार तेरा इंतज़ार जाने कब तलक मैं करूँ भी
दिल बेकरार तेरा इंतज़ार जाने कब तलक मैं करूँ भी
ए-जानेजिगर अन्जाने में ही दीदार तेरा हो जाये अगर
इतना तो मुझको है भी यकीं फूल खिलें तू जाये जिधर
ए-जानेजिगर अन्जाने में ही दीदार तेरा हो जाये अगर

जज़्बात तेरे रंगीले~पढ़ूं तन्हाई में पोस्ट मैं तेरी
हर बात तेरी रूहानी~दीवाना हुआ खोज में तेरी
अन्दाज तेरे निराले~तमन्ना करूँ दोस्त मैं तेरी
लिखता पैग़ाम मैं सुबहोशाम यूँ कब तलक मैं लिखूँ भी
लिखता पैग़ाम मैं सुबहोशाम यूँ कब तलक मैं लिखूँ भी
ए-जानेजिगर अन्जाने में ही दीदार तेरा हो जाये अगर
इतना तो मुझको है भी यकीं फूल खिलें तू जाये जिधर
ए-जानेजिगर अन्जाने में ही दीदार तेरा हो जाये अगर

बंशी फिर बजा गीत फिर से...
(Base-Aaa Aa bhi ja...)

बंशी फिर बजा,गीत फिर से सुना,कहाँ तू जा छिपा
बंशी फिर बजा,गीत फिर से सुना,कहाँ तू जा छिपा

समां ये सुहाना हुआ...अलग ही फ़साना हुआ
अंगड़ाई मैं लेने लगी...तू क्यों कर बेगाना हुआ
हुई आशिक़ी क्या तेरी............
बंशी फिर बजा,गीत फिर से सुना,कहाँ तू जा छिपा
बंशी फिर बजा,गीत फिर से सुना,कहाँ तू जा छिपा

है मीलों से लम्बी डगर...नहीं साथ में हमसफ़र
नसीबा रूठा मेरा...गया दे वो दर्द-ए-जिगर
शमा की तरह मैं जलूँ............
बंशी फिर बजा,गीत फिर से सुना,कहाँ तू जा छिपा
बंशी फिर बजा,गीत फिर से सुना,कहाँ तू जा छिपा

खिली एक कली हुई जवां...न समझे वो दिल की जुवां
न ही उसका कोई पता...न ही उसके कोई निशा
क़यामत हुई दिल लगी............
बंशी फिर बजा,गीत फिर से सुना,कहाँ तू जा छिपा
बंशी फिर बजा,गीत फिर से सुना,कहाँ तू जा छिपा

बयां कैसे ये करूँ तुझको मैं...
(Base-Teri aankhon ke siva...)

बयां कैसे ये करूँ तुझको मैं कितना चाहूँ
बयां कैसे ये करूँ तुझको मैं कितना चाहूँ
तुझसे रंगी ये समां... तुझसे हर शय है जवां
तू ही तो है मेरी धड़कन तू ही दोनों है ज़हां
बयां कैसे ये करूँ तुझको मैं कितना चाहूँ

सूनी सी राहों में तन्हा ही हम मिलने लगे
उल्फ़त के गुल प्यारे बेख़ौफ़ होकर खिलने लगे
सूनी सी राहों में तन्हा ही हम मिलने लगे
तुझसे रंगी ये समां... तुझसे हर शय है जवां
तू ही तो है मेरी धड़कन तू ही दोनों है ज़हां
बयां कैसे ये करूँ तुझको मैं कितना चाहूँ

कटता नहीं अब तुझ बिन सनम लम्बा सफ़र
आता नहीं चैन नज़दीक़ आ मेरे ए-हमसफर
कटता नहीं अब तुझ बिन सनम लम्बा सफ़र
तुझसे रंगी ये समां... तुझसे हर शय है जवां
तू ही तो है मेरी धड़कन तू ही दोनों है ज़हां
बयां कैसे ये करूँ तुझको मैं कितना चाहूँ

आ एक हो जायें हम भी करें आज मनमानियाँ
मौसम हंसी है होती हैं हो जायें नादानियाँ
आ एक हो जायें हम भी करें आज मनमानियाँ
तुझसे रंगी ये समां... तुझसे हर शय है जवां
तू ही तो है मेरी धड़कन तू ही दोनों है ज़हां
बयां कैसे ये करूँ तुझको मैं कितना चाहूँ

बाहों में आ भी जाओ ए-मेरे...
(Base-Aao Huzoor Tumko...)

बाहों में आ भी जाओ ए-मेरे हमनशीं
बादल सा छा भी जाओ ए-मेरे हमनशीं
बाहों में आ भी जाओ ए-मेरे हमनशीं
बादल सा छा भी जाओ ए-मेरे हमनशीं
बाहों में आ भी जाओ ....

पहुँचा दो आज तुम हमें उस गहराई में
फिर देखो जानेजां हमें तुम तन्हाई में
पहुँचा दो आज तुम हमें उस गहराई में
फिर देखो जानेजां हमें तुम तन्हाई में
आये हो न भी जाओ ए-मेरे हमनशीं
बादल सा छा भी जाओ ए-मेरे हमनशीं
बाहों में आ भी जाओ ....

देंगे तुम्हारा साथ सनम हर कदम पे हम
आये बहार बन के सनम ज़िन्दगी में हम
देंगे तुम्हारा साथ सनम हर कदम पे हम
आये बहार बन के सनम ज़िन्दगी में हम
सांसों में आ समाओ ए-मेरे हमनशीं
बादल सा छा भी जाओ ए-मेरे हमनशीं
बाहों में आ भी जाओ ....

करना न फिर कभी सुनो ऐसी दिल्लगी
मरकर भी ख़त्म न हो कभी ये दिल लगी
करना न फिर कभी सुनो ऐसी दिल्लगी
मरकर भी ख़त्म न हो कभी ये दिल लगी
रूठो न मान जाओ ए-मेरे हमनशीं
बादल सा छा भी जाओ ए-मेरे हमनशीं
बाहों में आ भी जाओ ....

बाली उमर जानम लौट के न आयेगी
(Base-chunri sambhal gori...)

बाली उमर जानम लौट के न आयेगी
बाली उमर जानम लौट के न आयेगी
चल भी मेरे संग तू काहे परेशान
बाली उमर जानम लौट के न आयेगी
चल भी मेरे संग तू काहे परेशान
मैं हूँ तेरा सिर्फ क़दरदान
बाली उमर जानम लौट के न आयेगी चल भी मेरे...

F- साजन मेरे साजन हर धड़कन में है तू
दिलबर मेरे दिलबर है रब से ज्यादा लख़्तेजिगर तू
साजन मेरे साजन हर धड़कन में है तू
दिलबर मेरे दिलबर है रब से ज्यादा लख़्तेजिगर तू
एक तू ही है मेरा निग़ेहवान
M- बाली उमर जानम लौट के न आयेगी चल भी मेरे...

F- वारूँ तुझपे मैं सब कुछ मुझे लागी तेरी धुन
जीवन एक पहेली छोड़ा जग मैंने तुझको लिया चुन
वारूँ तुझपे मैं सब कुछ मुझे लागी तेरी धुन
जीवन एक पहेली छोड़ा जग मैंने तुझको लिया चुन
हर घड़ी ये कैसा इम्तिहान
M- बाली उमर जानम लौट के न आयेगी चल भी मेरे...

बे-वज़ह किसकी आस में
(Base-Tanha na apne aapko...)

बे-वज़ह किसकी आस में जिये जा रहे हैं हम
बे-वज़ह किसकी आस में जिये जा रहे हैं हम
तन्हाई में बैठ मय पिये जा रहे हैं हम
बे-वज़ह किसकी आस में ~~~~~~~~~~

बैठें भी कब तलक हम इम्तिहान में
कहने को अपना कोई नहीं इस ज़हान में
बे-वजह किसका नाम ये लिये जा रहे हैं हम
बे-वजह किसका नाम ये लिये जा रहे हैं हम
तन्हाई में बैठ मय पिये जा रहे हैं हम
बे-वज़ह किसकी आस में ~~~~~~~~~~

आये वो ज़िंदगी में तूफान की तरह
दे गये वो ऐसा जख़्म नहीं जिसकी है दवा
बे-वज़ह ख़ुद ईनाम ये लिये जा रहे हैं हम
बे-वज़ह ख़ुद ईनाम ये लिये जा रहे हैं हम
तन्हाई में बैठ मय पिये जा रहे हैं हम
बे-वज़ह किसकी आस में ~~~~~~~~~~

सदियाँ हुई दीदार को आँखें तरस गयीं
मिलने को उनसे दो घड़ी बाहें तरस गयीं
बे-वज़ह किसकी बात ये किये जा रहे हैं हम
बे-वज़ह किसकी बात ये किये जा रहे हैं हम
तन्हाई में बैठ मय पिये जा रहे हैं हम
बे-वज़ह किसकी आस में ~~~~~~~~~~

बेक़रार दिल माने न
(Base-Jhum Jhum kar nacho...)

बेक़रार दिल माने न... माने न
आये जो तेरी याद.....आये जो तेरी याद
यूँ तो मेरे सभी दीवाने कौन रखे ये याद
आये जो तेरी याद.....

है ये किसी के नयनों का जादू
कर गयी मुझको वो बेकाबू
उतर गयी जो दिल में मेरे
नज़र मैं उससे कैसे हटा लूँ
मुझसे लगी नजर चुराने कौन कहे ये बात
आये जो तेरी याद.....
बेक़रार दिल माने न... माने न
आये जो तेरी याद.....आये जो तेरी याद

ज़ुल्फ़ घटा सी छटा निराली
दिलकश कितनी लबों की प्याली
छम-छम बाजे पाँव की पायल
कमर लचकती फूल की डाली
होने लगे रोज़ फ़साने बड़े मजे की बात
आये जो तेरी याद.....
बेक़रार दिल माने न... माने न
आये जो तेरी याद.....आये जो तेरी याद

कैसे मैं गुजरूँ उसकी गली से
मुझको वो दे-दे दिल खुशी से
कदमों में उसके सज़दे करूँ मैं
सह लूँगा हर ग़म मैं खुशी से
उससे ये उल्फ़त कम न होगी दूर रहे या पास
आये जो तेरी याद.....
बेक़रार दिल माने न... माने न
आये जो तेरी याद.....आये जो तेरी याद

बेक़रार मैं भी हूँ
(Base-Ek Sawal mein karun...)

M- बेक़रार मैं भी हूँ बेक़रार तू भी है....2
हर घड़ी इन्तज़ार बेशुमार है
F- बेक़रार मैं भी हूँ बेक़रार तू भी है....2
हर घड़ी इन्तज़ार बेशुमार है
M- बेक़रार मैं भी हूँ बेक़रार तू भी है

M- अँग-अँग में जादू है तेरे मस्त-मस्त अदाऐं
चाँद के जैसे मुखड़े वाली क़ातिल हैं निगाहें
F- याद जो तेरी आये मुझको पल भर चैन न आये
नैन लड़ाये मुझसे ऐसे दिल मेरा घबराये
बेक़रार मैं भी हूँ बेक़रार तू भी है
हर घड़ी इन्तज़ार बेशुमार है
M- बेक़रार मैं भी हूँ बेक़रार तू भी है

F- उल्फ़त तुझसे कर बैठी मैं कुछ भी हो अंजाम
दर्द-ए-दिल दे या दवा दे कुछ भी दे ईनाम
M- मैं तेरे जन्मों का साथी कैसे तुझको पाऊँ
सात समुन्दर पार गयी तू दिल कैसे बहलाऊँ
बेक़रार मैं भी हूँ बेक़रार तू भी है
हर घड़ी इन्तज़ार बेशुमार है
F- बेक़रार मैं भी हूँ बेक़रार तू भी है

M- ठण्डी-ठण्डी आहें भरूँ मैं तुझको करके याद
दे-दे मुझको कोई निशानी दिलबर रखूँ पास
F- जानेमन ए-जानेतमन्ना धीरे-धीरे बोल
चुपके से दे दूँगी दिल मैं राज़ न ऐसे खोल
बेक़रार मैं भी हूँ बेक़रार तू भी है
हर घड़ी इन्तज़ार बेशुमार है
M- बेक़रार मैं भी हूँ बेक़रार तू भी है
हर घड़ी इन्तज़ार बेशुमार है

बेख़ुदी में बहके कदम*
(Base-Khayi hai Re Humne...)

बेख़ुदी में बहके कदम हाल-ए-दिल कहने दे
बेख़ुदी में बहके कदम हाल-ए-दिल कहने दे
बेख़ुदी में बहके कदम हाल-ए-दिल कहने दे
संगदिल है ये शहर बात वो रहने दे

दिल की लगी मेरी नहीं कोई समझता
करूँ ये बयां कैसे नहीं कोई पिघलता
दिल की लगी मेरी नहीं कोई समझता
करूँ ये बयां कैसे नहीं कोई पिघलता
कैसी ये आग भी...कैसी ये आग भी न बुझती है
बेख़ुदी में बहके कदम हाल-ए-दिल कहने दे
संगदिल है ये शहर बात वो रहने दे

दर्द-ए-जिगर ऐसा किसे मैं दिखाऊँ
हद से बढ़ा ग़म है किसे ये बताऊँ
दर्द-ए-जिगर ऐसा किसे मैं दिखाऊँ
हद से बढ़ा ग़म है किसे ये बताऊँ
पल भर ये ज़िंदगी...पल भर ये ज़िंदगी न रुकती है
बेख़ुदी में बहके कदम हाल-ए-दिल कहने दे
संगदिल है ये शहर बात वो रहने दे

कोई रूठ बैठा सपने दिखाकर
गया भूल मुझको दिल से लगाकर
कोई रूठ बैठा सपने दिखाकर
गया भूल मुझको दिल से लगाकर
ख़्वाबों में आज भी..ख़्वाबों में आज भी वो दिखती है
बेख़ुदी में बहके कदम हाल-ए-दिल कहने दे
संगदिल है ये शहर बात वो रहने दे

बैठे कब से तेरे इन्तज़ार में

बैठे कब से तेरे इन्तज़ार में हम सनम
जाने क्या-क्या बन गये तेरे प्यार में हम सनम~~~~2
बैठे कब से तेरे इन्तज़ार में हम सनम
जाने क्या-क्या बन गये तेरे प्यार में हम सनम~~~~4

आ गयी हैं रास मुझे यार तेरी गलियाँ~~~~2
रोकती हैं रास्ते में शोख़ मुझे कलियाँ~~~~2
जानेमन दीवानी बेक़रार हैं हम सनम
जाने क्या-क्या बन गये तेरे प्यार में हम सनम~~~~4

नयनों से जाने तूने तीर क्या चलाये~~~~2
राज़ ये उल्फ़त का हम कब तक छिपायें~~~~2
बैठें कब तक यूँही इम्तिहान में हम सनम
जाने क्या-क्या बन गये तेरे प्यार में हम सनम~~~~4

हैं भी क्या क़माल की क़ातिल अदायें~~~~2
तेरे एहसास से ही महकी फ़िज़ायें~~~~2
गुजरे न जवानी इक़रार में अब सनम
जाने क्या-क्या बन गये तेरे प्यार में हम सनम~~~~4

अच्छा मुझे लगने लगा तेरा मुस्कुराना~~~~2
क्यों नहीं आया तुझे दिल का लगाना~~~~2
वक़्त क्यों गुजारें तक़रार में हम सनम
जाने क्या-क्या बन गये तेरे प्यार में हम सनम~~~~4

भीगा-भीगा है ये समां
(Base-ye raat ye chandni...)

भीगा-भीगा है ये समां...आ-जा मेरे दिलरूबा
भीगा-भीगा है ये समां...आ-जा मेरे दिलरूबा

ठण्डी हवाओं में...ठण्डी हवाओं में
मीठा-मीठा राग है...ठण्डी हवाओं में...
तेरा सदाओं ने किया इन्तख़ाब है
कब तलक यूँ रहेंगे दरमियां फ़ासले
क्या सुलझ न पायेंगे ज़िंदगी के मुआमले
क्यों भी चुप है आज ये जुवां...आ जा मेरे दिलरूबा

जीने नहीं देती... जीने नहीं देती
मुझे अँगड़ाईयाँ... जीने नहीं देती...
सताती हैं हरदम मुझे तन्हाईयाँ
बेबसी है क्या मेरी कोई भी ये जाने न
क्या मुझे है हुआ हाल मेरा पूछे न
सहमा-सहमा है ये ज़हां...आ जा मेरे दिलरूबा

कहीं भी रहूँ मैं...कहीं भी रहूँ मैं
तेरा ही ख़्याल है...कहीं भी रहूँ मैं...
खोये होश मैंने तेरा ही क़माल है
मिल भी जायेंगी तुझे यूँ हजार तितलियाँ
पायेगा न मुझसी तू बेमिसाल चन्दनियां
ले भी ले कोई इम्तिहां...आ जा मेरे दिलरूबा

कुछ कह रहा है...कुछ कह रहा है
दिल बेकरार ये...कुछ कह रहा है...
कैसे करूँ भी तेरा ऐतबार मैं
ज़िंदगी का सफ़र तन्हा गुजर जाये न
क्या ख़बर तू सनम लौट इधर आये न
तन्हा छोड़ गया मेहमां...आ जा मेरे दिलरूबा

भूल भी जा जानम
(Base-Naach Meri Bulbul)

भूल भी जा जानम अफ़सोस क्या करना
याद में है जीना तेरी याद में मरना
रह-रह के याद तुझको भी आयेगी
अकेले बैठकर आहें तू भरना
भूल भी जा जानम...
भूल भी जा जानम अफ़सोस क्या करना
याद में है जीना तेरी याद में मरना

धक-धक दिल ये करे न जाने रातों क्यों....२
मुझसे किया जानम तूने वादा वो क्यों
ऐसे मेहमानों से पहचान क्या रखना
पहचान क्या रखना...पहचान क्या रखना
भूल भी जा जानम...
भूल भी जा जानम अफ़सोस क्या करना
याद में है जीना तेरी याद में मरना

कर डाला तूने जिस्म 'ओ' जां घायल....२
तेरी बदौलत ही मजनूं बना पागल
ऐसे बेईमानों का अरमान क्या करना
अरमान क्या करना...अरमान क्या करना
भूल भी जा जानम...
भूल भी जा जानम अफ़सोस क्या करना
याद में है जीना तेरी याद में मरना

अन्जाने बन्धन जुड़ जाते कैसे....२
फिर ये दगा देकर जाते उधर कैसे
ऐसे इन्सानों का एहसान क्या रखना
एहसान क्या रखना...एहसान क्या रखना
भूल भी जा जानम...
भूल भी जा जानम अफ़सोस क्या करना
याद में है जीना तेरी याद में मरना

भूल पाती नहीं तेरी याद सनम
(Base-Jis path pe chala...)

भूल पाती नहीं तेरी याद सनम
भूल पाती नहीं तेरी याद सनम कैसा ये फ़साना है
तेरे साथ पिया हँस-हँस कभी गुजरा ज़माना है
भूल पाती नहीं~~~~~~~~~~

लिखे मैंने तुझे रात 'ओ' दिन
अफ़साने मुहब्बत वाले...अफ़साने मुहब्बत वाले
दिये तूने मुझे जाने जां
नज़राने मुहब्बत वाले...नज़राने मुहब्बत वाले
हम बैठे कभी...
हम बैठे कभी एक साथ सनम मुश्किल भुलाना है
भूल पाती नहीं तेरी याद सनम कैसा ये फ़साना है
भूल पाती नहीं~~~~~~~~~~

छायेगी घटा सावन की
बैचेन तू भी तो होगा...बैचेन तू भी तो होगा
सर्दी की स्याह रातों में
तन्हा तू भी रोता होगा...तन्हा तू भी रोता होगा
जिया जाये नहीं...
जिया जाये नहीं तन्हा सनम दो दिन ठिकाना है
भूल पाती नहीं तेरी याद सनम कैसा ये फ़साना है
भूल पाती नहीं~~~~~~~~~~

एक-दूजे के संग रहने की
कसमें खायी थी मंदिर में...कसमें खायी थी मंदिर में
दिन क्या थे वो अलबेले
हमराही रहे मंजिल में...हमराही रहे मंजिल में
दीया-बाती से थे...
दीया-बाती से थे हमराज़ सनम कैसा ये वीराना है
भूल पाती नहीं तेरी याद सनम कैसा ये फ़साना है
भूल पाती नहीं~~~~~~~~~~

चल दिये छोड़ हमें तन्हा
(Base-Jaiye aap kahan...)

चल दिये छोड़ हमें तन्हा,तुम हमें याद बहुत आओगे
तुम हमें याद बहुत आओगे
भूल गये आज वो सारे बन्धन..भूल गये आज वो...
तुम हमें रोज ही तड़पाओगे

दिल की बेताब उमंगों की क़द्र समझे न
प्रीत के आस भरे धागों में कभी उलझे न
प्रीत के आस भरे धागों में कभी उलझे न
चल दिये छोड़ हमें तन्हा,तुम हमें याद बहुत आओगे
तुम हमें याद बहुत आओगे

तुमको खोकर जियेंगे क्या सनम ये तो कहो
संग छूटा बढेंगे क्या कदम ये तो कहो
संग छूटा बढेंगे क्या कदम ये तो कहो
चल दिये छोड़ हमें तन्हा,तुम हमें याद बहुत आओगे
तुम हमें याद बहुत आओगे

मर ही जायें न कहीं हम तुमसे हो करके जुदा
सुनने वाला नहीं दूजा है दिल की सदा
सुनने वाला नहीं दूजा है दिल की सदा
चल दिये छोड़ हमें तन्हा,तुम हमें याद बहुत आओगे
तुम हमें याद बहुत आओगे
भूल गये आज वो सारे बन्धन..भूल गये आज वो...
तुम हमें रोज ही तड़पाओगे
चल दिये छोड़ हमें तन्हा,तुम हमें याद बहुत आओगे
तुम हमें याद बहुत आओगे

चलती राह में मुख तूने मोड़ा

चलती राह में मुख तूने मोड़ा,तन्हाई में मुझको छोड़ा
बिखरे गेसू मुखड़ा गोरा तू
बेवफा...बेवफ़ा...बेवफा...बेवफ़ा
चलती राह में मुख तूने मोड़ा,तन्हाई में मुझको छोड़ा
बिखरे गेसू मुखड़ा गोरा तू
बेवफा...बेवफ़ा...बेवफा...बेवफ़ा

कौन इस मोड़ पे पसन्द तुझे आ गया
कौन इस...कौन इस मोड़ पे पसन्द तुझे आ गया
मेरी जां ये कैसा नशा तुझपे छा गया
मुझको समझा तूने बेगाना
खूब बनाया मुझे निशाना
जानेजां एक पल भी न सोचा
चलती राह में मुख तूने मोड़ा,तन्हाई में मुझको छोड़ा
बिखरे गेसू मुखड़ा गोरा तू
बेवफा...बेवफ़ा...बेवफा...बेवफ़ा

जाने क्या ऐसी तेरी मजबूरियाँ
जाने क्या...जाने क्या ऐसी तेरी मजबूरियाँ
कर बैठी मुझसे क्यों इतनी दूरियाँ
तोड़ दिया है प्रीत का धागा
जाऊँ कहाँ मैं अब अभागा
दिया मुझको तूने है धोखा
चलती राह में मुख तूने मोड़ा,तन्हाई में मुझको छोड़ा
बिखरे गेसू मुखड़ा गोरा तू
बेवफा...बेवफ़ा...बेवफा...बेवफ़ा

चन्द्रमुखी सा गोरा मुखड़ा- भाग-1
(Base-Ek Padosan Peechhe...)

M- चन्द्रमुखी सा गोरा मुखड़ा
चन्द्रमुखी सा गोरा मुखड़ा
हिरनी जैसी चाल...हिरनी जैसी चाल...
दुनिया है दो दिन का मेला कितने हैं अरमान
जवानी चन्द दिन की...जवानी चन्द दिन की
जवानी चन्द दिन की मेहमान....2

F- दूर खड़ा क्या पूछे मुझसे
दूर खड़ा क्या पूछे मुझसे
मेरे दिल का हाल...मेरे दिल का हाल...
अँग-अँग मेरा कस्तूरी उम्र है अठरह साल
तू मेरे दिल का है....तू मेरे दिल का है....
तू मेरे दिल का है मेहमान....2
(कोरस ~~~~~~~~~~~~~)

M- कब से बैठा ठण्डी सड़क पर इन्तज़ार में तेरे
(कोरस)-इन्तज़ार में तेरे...इन्तज़ार में तेरे
करूँ भी कैसे मैं शरारत सखियाँ तुझको घेरे
(कोरस)-सखियाँ तुझको घेरे...सखियाँ तुझको घेरे
कोई चुलबुल है दीवानी कोई स्वप्नलोक की रानी
सीता गीता टीना मीना इधर चम्पा उधर सलौनी
सीता गीता टीना मीना~टीना मीना सीता गीता
सीता गीता टीना मीना~टीना मीना सीता गीता
इधर गरिमा उधर सोनी...उधर सोनी
जिधर-जिधर नज़र घुमाऊँ
जिधर-जिधर नज़र घुमाऊँ है लाखों का माल
जवानी चन्द दिन की...जवानी चन्द दिन की
जवानी चन्द दिन की मेहमान....2

चन्द्रमुखी सा गोरा मुखड़ा- भाग-2
(Base-Ek Padosan Peechhe...)

F- करता है हर रोज बहाने आशिक अलबेला
(कोरस) आशिक अलबेला...आशिक अलबेला
आते-जाते करे इशारे दिल का रंगीला
(कोरस) दिल का रंगीला...दिल का रंगीला
मैं हूँ हवलदार की छोरी~बाँध न मुझसे तू डोरी
गोरी-गोरी बैयाँ मोरी~तू है चाँद मैं चकोरी
गोरी-गोरी बैयाँ मोरी~बैयाँ मोरी गोरी गोरी
हरदम बेक़रारी तेरी ही है ख़ुमारी
उल्फ़त मैं तुझसे करने लगी... करने लगी
नैन लड़ा...कर मुझसे बतियाँ
नैन लड़ा...कर मुझसे बतियाँ हुई हूँ मैं बेहाल
तू मेरे दिल का है...तू मेरे दिल का है
तू मेरे दिल का है मेहमान....2

F- दो प्रेमी के मिल जाने में कैसी हैं रस्में यार...2
(कोरस)-कैसी हैं रस्में यार
M- ये बंधन है जन्म-जन्म का उलझन हैं हजार...2
(कोरस) उलझन हैं हजार
F- सारी दुनिया भूल के मैं ले चली तेरे साथ
M- आ नयी एक रीत चलायें ए-मेरे हमराज
M- बाहों में बाहें डाल के झूमें आ मेरे हमजोली
तन-मन से आ एक हो जायें खेलें प्रेम की होली
F- ऋतु ये सुहानी अच्छी लगती साजन तेरे कारन
हर एक मौसम तुझसे जवां है सावन है मनभावन
एक ही बार में सूझें तुझको
एक ही बार में सूझें तुझको जाने कितने सवाल
तू मेरे दिल का है...तू मेरे दिल का है
तू मेरे दिल का है मेहमान...2
M- चन्द्रमुखी सा गोरा मुखड़ा.....

चुरा लूँ आ तेरे मैं होंठों से लाली
(Base-Tumhe pa ke humne...)

चुरा लूँ आ तेरे मैं होंठों से लाली...2
बदन चूम लूँ... चूम लूँ डाली-डाली
चुरा लूँ आ तेरे मैं होंठों से लाली...2

है फूलों सा नाज़ुक ये मुख गोरा-गोरा
ये बन्धन है कैसा न जाये भी तोड़ा
कि सदियों से तेरा मैं हूँ सवाली
चुरा लूँ आ तेरे मैं होंठों से लाली
बदन चूम लूँ... चूम लूँ डाली-डाली
चुरा लूँ आ तेरे मैं होंठों से लाली...2

मय से लबालब नशीले नयन दो
आ उल्फ़त से रंग दूँ रंगीले यौवन को
छलक ही न जायें लबों के ये प्याले
चुरा लूँ आ तेरे मैं होंठों से लाली
बदन चूम लूँ... चूम लूँ डाली-डाली
चुरा लूँ आ तेरे मैं होंठों से लाली...2

सदा आ रही है मेरी धड़कनों से
बचाऊँ तुझे मैं सभी उलझनों से
ये लट तेरी उलझे झूमे है बाली
चुरा लूँ आ तेरे मैं होंठों से लाली
बदन चूम लूँ... चूम लूँ डाली-डाली
चुरा लूँ आ तेरे मैं होंठों से लाली...2

तुझसी हसीना नहीं है ज़मीं पे
अगर है जो जन्नत जानेजां यहीं पे
तू दोनों ज़हां मैं तेरा हूँ सवाली
चुरा लूँ आ तेरे मैं होंठों से लाली
बदन चूम लूँ... चूम लूँ डाली-डाली
चुरा लूँ आ तेरे मैं होंठों से लाली...2

चूम लूँ आ गोरे मुखड़े को
(Base-Mast Baharon ka)

चूम लूँ आ गोरे मुखड़े को तुझ जैसा और नहीं
और जरा नज़दीक तू आ करना न इन्कार कहीं
जानेतमन्ना जानेजिगर जानेजिगर

क्या तेरा ये हुस्न है अल्ला दुहाई
याद तेरी जानेजां रात भर आई
जान ही न ले ले तेरी अँगड़ाई
आशिक की बात पर~कुछ तो तू गौर कर
मरते दम तक कम न होगी दिल की लगी जानेजिगर~~~~२
चूम लूँ आ गोरे मुखड़े को तुझ जैसा और नहीं
और जरा नज़दीक तू आ करना न इन्कार कहीं
जानेतमन्ना जानेजिगर जानेजिगर

सुन-सुन सुन-सुन सुन जरा मेरा अफ़साना
हमदम मुझको मान ले ऐसा क्या शरमाना
महकी-महकी है फ़िज़ा मौसम आशिक़ाना
कह रही हैं वादियाँ~आ भी मुझसे प्यार कर
तेरे लिये ही बचा रखी है ये ज़िंदगी जानेजिगर~~~~२
चूम लूँ आ गोरे मुखड़े को तुझ जैसा और नहीं
और जरा नज़दीक तू आ करना न इन्कार कहीं
जानेतमन्ना जानेजिगर जानेजिगर

काश! मेरी ज़िंदगी गुजरे तेरे साथ
कोई फिर ग़म नहीं प्यार की बरसात
छोड़ ये शिकवे-गिले ए-मेरे हमराज़
कह दे न इक़रार है~मुझसे ही प्यार है
रफ़्ता-रफ़्ता तू कहेगी मैं हूँ तेरी जानेजिगर~~~~२
चूम लूँ आ गोरे मुखड़े को तुझ जैसा और नहीं
और जरा नज़दीक तू आ करना न इन्कार कहीं
जानेतमन्ना जानेजिगर जानेजिगर

चैन आता है तुझसे ही मिल के
(Base-Tere aane ki jab Khabar...)

चैन आता है तुझसे ही मिल के
चैन आता है तुझसे ही मिल के
सांसें चलती तेरी बन्दगी कर के
चैन आता है तुझसे ही मिल के
सांसें चलती तेरी बन्दगी कर के

मुझपे जो कर्ज़ है अदा कर दूँ
दिल में जो राज़ है बता भर दूँ
दिन हो या रात तेरे ही चरचे
दिन हो या रात तेरे ही चरचे
चैन आता है तुझसे ही मिल के
सांसें चलती तेरी बन्दगी कर के

ज़हां में दूसरा नहीं तुझ सा
ज़हां में ग़मजदा नहीं मुझ सा
मुस्कुराता हूँ ख़त तुझे लिख के
मुस्कुराता हूँ ख़त तुझे लिख के
चैन आता है तुझसे ही मिल के
सांसें चलती तेरी बन्दगी कर के

हुस्न वाले क्यों सोच में डूबा
नहीं मालूम है ये रोग अजूबा
जिसको लगता है बस वही समझे
जिसको लगता है बस वही समझे
चैन आता है तुझसे ही मिल के
सांसें चलती तेरी बन्दगी कर के

चोरी-चोरी मेरा दिल वो ले गई
(Base-Tum Roothi raho...)

M- (चोरी-चोरी मेरा दिल वो ले गई)-2
(हुई मुझको ख़बर न क्या करूँ)-2
F- (दिलवाला वो है मतवाला वो है)-2
(रंग पल-पल बदलता क्या करूँ)-2

M- अफ़साने हजारों लिख दिये
(पर माने न कैसी वो नाज़नीं)-2
की पलकों में बन्द कर बन्दगी
(पर समझे न मेरी वो चाँदनीं)-2
पास आती नहीं कैसे इक़रार करूँ
यूँ ही कब तलक उसका इंतज़ार करूँ
चोरी-चोरी मेरा दिल वो ले गई-हुई मुझको...
F- दिलवाला वो है मतवाला वो है-रंग पल-पल...

F- जल जाने का उसको डर नहीं
(परवाना वो कैसा मनचला)-2
मिलता है वो मुझसे ख़्वाबों में
(रब ही जाने कैसा ये सिलसिला)-2
कौन घड़ी मैं उसकी तलबगार हुई
किस अनाड़ी से अँखियाँ चार हुई
दिलवाला वो है मतवाला वो है-रंग पल-पल...
M- चोरी-चोरी मेरा दिल वो ले गई-हुई मुझको...

M- ये रस्म 'ओ' रिवाज भूल कर
(जी भर आ हम-तुम देख लें)-2
F- अब होंगे न मिलकर हम जुदा
(जन्मों को ये बन्धन बाँध लें)-2
M- आ बाहों में मेरी जानेजां जानेमन
कि लूटें मस्तियाँ तन्हा कहीं तेरे संग
चोरी-चोरी मेरा दिल तू ले गई-हुई मुझको...
F- दिलवाला तू है मतवाला तू है-रंग पल-पल...

छेड़ने में मुझे सरकार को
(Base-Tum Akele to kabhi...)

M- छेड़ने में मुझे सरकार को आता है मजा...2
छेड़ने की सजा मुझको तू कुछ भी तो दे
मुझको काँटों से गुजरना है तो फिर...
तो फिर डर कैसा....तो फिर डर कैसा....

F- छेड़कर तू मुझे दिलदार यूँ ले न मजा...2
छेड़ने की सजा तुझको मैं ऐसी दूँगी
मुझको अपनी तू समझता है तू है...
तू है बुद्धू कैसा... तू है बुद्धू कैसा...
छेड़कर तू मुझे दिलदार यूँ ले न मजा

M- संगदिल तुझसी हंसी को दिल दे बैठा...2
गोरे गालों को तेरे चूम ख़ता कर बैठा
मुझको मंजिल पे पहुँचना है तो फिर...
तो फिर डर कैसा....तो फिर डर कैसा....

F- करते हैं जो उल्फ़त वो सताते हैं नहीं...2
रोग ऐसा वो दिलबर लगाते हैं नहीं
रंग पल-पल तू बदलता है तू है...
तू है बुद्धू कैसा... तू है बुद्धू कैसा...
छेड़कर तू मुझे दिलदार यूँ ले न मजा

M- इम्तहां कैसा भी ले देना मुझको है...2
हाल-ए-दिल ए-हमदम कहना मुझको है
मुझको आता है संभलना तो फिर...
तो फिर डर कैसा....तो फिर डर कैसा....

F- ज़िंदगानी में अभी और भी मन्जर होंगे...2
कैसे लड़ पायेगा तू सामने ख़न्ज़र होंगे
देख यौवन मचलता है तू है...
तू है बुद्धू कैसा... तू है बुद्धू कैसा...
छेड़कर तू मुझे दिलदार यूँ ले न मजा

M- छेड़ने में मुझे सरकार को आता है मजा...2

दर्देजिगर वो दे गया
(Base-Dekho mera dil...)

दर्देजिगर वो दे गया~दिल का सकूं वो ले गया
वो दे गया ग़म ये क्या
दर्देजिगर वो दे गया~दिल का सकूं वो ले गया
वो दे गया ग़म ये क्या~दर्देजिगर वो दे गया

हमदम को क्या ये हुआ है~कितना बेदर्द हुआ है
जिसकी दवा न कोई~कैसा ये मर्ज़ हुआ है
बहते हैं ग़म के नाले तन्हाई में... तन्हाई में
दर्देजिगर वो दे गया~दिल का सकूं वो ले गया
वो दे गया ग़म ये क्या~दर्देजिगर वो दे गया

ख़्वाबों में आये वो मेरे~करता मुझ संग अटखेली
घेरे उसको कई चेहरे~मिलती कैसे मैं अकेली
तन्हा-तन्हा मैं डोलूँ अँगनाई में... अँगनाई में
दर्देजिगर वो दे गया~दिल का सकूं वो ले गया
वो दे गया ग़म ये क्या~दर्देजिगर वो दे गया

कैसा बेदर्द ज़माना~समझे न दिल की बातें
खुशबू से उसकी अब तक~महकी हैं मेरी सांसें
ऐसी रस्मों-कसमों से तंग आई मैं... तंग आई मैं
दर्देजिगर वो दे गया~दिल का सकूं वो ले गया
वो दे गया ग़म ये क्या~दर्देजिगर वो दे गया

बीती जाती है पल-पल~बेवक़्त मस्त जवानी
सुनने वाला नहीं कोई~कमबख़्त मेरी कहानी
ऐसी क्या बात हुई है घबराई मैं... घबराई मैं
दर्देजिगर वो दे गया~दिल का सकूं वो ले गया
वो दे गया ग़म ये क्या~दर्देजिगर वो दे गया

दास्तां ये प्यार की

M- दास्तां ये प्यार की ख़त्म न होगी कभी
जब तलक है आसमां जब तलक है ये ज़मीं
F- दास्तां ये प्यार की ख़त्म न होगी कभी
जब तलक है आसमां जब तलक है ये ज़मीं
M+F- दास्तां ये प्यार की~~~~~~~~~~

F- होंगे कैसे अब जुदा बस गये धड़कन में तुम
M- बन गयी तक़दीर मेरी मिल गये दो तन 'ओ' मन
F- यार तेरी क़द्रदानी
मैं भुला सकती नहीं...मैं भुला सकती नहीं...
M- दास्तां ये प्यार की ख़त्म न होगी कभी
F- जब तलक है आसमां जब तलक है ये ज़मीं

M- दिल दीवाना ये न माने रातोदिन है बेक़रार
F- मैं भी करती जानेजां ना तेरा ही तो इन्तज़ार
M- राज़-ए-उल्फ़त तुमसे सीखा
दूजा कोई और है नहीं...दूजा कोई और है नहीं...
F- दास्तां ये प्यार की ख़त्म न होगी कभी
M- जब तलक है आसमां जब तलक है ये ज़मीं

F- मान लिया तुमको ख़ुदा तुम मेरी हो बन्दगी
M- तुम मेरी हो ज़िंदगानी तुम मेरी हो हर खुशी
F- अब बुझाये न बुझेगी
ऐसी है ये दिल की लगी...ऐसी है ये दिल की लगी
M- दास्तां ये प्यार की ख़त्म न होगी कभी
F- जब तलक है आसमां जब तलक है ये ज़मीं

दिल बेक़रार है सैंया दिल...
(Base-pallo latke...)

F- दिल बेक़रार है सैंया दिल बेक़रार है
बेक़रार है सैंया दिल बेक़रार है
सुबह से छत के ऊपर मैं खड़ी तेरा इंतजार है
M- बेक़रार मैं ये कैसा इम्तिहान है....2
सुबह से तन्हा-तन्हा मैं खड़ा तेरा इन्तज़ार है
F- बेक़रार है सैंया दिल बेक़रार है

F- एक था मेरा दिल वो भी लिख दिया तेरे नाम
एक था मेरा दिल वो भी लिख दिया तेरे नाम
तेरी बाहों में मैं आ गयी अब जो भी हो अन्जाम
सुबह से छत के ऊपर मैं खड़ी तेरा इंतजार है
M- दिल बेक़रार है ये कैसा इम्तिहान है
F- बेक़रार है सैंया दिल बेक़रार है

M- अलबेली तू है नार तुझपे तन-मन गया मैं बार
अलबेली तू है नार तुझपे तन-मन गया मैं बार
तुझे ही याद कर दिन बीत गया
सुन-सुन-सुन मेरे यार
सुबह से तन्हा-तन्हा मैं खड़ा तेरा इन्तज़ार है
F- दिल बेक़रार है सैंया दिल बेक़रार है
M- बेक़रार मैं ये कैसा इम्तिहान है

F- आता तू तो नहीं है पास पिया नख़रे तेरे हजार
आता तू तो नहीं है पास पिया नख़रे तेरे हजार
M- तेरा यौवन है क़माल उसपे ठण्डी चली बयार
सुबह से तन्हा-तन्हा मैं खड़ा तेरा इन्तज़ार है
F- बेक़रार है सैंया दिल बेक़रार है
सुबह से छत के ऊपर मैं खड़ी तेरा इंतजार है

दिल का मेरे तू चैन चुराये
(Base-Meri Mohabbat teri Jawani...)

दिल का मेरे तू चैन चुराये
बाली उमरिया क्यों इतराये
काहे तू जानम मेरे ख़्वाबों में आये
काहे तू जानम मेरे ख़्वाबों में आये
गोरा बदन 'ओ' कजरारे नैना
गेसू बिखरे चंचल अदाऐं
काहे तू जानम मेरे ख़्वाबों में आये....2

ओ री गुजरिया कब तू मेरे दिल में समाई
कहाँ से हुस्न ये लायी बड़ी क़ातिल है अँगड़ाई
ओ री गुजरिया कब तू मेरे दिल में समाई
कहाँ से हुस्न ये लायी बड़ी क़ातिल है अँगड़ाई
मिलने पे मुझसे नज़रें चुराये
कैसी तू गुड़िया खिड़की पे आये
काहे तू जानम मेरे ख़्वाबों में आये....2

कर भी न कर जानम तू मुझपे इनायत
करूँगा तुझसे मुहब्बत,कर ले कितनी क़यामत
कर भी न कर जानम तू मुझपे इनायत
करूँगा तुझसे मुहब्बत,कर ले कितनी क़यामत
रखूँगा दिल से तुझे लगाकर
जाऊँगा ले तुझे जग से चुराकर
काहे तू जानम मेरे ख़्वाबों में आये....2

नाम की मेरे जानेजां,मेहन्दी लगाना
मैं तेरा आशिक पुराना,राजेदिल तुझको सुनाना
नाम की मेरे जानेजां,मेहन्दी लगाना
मैं तेरा आशिक पुराना,राजेदिल तुझको सुनाना
जानेतमन्ना क्यों सताये,ज़ालिम जवानी गुजरी जाये
काहे तू जानम मेरे ख़्वाबों में आये....2

दिल के एक-एक कोने में हमदम

M- दिल के एक-एक कोने में हमदम~~~~~२
तेरा ही तो नाम लिखा है
ऐतवार कर... एक नया पैग़ाम लिखा है
F- बेक़रार मैं... होंठों पे सरगम~~~~~२
तेरा दिल पर नाम लिखा है
M- ऐतवार कर... एक नया पैग़ाम लिखा है

M- तुझ बिन हमदम मेरी रातें करवट लेते-लेते गुजरें
अश्कों से भीगी हैं पलकें तन्हा ये लम्हें कैसे गुजरें
नयनों में तेरे जादू है जानम
नयनों में तेरे जादू है जानम
प्यार तुझे सुबह 'ओ' शाम लिखा है
ऐतवार कर... एक नया पैग़ाम लिखा है

अन्जाने ही बन जाते हैं रिश्ते प्यार के कैसे हैं ये
बढ़ती जाती दिल की बातें दिन बहार के कैसे हैं ये
सांसों में खुशबू जैसे हो चन्दन
सांसों में खुशबू जैसे हो चन्दन
अलबेला इक़रार लिखा है
ऐतवार कर... एक नया पैग़ाम लिखा है

झील सी गहरी आंखें तेरी लब हैं नशीले पैमाने दो
मुझको तेरा प्यार मिले गर बन जायें अफ़साने सौ
तुझ जैसी देखी न हंसी चितवन
तुझ जैसी देखी न हंसी चितवन
पलकों में हर राज़ छिपा है
ऐतवार कर... एक नया पैग़ाम लिखा है

दिल में तुम रहते हो
(Base- Kya mausam aaya hai...)

दिल में तुम रहते हो, दिल में तुम रहते हो
कितने ही जन्मों से ए-मेरे हमदम
नग़मों के राजा तुम मैं तेरी सरगम
कदमों के संग तेरे मुझको है अब चलना
साथ तेरे ही जीना तेरे साथ ही मरना
दिल में तुम रहते हो~~~~~~~

M- जाती कहां है ओ अलबेली हुई भी नहीं शाम अभी
F- सूनी डगर है ओ मतवाले होऊँ न बदनाम कहीं
M- बाहों में आ मेरी है प्यार का मौसम
F- लागे है डर मुझको बदलेगा तू रंग
M- अरमां तेरा आँखों में मेरी प्रीत निराली है
F- नादान तू साँवरिया दिलरूबा कुंवारी है
M- दिल में तुम रहते हो, दिल में तुम रहते हो
F- कितने ही जनमों से ए-मेरे हमदम
नग़मों के राजा तुम मैं तेरी सरगम
M- कदमों के संग तेरे मुझको है अब चलना
साथ तेरे ही जीना तेरे साथ ही मरना
F- दिल में तुम रहते हो~~~~~~~

F- तू दीवाना तू है अनाड़ी काबू में जज़्बात नहीं
M- क्यों शरमाये इतना मुझसे पहली मुलाक़ात नहीं
F- बागों में देख भी खिल उठी कलियाँ
M- तू मेरी जन्नत है तू मेरी दुनिया
F- शमा जला उल्फ़त की तू भूल न जाना
M- शमा का मैं परवाना तू रूठ न जाना
F- दिल में तुम रहते हो, दिल में तुम रहते हो
M- कितने ही जन्मों से ए-मेरे हमदम
नग़मों का राजा मैं तू मेरी सरगम
F- कदमों के संग तेरे मुझको है अब चलना
साथ तेरे ही जीना तेरे साथ ही मरना
M- दिल में तुम रहते हो~~~~~~~

दिल में तुम रहते हो कितनी चाहत है
(Base-ye mausam aaya hai...)

दिल में तुम रहते हो कितनी चाहत है
कैसे ये बतलाऊँ तुझसे मुहब्बत है
कैसे ये बतलाऊँ तुझसे मुहब्बत है
दिल में तुम रहते हो कितनी चाहत है
कैसे ये बतलाऊँ तुझसे मुहब्बत है
कैसे ये बतलाऊँ तुझसे मुहब्बत है

यादों में तेरी खो मैं गया हूँ
यादों में तेरी खो मैं गया हूँ
राह में उजड़ा वो सिलसिला हूँ
जानेमन जानेजां ये ज़िंदगी बस तेरी बदौलत है
कैसे ये बतलाऊँ तुझसे मुहब्बत है
कैसे ये बतलाऊँ तुझसे मुहब्बत है

F- दिल में तुम रहते हो कितनी चाहत है
कैसे ये बतलाऊँ तुझसे मुहब्बत है
कैसे ये बतलाऊँ तुझसे मुहब्बत है

कि तेरे ही जैसी मेरी है कहानी
कि तेरे ही जैसी मेरी है कहानी
संगदिल ये दुनिया बड़ी है सयानी
अन्जाने तोड़े दिल ये मनचली बस तेरी अमानत है
कैसे ये बतलाऊँ तुझसे मुहब्बत है
कैसे ये बतलाऊँ तुझसे मुहब्बत है

दिल में तुम रहते हो कितनी चाहत है
कैसे ये बतलाऊँ तुझसे मुहब्बत है
कैसे ये बतलाऊँ तुझसे मुहब्बत है
तुझसे मुहब्बत है...तुझसे मुहब्बत है

दिल ने दिल से ये कहा
(Base-Chupke-chupke...)

दिल ने दिल से ये कहा... है ये ज़माना आपका
दिल ने दिल से ये कहा... है ये ज़माना आपका
मेरा अपना कुछ नहीं... ये फ़साना आपका
दिल ने दिल से ये कहा... है ये ज़माना आपका

देखते हैं सब तुम्हें... मस्ती भरी निग़ाहों से
देखते हैं सब तुम्हें... मस्ती भरी निग़ाहों से
तुम गिराते बिजलियाँ... जानम बड़ी अदाओं से
एक मैं ही हूँ नहीं... शहर दीवाना आपका
मेरा अपना कुछ नहीं... ये फ़साना आपका
दिल ने दिल से ये कहा... है ये ज़माना आपका

तुमको अपनी अर्श सी... बुलन्दियों पर नाज़ है
तुमको अपनी अर्श सी... बुलन्दियों पर नाज़ है
हैं सितम क्या खूब भी... बन्दा हुआ मोहताज़ है
लम्हा-लम्हा ग़म मिला... है ये निशाना आपका
मेरा अपना कुछ नहीं... ये फ़साना आपका
दिल ने दिल से ये कहा... है ये ज़माना आपका

दो कदम ही साथ चल... फिर बदल गये रास्ते
दो कदम ही साथ चल... फिर बदल गये रास्ते
अब दुआयें न करूँगा... मैं तुम्हारे वास्ते
पल दो पल में फिर कहाँ... होगा ठिकाना आपका
मेरा अपना कुछ नहीं... ये फ़साना आपका
दिल ने दिल से ये कहा... है ये ज़माना आपका

दिल ने कहा याद करते रहना

दिल ने कहा याद करते रहना
कभी न कभी बात करते रहना
दीवानी हूँ तेरी तू मान या न मान
भूल नहीं जाना प्यार करते रहना
दिल ने कहा याद करते रहना ~~~~~~~~~

बिन तेरे लगता मुझको पतझड़ सा हर मौसम
सावन भादो रूठे लगते वीरां लगता आँगन
वीरां लगता आँगन लौट के आ जा साजन
गुल की तरह रोज खिलते रहना
अफ़साने यूँ ही लिखते रहना
दीवानी हूँ तेरी तू मान या न मान
भूल नहीं जाना प्यार करते रहना
दिल ने कहा याद करते रहना ~~~~~~~~~

दो मतवारे नैना तेरे कदमों में बिछा दूँगी
सिर अपना ये हमदम तेरे सज़दों में झुका दूँगी
सज़दों में झुका दूँगी ख़ुद को कर फ़ना दूँगी
राज़-ए-दिल और से न कहना
आँखों में है तू कटे नहीं रैना
दीवानी हूँ तेरी तू मान या न मान
भूल नहीं जाना प्यार करते रहना
दिल ने कहा याद करते रहना ~~~~~~~~~

मन का पंछी उड़ता-फिरता जाने क्या-क्या सोचे
ऐसी क्या मजबूरियाँ अब तक तुम न लौटे
अब तक तुम न लौटे क्या ये बंधन हैं झूठे
चाहे जो सजा जी भर के देना
जो जी कहे वो इम्तिहां लेना
दीवानी हूँ तेरी तू मान या न मान
भूल नहीं जाना प्यार करते रहना
दिल ने कहा याद करते रहना ~~~~~~~~~

दिल माने ना...दिल माने ना...
(Base-Awara Hun....)

दिल माने ना...दिल माने ना...
आ तन्हा-तन्हा कहीं तू मिल कोई जाने ना
दिल माने ना...दिल माने ना...
आ तन्हा-तन्हा कहीं तू मिल कोई जाने ना
दिल माने ना...

अरे रूठ के तू कहाँ को चली
गुम है किसी की याद में तू...गुम है किसी की याद में तू
कोई और न दूजा मिल जाये
मुझसे अभी अंजान है तू...मुझसे अभी अंजान है तू
ए-जानेजिगर तेरे प्यार में मैं मिट जाऊँगा
दिल माने ना...दिल माने ना...
आ तन्हा-तन्हा कहीं तू मिल कोई जाने ना
दिल माने ना...

हसीन लम्हें बरबाद न कर
इस दिल को मेरे नाम तू कर...इस दिल को मेरे नाम तू कर
ए-लाल कुर्ती वाली हंसी
तन्हाई में ठंडी आहें न भर...तन्हाई में ठंडी आहें न भर
मैं हर वो खुशी तेरे नाम में मैं लिख जाऊँगा
दिल माने ना...दिल माने ना...
आ तन्हा-तन्हा कहीं तू मिल कोई जाने ना
दिल माने ना...

सुबह-सुबह मैं आऊँगा जब
रखना तू खिड़की खोल सनम,रखना तू खिड़की खोल सनम
इशारों ही इशारों में
कहना तू दिल की बात सनम,कहना तू दिल की बात सनम,
मैं रूठ गया तो जाने फिर कब आऊँगा
दिल माने ना...दिल माने ना...
आ तन्हा-तन्हा कहीं तू मिल कोई जाने ना
दिल माने ना...

दिल तुझे यह दे दिया

दिल तुझे यह दे दिया जानेमन ए-साथिया
आयेगा कब तू लौटकर तू तो है परदेसिया
दिल तुझे यह दे दिया जानेमन ए-साथिया
आयेगा कब तू लौटकर तू तो है परदेसिया

बाली उमरिया उम्र सोलह,कमसिन-कमसिन मेरी जवानी
तुझसे मुहब्बत मुझको हो गई,देता भी जा तू काई निशानी
बिखरे-बिखरे गेसू घटा से,निखरा-निखरा नशीला यौवन
अधर हैं मेरे मय के प्याले, महका-महका मेरा तन-मन
दिल तुझे यह दे दिया जानेमन ए-साथिया
आयेगा कब तू लौटकर तू तो है परदेसिया

नींद जो आये ख़्वाब तेरे~कैसे मैं आऊँ पास तेरे
चलता-फिरता आवारा बादल,तुझ बिन जिऊँ कैसे अकेले
ठण्डी हवायें मस्त मौसम, तोड़ ये बन्धन बाहों में ले
धड़कनों में तू ही बसा है, हटा ये चिलमन मस्तियाँ ले ले
दिल तुझे यह दे दिया जानेमन ए-साथिया
आयेगा कब तू लौटकर तू तो है परदेसिया

वादा रहा ये तेरी रहूँगी,कदमों में तेरे सज़दे करूँगी
तेरी है ये ज़िंदगानी,सदा मैं दिल की तुझसे कहूँगी
तू जो नहीं तो कुछ भी नहीं,तुझसे रंगी है मेरी दुनिया
कैसा आशिक है तू दीवाना,कहाँ चला चुरा के अँखियाँ
दिल तुझे यह दे दिया जानेमन ए-साथिया
आयेगा कब तू लौटकर तू तो है परदेसिया

दिलबर जाने जांना दीवाना
(Base-Tumko mere dil ne...)

दिलबर जाने जांना ...
दिलबर जाने जांना दीवाना हूँ मैं तेरे लिये
हर तराना लिखूँगा...
हर तराना लिखूँगा... मैं तेरे लिये
दिलबर जाने जांना ...दीवाना हूँ मैं तेरे लिये
हर तराना लिखूँगा...
हर तराना लिखूँगा... मैं तेरे लिये
दिलबर जाने जांना ...

रफ़्ता-रफ़्ता यूँ ही दिल्लगी में
रफ़्ता-रफ़्ता यूँ ही दिल्लगी में
जुड़ गया तुझसे बंधन अनोखा
अब तो जाने क्या होने है वाला
जो कभी मैंने तूने न सोचा
एक दुनिया नयी अब बसायेंगे हम
तुम्हें पलकों पे अपनी बिठायेंगे हम
हर तराना लिखूँगा... मैं तेरे लिये
दिलबर जाने जांना ...

इस तरह से मिलन अपना होगा
इस तरह से मिलन अपना होगा
खो जायेंगे एक दूसरे में
अब नहीं भी डसेगी तन्हाई
मुस्कुरायेंगे हम मन्जिलों में
बढ़ गये जो कदम रुकेंगे नहीं
दुनिया वालों के आगे झुकेंगे नहीं
हर तराना लिखूँगा... मैं तेरे लिये
दिलबर जाने जांना दीवाना हूँ मैं तेरे लिये

दिलबर क्यों ऑंख है नम
(Base-Suniye jara dekhiye na...)

दिलबर...क्यों ऑंख है नम
दिल आपका हम प्यार से बहलाने आये हैं
हमदम...किस बात का है ग़म
हमराज़ हैं हम राज़ ये समझाने आये हैं
दिलबर...क्यों आँख है नम

न जाने अन्जाम-ए-उल्फ़त क्या होगा
न जाने अन्जाम-ए-उल्फ़त क्या होगा
जो भी होगा यार वो अच्छा होगा
ऐतबार है तुम पर जतलाने आये हैं
दिलबर...क्यों ऑंख है नम
दिल आपका हम प्यार से बहलाने आये हैं

तुम हो मेरे दिल की धड़कन-धड़कन में
तुम हो मेरे दिल की धड़कन-धड़कन में
तुम जो कह दो साथ चलूंगी संग-संग मैं
दमसाज़ हैं सुर तेरे मिलवाने आये हैं
दिलबर...क्यों ऑंख है नम
दिल आपका हम प्यार से बहलाने आये हैं

सह लूँगी मैं हंसते-हंसते हर एक ग़म
सह लूँगी मैं हंसते-हंसते हर एक ग़म
आये मुझे तुझे देख के यारा दम में दम
ज़ख़्म इतने हैं आज वो दिखलाने आये हैं
दिलबर...क्यों ऑंख है नम
दिल आपका हम प्यार से बहलाने आये हैं

दिलबर तेरी शोहरत ने
(Base-Rangat teri surat si...)

F- दिलबर तेरी शोहरत ने पागल बना दिया
M- दिलकश तेरे मुखड़े ने शायर बना दिया
F- दिलबर तेरी शोहरत ने पागल बना दिया
M- दिलकश तेरे मुखड़े ने शायर बना दिया
F- दिलबर तेरी शोहरत ने पागल बना दिया

F- गुलशन था जो वीरान वो तूने बदल दिया
नफ़रत का था मिज़ाज वो तूने पलट दिया
जज़्बातों का तूफान वो तूने समझ लिया
M- महकी तेरी सांसों ने शायर बना दिया
दिलकश तेरे मुखड़े ने शायर बना दिया
F- दिलबर तेरी शोहरत ने पागल बना दिया

M- दर्द-ए-जिगर की यार तू ही है एक दवा
जन्नत को भूल बैठा तुझ ही पर मैं फिदा
करना मुझे तू माफ़ अगर हो भी कोई ख़ता
F- दिलबर तेरी चाहत ने पागल बना दिया
M- दिलकश तेरे मुखड़े ने शायर बना दिया
F- दिलबर तेरी शोहरत ने पागल बना दिया

F- कर मेरे हंसी फूल से चेहरे पे शायरी
कर मेरे जवां हुस्न की ख़िदमत में शायरी
कर गहरी झील सी आँखों पे शायरी
M- दिलबर तेरी दस्तक ने शायर बना दिया
दिलकश तेरे मुखड़े ने शायर बना दिया
F- दिलबर तेरी शोहरत ने पागल बना दिया
M- दिलकश तेरे मुखड़े ने शायर बना दिया
F- दिलबर तेरी शोहरत ने पागल बना दिया

दिलदार मेरे हमजोली
(Base-Ek bar jara yeh kah do...)

M- दिलदार मेरे हमजोली...दिलदार मेरे हमजोली
तुमसे करते हैं हम मुहब्बत
F- तन्हा-तन्हा रातों मैं तड़पूँ...तन्हा-२ रातों मैं तड़पूँ
मुझपे करते हो तुम क़यामत
M- दिलदार मेरे हमजोली...तुमसे करते हैं हम...

M- अँखियों में नहीं दूजा कोई हमदम
चलो साथी बन संग-संग
F- तू सितमगर पंछी उड़ने वाला
चलूँ साथ मैं कैसे संग-संग
M- कैसै करूँ मैं जग से बगावत
F- तन्हा-तन्हा रातों मैं तड़पूँ...मुझपे करते हो तुम...
M- दिलदार मेरे हमजोली...तुमसे करते हैं हम...

M- गलियों में गूँजे तेरा-मेरा फ़साना
ये तो जानम राग पुराना
F- दिलजानी ये राज़ मैं कैसे बताऊँ
दिल कैसे मैं बहलाऊँ
M- नहीं देती तू मुझको इज़ाज़त
F- तन्हा-तन्हा रातों मैं तड़पूँ...मुझपे करते हो तुम...
M- दिलदार मेरे हमजोली...तुमसे करते हैं हम...

M- दुनिया में नहीं तुझसी कोई हसीना
तू तो जानम चीज नगीना
F- अलबेला तू तो आशिक़ है दीवाना
तू तो शमा का परवाना
M- कर दे गोरी मुझपे इनायत
F- तन्हा-तन्हा रातों मैं तड़पूँ...मुझपे करते हो तुम...
M- दिलदार मेरे हमजोली...तुमसे करते हैं हम...

दिलक़श तेरा मुखड़ा ये
(Base-pyar to ek din hona...)

M- दिलक़श तेरा मुखड़ा ये,चाँद का जैसे टुकड़ा है
जानेजां आफ़ताब...जानेजां आफ़ताब
F- हमदम तू रंगीला है, कैसा छैल छबीला है
नहीं है तेरा जबाब...नहीं है तेरा जबाब...
M- दिलक़श तेरा मुखड़ा ये,चाँद का जैसे टुकड़ा है
जानेजां आफ़ताब...जानेजां आफ़ताब
F- हमदम तू रंगीला है, कैसा छैल छबीला है
नहीं है तेरा जबाब...नहीं है तेरा जबाब

M- है...दिल तेरा F--क्या भी ये बात है
M- कर ले मुझसे दोस्ती तू हंसी मैं जवां
M- खिल गई कली F--ऐसा पहले न हुआ
M- लिखूं प्यारी सूरत पर अफ़साने हजार
F- नहीं है तेरा जबाब...नहीं है तेरा जबाब
M- दिलक़श तेरा मुखड़ा ये F-कैसा छैल छबीला है
F+M- नहीं है तेरा जबाब...नहीं है तेरा जबाब...

F- ये... दास्तां M-जाने हमें कहाँ ले चली
F- आये तुम बहार बन हो गयी मैं मन्चली
F- भीगा समां M-कैसी ठण्डी आग है
F- मस्तानी अदाओं पर मर जाऊँ मैं यार
M- जानेजां आफ़ताब...जानेजां आफ़ताब
F- हमदम तू रंगीला है, कैसा छैल छबीला है
नहीं है तेरा जबाब...नहीं है तेरा जबाब...
M- दिलक़श तेरा मुखड़ा ये,चाँद का जैसे टुकड़ा है
जानेजां आफ़ताब...जानेजां आफ़ताब
F+M- नहीं है तेरा जबाब...नहीं है तेरा जबाब...

दिलरूबा दीवानी क़रार तुझसे
(Base-Champa aur Chameli...)

दिलरूबा दीवानी क़रार तुझसे मेरा
तुझे चाहता रहूँगा हो सांझ या सवेरा
आगे जो भी हो अन्जाम
लब न भूलेंगे ये तेरा नाम...लब न भूलेंगे ये तेरा नाम
दिलरूबा दीवानी क़रार तुझसे मेरा

रुख़ से हटा दे जानेजां चिलमन
रुख़ से हटा दे जानेजां चिलमन
बढ़ने लगी है दिल की धड़कन
तोहफ़े में खुश हो रे उस रब ने मुझको दिया ईनाम
लब न भूलेंगे ये तेरा नाम...लब न भूलेंगे ये तेरा नाम
दिलरूबा दीवानी क़रार तुझसे मेरा

मिलने दे नयनों से आज नयना
मिलने दे नयनों से आज नयना
महका ये यौवन है तेरा गहना
दे दिल मुझको जानेतमन्ना तुझको लिखा पैग़ाम
लब न भूलेंगे ये तेरा नाम...लब न भूलेंगे ये तेरा नाम
दिलरूबा दीवानी क़रार तुझसे मेरा

मय सी छलकती तेरी जवानी
मय सी छलकती तेरी जवानी
जलवों में आयी तेरे रवानी
उडने दे भी हवा में चुनरिया करूँ तेरा ऐहतराम
लब न भूलेंगे ये तेरा नाम...लब न भूलेंगे ये तेरा नाम
दिलरूबा दीवानी क़रार तुझसे मेरा

दिलरूबा तेरे जाने से

दिलरूबा तेरे जाने से~ये दिल मेरा घबराता है
दिल का ये तोहफ़ा रखा है संभाले
तेरे लिये~तेरे लिये~तेरे लिये
दिलरूबा तेरे जाने से~ये दिल मेरा घबराता है
दिल का ये तोहफ़ा रखा है संभाले,(तेरे लिये)-३

आशिक तेरी अदाओं का~डर नहीं मुझे ज़माने का
उल्फ़त मेरी अलबेली~ग़म नहीं मुझे मर जाने का
जगह दे मुझे दिल में~अपने रंग में रंग लूँगा
कब से है बेताब जिगर~पलकों में बंद कर लूँगा
दिलरूबा तेरे जाने से~ये दिल मेरा घबराता है
दिल का ये तोहफ़ा रखा है संभाले,(तेरे लिये)-३

सागर नदी का रखवाला~चंदा चकोर का रखवाला
ज़र्रे ज़मीं पर जितने हैं~रब है सभी का रखवाला
इम्तिहां कितने भी तू ले~मैं हूँ शमा का परवाना
गुस्ताख़ लड़की कैसी तू~मुझको समझा बेगाना
दिलरूबा तेरे जाने से~ये दिल मेरा घबराता है
दिल का ये तोहफ़ा रखा है संभाले,(तेरे लिये)-३

हमदम मुझको करने दे~सज़दा अपने कदमों में
शिकवा मुझसे गर है कोई~कह दे चन्द लम्हों में
क़ातिल तेरी अँगड़ाई~जां पर मेरी बन आई
तन्हाई में मैं तड़पूँ~कहती कुछ ये पुरबाई
दिलरूबा तेरे जाने से~ये दिल मेरा घबराता है
दिल का ये तोहफ़ा रखा है संभाले,(तेरे लिये)-३

दिलवाले हम तुमसे रोज मिलेंगे
(Base-0 Babu humne Toh...)

दिलवाले...हम तुमसे रोज मिलेंगे...२
दुनिया से डरना है अब क्या
दुनिया से डरना है अब क्या गुल रोज खिलेंगे
दिलवाले....हम तुमसे रोज मिलेंगे
दुनिया से डरना है अब क्या गुल रोज खिलेंगे
दिलवाले....हम तुमसे रोज मिलेंगे

मुहब्बत में सब जाइज़ है...२
जल्द कह न क्या फरमाईश है
हम तो तेरे ही हैं दीवाने~हम तो तेरे ही हैं दीवाने
अफ़साने हम तुमको रोज लिखेंगे
दिलवाले...हम तुमसे रोज मिलेंगे
मतवाले... गुल ऐसे रोज खिलेंगे

जब तुमको ये दिल दे बैठे...२
अब आगे न क्या कर बैठें
हंसते-गाते हम तो जियेंगे~हंसते-गाते हम तो जियेंगे
दिल की दौलत हम तेरे नाम लिखेंगे
दिलवाले...हम तुमसे रोज मिलेंगे
दुनिया से डरना है अब क्या गुल रोज खिलेंगे
दिलवाले...हम तुमसे रोज मिलेंगे
M- रब से तुझे माँगा है~रब से तुझे माँगा है
आगे भी और इरादा है,साथी मेरे ये वादा रहा
इस जन्म नहीं उस जन्म नहीं
इस जन्म नहीं उस जन्म नहीं युगों साथ रहेंगे
दिलवाली....हम तुमसे रोज मिलेंगे २
दुनिया से डरना है अब क्या गुल रोज खिलेंगे
M- दिलवाले....हम तुमसे रोज मिलेंगे

दिन में सौ-सौ बार तुम ही तुम
(Base-Na na karke pyar...)

दिन में सौ-सौ बार तुम ही तुम याद आये
दिन में सौ-सौ बार तुम ही तुम याद आये
जा बैठे उस पार मेरे सरकार नहीं तुम पास आये
(दिन में सौ-सौ बार तुम ही तुम याद आये)~~~2

लिखे मैंने तुझको हैं कितने अफ़साने
आशिक़ मैं हूँ तेरा तू माने या न माने
कारे-कारे गेसू दो नैना कजरारे
समझे भी क्यों न तू मेरे ये इशारे
करता तुझसे प्यार मेरे हमराज़ यकीं तुम न लाये
दिन में सौ-सौ बार तुम ही तुम याद आये
जा बैठे उस पार मेरे सरकार नहीं तुम पास आये
दिन में सौ-सौ बार तुम ही तुम याद आये

जानेमन तुझसे बेवज़ह इल्तिजा की
हद भी है हो गयी तेरे इम्तिहां की
कमसिन अदायें चलाया मुझपे जादू
भोले-भाले दिल को किया बेकाबू
दिल का येअरमान कहूँ मैं आज तुम्हीं तो रास आये
दिन में सौ-सौ बार तुम ही तुम याद आये
जा बैठे उस पार मेरे सरकार नहीं तुम पास आये
दिन में सौ-सौ बार तुम ही तुम याद आये

मार ही न डाले ये तेरी अँगड़ाई
नज़दीक़ आ जा होने दे रुसवाई
तन्हाई में तड़पूँ मैं तेरे ही लिये
बजवाऊँ बैण्ड-बाजा तू गर जो कहे
वर्षों के बाद ये मौक़ा आज नहीं फिर हाथ आये
दिन में सौ-सौ बार तुम ही तुम याद आये
जा बैठे उस पार मेरे सरकार नहीं तुम पास आये
दिन में सौ-सौ बार तुम ही तुम याद आये

दिन-ब-दिन तुम सँवरने लगे
(Base-E Chameli ke mandue Tale...)

दिन-ब-दिन तुम सँवरने लगे....2
फूल बागों के भी इतराने लगे ...2
हम भी आप पे आज मरने लगे
दिन-ब-दिन तुम सँवरने लगे...दिन-ब-दिन तुम...

लब तुम्हारे कमल, बोल जैसे ग़जल
चाँद सा गोरा मुख, चाँदनीं सा बदन
नैन हैं मयक़दा
हम भी आप पे आज मरने लगे
हम भी आप पे आज मरने लगे
दिन-ब-दिन तुम सँवरने लगे...दिन-ब-दिन तुम...

हम जो मिलने लगे बेवज़ह ही फ़साने हुए....2
नज़रें जो मिली ख़ुद से ही हुये बेख़बर....2
मन ख़तायें करने को मचलने लगा....2
ऋतु सावन की...मनभावन हुई...मनभावन हुई
आहें ठण्डी भरें रात भर हम तन्हाई में
तुम जाने कहाँ छिप गयी
हम भी आप पे आज मरने लगे....2
दिन-ब-दिन तुम सँवरने लगे...दिन-ब-दिन तुम...

हमपे जानेजिगर गिर गयी बिजलियाँ
ऐसे लम्हात में हम पे जानेजिगर...
हमपे जानेजिगर गिर गयी बिजलियाँ,ऐसे लम्हात में
लिखे हमने फ़साने तुम्हें याद कर
गाये हमने तराने तुम्हें याद कर
हुए हम हैं दीवाने तुम्हें याद कर
तुम्हें याद कर...तुम्हें याद कर...तुम्हें याद कर
हम भी आप पे आज मरने लगे....2
दिन-ब-दिन तुम सँवरने लगे...दिन-ब-दिन तुम...

दीवाना इस जग में मुझ जैसा
(Base-Dil mera tumhari adaiyen...)

दीवाना इस जग में मुझ जैसा काई नहीं
दीवाना इस जग में मुझ जैसा काई नहीं
तू जितनी खूबसूरत गुल ऐसा कोई नहीं
दीवाना इस जग में मुझ जैसा काई नहीं
तू जितनी खूबसूरत गुल ऐसा कोई नहीं
दीवाना इस जग में मुझ जैसा काई नहीं

नज़दीक आओ भी दिल का है मामला
नज़दीक आओ भी दिल का है मामला
मिल गये दिल जब कैसा ये फ़ासला
अफ़साना मुझ जैसा लिख पाये कोई नहीं
दीवाना इस जग में मुझ जैसा काई नहीं
तू जितनी खूबसूरत गुल ऐसा कोई नहीं
दीवाना इस जग में मुझ जैसा काई नहीं

दिल में जो आग है आकर बुझाईये
दिल में जो आग है आकर बुझाईये
बाहों में आने से न अब शरमाईये
दूजा अब नज़रों को भा जाये कोई नहीं
दीवाना इस जग में मुझ जैसा काई नहीं
तू जितनी खूबसूरत गुल ऐसा कोई नहीं
दीवाना इस जग में मुझ जैसा काई नहीं

चेहरे पे बिखरी ये लट तुम हटाओ न
चेहरे पे बिखरी ये लट तुम हटाओ न
इन्तहा हुई हुजूर मान भी जाओ न
नज़राना दिल देगा तुझे ऐसा कोई नहीं
दीवाना इस जग में मुझ जैसा काई नहीं
तू जितनी खूबसूरत गुल ऐसा कोई नहीं
दीवाना इस जग में मुझ जैसा काई नहीं

दीवाना मैं नहीं था
(Base-chale the sath milkar...)

दीवाना मैं नहीं था किया तूने दीवाना
दीवाना मैं नहीं था किया तूने दीवाना
हमारी दास्तां को सुनेगा ये ज़माना
दीवाना मैं नहीं था किया तूने दीवाना
हमारी दास्तां को सुनेगा ये ज़माना
दीवाना मैं नहीं था किया तूने दीवाना

समां क्या खूबसूरत नशे में ये ज़हां है
लगी दिल की नयी है हुई उल्फ़त जवां है
जरा नज़दीक आओ नहीं कोई दरमियां है
दीवाना मैं नहीं था किया तूने दीवाना
हमारी दास्तां को सुनेगा ये ज़माना
दीवाना मैं नहीं था किया तूने दीवाना

नज़र जाती जहाँ तक रंगी है हर नज़ारा
बदन तेरा चूमूँ अगर तू दे इशारा
सुनाऊँ शोख़ नग़में जो हो तुझको गवारा
दीवाना मैं नहीं था किया तूने दीवाना
हमारी दास्तां को सुनेगा ये ज़माना
दीवाना मैं नहीं था किया तूने दीवाना

संभालेगी कहाँ तक मचलती ये जवानी
कि रंग लायेगी एक दिन हमारी प्रेम कहानी
करूँ तेरे हवाले सारी ये ज़िन्दगानी
दीवाना मैं नहीं था किया तूने दीवाना
हमारी दास्तां को सुनेगा ये ज़माना
दीवाना मैं नहीं था किया तूने दीवाना

दुनिया की तोड़ रस्में* (Part-1)
(Base-Jeena to hai usi ka...)

दुनिया की तोड़ रस्में ...
दुनिया की तोड़ रस्में नज़दीक़ मेरे आजा
दुनिया की तोड़ रस्में नज़दीक़ मेरे आजा
रखूँगा तुझको दिल में ....
रखूँगा तुझको दिल में बाहों में आ समा जा
दुनिया की तोड़ रस्में नज़दीक़ मेरे आजा

गुजरती नहीं अब तन्हा जवानी
दिलदार मेरे कर मेहरबानी
मुझमें बता भी क्या है बुराई नज़रें चुरा,कहाँ तू चली
ऐसे न दिल्लगी कर जग में हो तमाशा
रखूँगा तुझको दिल में ....
रखूँगा तुझको दिल में बाहों में आ समा जा
दुनिया की तोड़ रस्में नज़दीक़ मेरे आजा

चाँद सा तेरा मुखड़ा...घटा से तेरे गेसू
नज़र जिधर घुमाऊँ...देखूँ तुझको हर सू
चांदनीं तेरा बदन...रूप का तू है दर्पन
गर तू ले अँगड़ाई...बढ़ती जाती धड़कन
कहीं भी तू चली जाना...तमन्ना कम नहीं होगी
चुनी मैंने जो मंजिल है...वो मंजिल तू ही होगी
चुनी मैंने जो मंजिल है...वो मंजिल तू ही होगी
क्या करेगी ज़ालिम ये दुनिया
जानती बस चलाना छुरियाँ झूठी है सौदाई
बाटेंगे मिल के सुख दुःख जानेजां आधा-आधा
रखूँगा तुझको दिल में ....
रखूँगा तुझको दिल में बाहों में आ समा जा
दुनिया की तोड़ रस्में नज़दीक़ मेरे आजा

दुनिया की तोड़ रस्में* (Part-2)
(Base-Jeena to hai usi ka...)

दुनिया की तोड़ रस्में ...
दुनिया की तोड़ रस्में नज़दीक़ मेरे आजा
दुनिया की तोड़ रस्में नज़दीक़ मेरे आजा
रखूँगा तुझको दिल में ....
रखूँगा तुझको दिल में बाहों में आ समा जा
दुनिया की तोड़ रस्में नज़दीक़ मेरे आजा

पतली कमर लचकती...हिरनी का जैसे चलना
गलियों में मेरी तेरा...बिन्दास हो निकलना
आँचल में गुल सौ-सौ...जन्नत की है परी तू
रोशन ज़हां हो सारा...है मस्त फुलझड़ी तू
तेरी इस माँग में जानम सितारे मैं सजाऊँगा
गगन से तोड़ के तारे देखना लेकर आऊँगा
तेरी इस माँग में जानम सितारे मैं सजाऊँगा
गगन से तोड़ के तारे देखना लेकर आऊँगा
चलती फिरती दुनिया तू मेरी
तू ही चम्पा तू ही चमेली तू ही है रुख़साना
इतना हसींन तोहफ़ा रब ने मुझे नवाज़ा
रखूँगा तुझको दिल में ....
रखूँगा तुझको दिल में बाहों में आ समा जा
दुनिया की तोड़ रस्में नज़दीक़ मेरे आ जा

देखा जब से मैंने तुझे
(Base-Kora kagaj tha ye ...)

M- देखा जब से मैंने तुझे... तुझे... तुझे...
दिल बेकरार रहने लगा... लगा...
देखा जब से मैंने तुझे, दिल बेकरार रहने लगा
F- देखा जब से मैंने तुझे, दिल बेकरार रहने लगा

M- दे भी दे मुझे दिल नज़राना
इतना ही छोटा सा मेरा अफ़साना
दे भी दे मुझे दिल नज़राना
इतना ही छोटा सा मेरा अफ़साना
करे बेकाबू... दीवानी... ये अदायें
चाहा जब से मैंने तुझे कैसा ये ख़ुमार रहने लगा
F- देखा जब से मैंने तुझे, दिल बेकरार रहने लगा

F- कितने ही तेरे लिये सपने सजाये
बेदर्दी तुम मिलने न आये
कितने ही तेरे लिये सपने सजाये
बेदर्दी तुम मिलने न आये
हुई ज़िंदगानी...तेरे बिन...सूनी-सूनी
माँगा रब से मैंने तुझे तेरा इंतज़ार रहने लगा
M- देखा जब से मैंने तुझे, दिल बेकरार रहने लगा

M- भूल जो हुई है उसको भुला दे
F- बाहों में ले पिया अंग लगा ले
M- भूल जो हुई है उसको भुला दे
F- बाहों में ले पिया अंग लगा ले
M- चलने दे कहानी~F-जाने जांना~M-अब आगे
F- जान लिया यार मैंने तुझे
M- अब ऐतवार होने लगा
M+F- देखा जब से मैंने तुझे, दिल बेकरार रहने लगा

देखा जो मैंने तुझे दीवाना होने लगा
(Base-Jeevan ke har mod par...)

देखा जो मैंने तुझे...दीवाना होने लगा
नैनों से नैना लड़े...अफ़साना होने लगा
देखा जो मैंने तुझे...दीवाना होने लगा
नैनों से नैना लड़े...अफ़साना होने लगा
तुझसे मिलना...बातें करना, अच्छा लगता है मुझे
रफ़्ता-रफ़्ता...दिल में आना, सच्चा लगता है मुझे
मिलकर जो तूने नज़र चुरायी,दिल मेरा खोने लगा
देखा जो मैंने तुझे...दीवाना होने लगा
नैनों से नैना लड़े...अफ़साना होने लगा

F- देखा जो मैंने तुझे...दीवानी होने लगी
नैनों से नैना लड़े...बदनाम होने लगी
ठण्डी-ठण्डी...आहें भरती, बता दिल में तेरे क्या है
तन्हा-तन्हा...नहीं मिलता, ख़ता मेरी बता क्या है
ऐसी क्या तूने कसम है खायी, सयानी होने लगी
देखा जो मैंने तुझे...दीवानी होने लगी
नैनों से नैना लड़े... बदनाम होने लगी

M- इन पलकों में...बन्द करके,तुझे दिल में मैं रखूँगा
F- मेरे हमदम...मेरे सैंया,चली अभी मैं फिर मिलूँगी
न भी फिर से हो अब जुदाई
M- दर्द-ए-दिल होने लगा
देखा जो मैंने तुझे...दीवाना होने लगा
नैनों से नैना लड़े...अफ़साना होने लगा F-~~~~

धड़कनों में लिख बैठा
(Base-Tumse badhkar duniya...)

M- धड़कनों में लिख बैठा...
धड़कनों में लिख बैठा~मैं जानम तेरा नाम
जानेजां याद तेरी तड़पा रही
धड़कनों में लिख बैठा
मैं जानम तेरा नाम जानेजां याद तेरी तड़पा रही

क़ातिल हैं तेरी अदायें~रातों की नींदें उड़ायें
सागर से गहरी दो आँखें~दिल का ये चैन चुरायें
कैसा मेरा हाल बताऊँ किसको
क़ातिल हैं तेरी अदायें
तेरी धुन में गाता...तेरी धुन में गाता
रहता सुबह 'ओ' शाम जानेजां याद तेरी तड़पा रही

दिलक़श ये कैसा फ़साना~जाने है सारा ज़माना
यादों में तेरी मैं कब से खोया,आशिक मैं तेरा पुराना
रब ही जाने आगे अब...रब ही जाने आगे अब
होगा क्या अन्जाम जानेजां याद तेरी तड़पा रही
F- धड़कनों में लिख बैठी
मैं जानम तेरा नाम जानेजां याद तेरी तड़पा रही

कर बैठी कैसी नादानी~तुझको न मैं पहचानी
भूली मैं कसमें और वादे~कर बैठी अपनी मनमानी
फिर सुना दे तू मुरली...फिर सुना दे तू मुरली
तू मेरा घनश्याम जानेजां याद तेरी तड़पा रही
F&M- धड़कनों में लिख बैठी/ठा
मैं जानम तेरा नाम जानेजां याद तेरी तड़पा रही

धड़कनों में तू ही तू है

M- धड़कनों में तू ही तू है इल्तिजा में तू
गोरी तेरे नयनों का जादू~है गोरी तेरे नयनों का जादू
F- धड़कनों में तू ही तू है इल्तिजा में तू
साजन तेरे नयनों का जादू~है साजन तेरे नयनों....
M- धड़कनों में तू ही तू है

M- बन बैठा मैं तेरा हूँ दीवाना
राज ये दिल का तूने नहीं जाना
मैं मुसाफिर तेरी मन्जिल का
लिखता रोज तुझे अफ़साना
बन्दगी में तू ही तू है हर सदा में तू
गोरी तेरे नयनों का जादू~है गोरी तेरे नयनों का जादू
F- धड़कनों में तू ही तू है इल्तिजा में तू
साजन तेरे नयनों का जादू~है साजन तेरे नयनों....
M- धड़कनों में तू ही तू है

F- बँध गयी मैं कैसे बन्धन में
चल पड़ी ले तेरे संग-संग मैं
हो गयी तेरी प्रेम दीवानी
आग ये कैसी लगी तन-मन में
दिल लगी में तू ही तू ही है दिल्लगी में तू
साजन तेरे नयनों का जादू~है साजन तेरे नयनों....
M- धड़कनों में तू ही तू है इल्तिजा में तू
गोरी तेरे नयनों का जादू~है गोरी तेरे नयनों का जादू
F- धड़कनों में तू ही तू है

फ़साना-ए-उल्फ़त

फ़साना-ए-उल्फ़त किसी ने न जाना
फ़साना-ए-उल्फ़त किसी ने न जाना
चली ऐसी आँधी उड़ा आशियाना
फ़साना-ए-उल्फ़त किसी ने न जाना

लगी आग दिल में बुझाना है मुश्किल
कहानी ये ऐसी सुनाना है मुश्किल
हंसी है वो चेहरा अदा क़ातिलाना
फ़साना-ए-उल्फ़त किसी ने न जाना
चली ऐसी आँधी उड़ा आशियाना

यूँ अश्क़ों का सागर बहाना पड़ेगा
तन्हाई से रिश्ता निभाना पड़ेगा
हुआ घर से बेघर मिला न ठिकाना
फ़साना-ए-उल्फ़त किसी ने न जाना
चली ऐसी आँधी उड़ा आशियाना

सँभालूँ मैं कैसे बहकते कदम हैं
कि हद ज्यादा भी उनके सितम हैं
मिला ख़ाक़ में मेरा आशिक़ाना
फ़साना-ए-उल्फ़त किसी ने न जाना
चली ऐसी आँधी उड़ा आशियाना

ज़माने में ऐसा न महबूब देखा
निराला मुहब्बत का दस्तूर देखा
रूठे हैं सितारे लुटा आबोदाना
फ़साना-ए-उल्फ़त किसी ने न जाना
चली ऐसी आँधी उड़ा आशियाना

फूलों पे भी चलना है
(Base-In Aankhon ki masti...)

फूलों पे भी चलना है...फूलों पे भी चलना है
काँटों से गुजरना है...काँटों से गुजरना है
ये ज़िंदगी भी क्या है...ये ज़िंदगी भी क्या है
गिर-गिर के संभलना है...गिर-गिर के संभलना है
फूलों पे भी चलना है

हैं बन्द किये खिड़की...हैं बन्द किये खिड़की
बैठे हैं यहाँ सारे...बैठे हैं यहाँ सारे
हैं ग़म के बस मेले...हैं ग़म के बस मेले
बे-वज़ह सँवरना है...बे-वज़ह सँवरना है
फूलों पे भी चलना है...काँटों से गुजरना है
फूलों पे भी चलना है

मिलने भी नहीं देती...मिलने भी नहीं...
हर रीत निराली...हर रीत निराली
अद्भुत ये पहेली है...अद्भुत ये पहेली है
मुश्किल समझना है...मुश्किल समझना है
फूलों पे भी चलना है...काँटों से गुजरना है
फूलों पे भी चलना है

बेदर्द ज़हां है ये...बेदर्द ज़हां है ये
शिकवा क्या करेगा...शिकवा क्या करेगा
कम्बख़्त यहाँ ऐसे...कम्बख़्त यहाँ ऐसे
कहकर भी क्या करना है-कहकर भी क्या करना है
फूलों पे भी चलना है...काँटों से गुजरना है
फूलों पे भी चलना है

ग़म किसी का बाँट न पाये
(Base- Jhum barabar jhum...)

ग़म किसी का बाँट न पाये,ग़म किसी का बाँट...2
(वो भी क्या जीना वो भी क्या मरना)...2
जो किसी के काम न आये, ग़म किसी का बाँट...

मुश्किल इन्सान की फ़ितरत को है बदल देना
इनका तो काम है शोलों को बस हवा देना
फ़लसफ़ा झूठ का लोगों को समझायें ये
अजी चलते हुए इन्सानों को बहकायें ये
मौक़ा ये देखकर खेमे में उधर जा बैठें
बेगाना ऊँट हैं न जाने किधर जा बैठें
बात तो तब है कि दीदार को अँखियाँ तरसें
काम ऐसे भी कर याद ये दुनिया रखे
आग पानी में लगा दे अगर जो हिम्मत है
प्यास प्यासे की बुझा दे अगर जो चाहत है
(वो भी क्या जीना वो भी क्या मरना)...2
जो किसी के काम न आये
ग़म किसी का बाँट न पाये,ग़म किसी का बाँट...2

मरते-मरते भी ज़माने को निशानी दे जा
मीठी जुबान से अपनों को दुआऐं दे जा
वक़्त पड़ने पे हजारों भी सितम सह लेना
अपने अपनों के लिये जान भी ये दे देना
दिल-ए-दिलदार तेरा यार अगर माने न
हंसते-हंसते हुए बेबाक अलविदा कहना
बुरा है वक़्त अगर वो भी गुजर जायेगा
भोर होते ही उजाला भी नज़र आयेगा
(वो भी क्या जीना वो भी क्या मरना)...2
जो किसी के काम न आये
ग़म किसी का बाँट न पाये,ग़म किसी का बाँट...2

गर इज़ाज़त दे मुझे कदमों में
(Base-Teri aankhon ke siva...)

गर इज़ाज़त दे मुझे कदमों में सज़दा कर लूँ
गर इज़ाज़त दे मुझे कदमों में सज़दा कर लूँ
तेरे ये होंठ कमल...जैसे हो शोख़ ग़ज़ल
तुझे पाये जो भी इन्सां सोयी तक़दीर जगे
गर इज़ाज़त दे मुझे कदमों में सज़दा कर लूँ

जानेजां दीवानी आते हैं रातों में सपने तेरे
इतना सा अफ़साना छाये हैं नज़रों में जल्वे तेरे
जानेजां दीवानी आते हैं रातों में सपने तेरे
तेरे ये होंठ कमल...जैसे हो शोख़ ग़ज़ल
तुझे पाये जो भी इन्सां सोयी तक़दीर जगे
गर इज़ाज़त दे मुझे कदमों में सज़दा कर लूँ

ऐसा क्या कर जाऊँ तुझको आये मुझपे यकीं
औरों में क्या ऐसा खुल के बता भी मुझमें नहीं
ऐसा क्या कर जाऊँ तुझको आये मुझपे यकीं
तेरे ये होंठ कमल...जैसे हो शोख़ ग़ज़ल
तुझे पाये जो भी इन्सां सोयी तक़दीर जगे
गर इज़ाज़त दे मुझे कदमों में सज़दा कर लूँ

लिखता हूँ अफ़साने गाता तराने तेरे लिये
संजोये कितने ही मैंने नज़राने तेरे लिये
लिखता हूँ अफ़साने गाता तराने तेरे लिये
तेरे ये होंठ कमल...जैसे हो शोख़ ग़ज़ल
तुझे पाये जो भी इन्सां सोयी तक़दीर जगे
गर इज़ाज़त दे मुझे कदमों में सज़दा कर लूँ

गिराते हो क्यों मुझपे बिजलियाँ

गिराते हो क्यों मुझपे बिजलियाँ
बस एक बार कह दो कि इक़रार है
गिराते हो क्यों मुझपे बिजलियाँ
बस एक बार कह दो कि इक़रार है
मुहब्बत जो करते सताते नहीं
हमें कब से तेरा इन्तज़ार है
गिराते हो क्यों मुझपे बिजलियाँ

बुरी है ये जानम दिल की लगी
बुझाने से ऐसे ये बुझती नहीं
तमन्ना इस दिल की समझ ले जरा
ये गुल रोज ऐसे खिलते नहीं
बढ़ाते हो क्यों मुझसे फ़ासले~~~~~2
मुहब्बत की तुमसे ही दरकार है
गिराते हो क्यों मुझपे बिजलियाँ
बस एक बार कह दो कि इक़रार है
गिराते हो क्यों मुझपे बिजलियाँ

नयी एक दुनिया बसायें आ हम
सितारे ज़मीं पर ले आयें आ हम
रे उल्फ़त में कैसी भी ये दूरियाँ
ख़त्म दूरियां कर मिल जायें हम
ये ठण्डी हवा भीगी वादियाँ~~~~~2
हर नज़ारा हमारा तलबगार है
गिराते हो क्यों मुझपे बिजलियाँ
बस एक बार कह दो कि इक़रार है
गिराते हो क्यों मुझपे बिजलियाँ

गोरा मुखड़ा जैसे चाँद
(Base- Are Husn chala...)

M- गोरा मुखड़ा जैसे चाँद देखे जो वो ही हैरान
गोरा मुखड़ा जैसे चाँद देखे जो वो ही हैरान
ज़माने में तुझसा हंसी कोई नहीं
F- मिस्री जैसे मीठे बोल, हीरा जानम तू अनमोल
ज़माने में तुझसा दिलदार नहीं.....2

M- ज़हां से निराली ये तेरी अदायें
बड़ी खूबसूरत तेरी निग़ाहें
F- मैं शोला तू शबनम यही है कहानी.....2
मुहब्बत को तड़पें मेरी दों बाहें...मेरी दों बाहें
M- गोरा मुखड़ा जैसे चाँद देखे जो वो ही हैरान
ज़माने में तुझसा हंसी कोई नहीं....2
F- मिस्री जैसे मीठे बोल, हीरा जानम तू अनमोल
ज़माने में तुझसा दिलदार नहीं.....2

F- दहकती अंगारों सी दिलक़श जवानी
मेरी धड़कनों में है तेरी रवानी
M- मेरी हर खुशी है तेरे ही दम से 2
कहाँ अब जायेगी बच के तू मुझसे..बच के तू मुझसे
F- मिस्री जैसे मीठे बोल,हीरा जानम तू अनमोल
ज़माने में तुझसा दिलदार नहीं.....2
M- गोरा मुखड़ा जैसे चाँद देखे जो वो ही हैरान
ज़माने में तुझसा हंसी कोई नहीं....2

M- समां है सुहाना क्या रंगीन नज़ारा
रे अब चिलमनों में न होगा गुजारा
F- ये जिस्म ओ जवानी करूँ तुझको अर्पन...2
कि सच हर सपना अब होगा हमारा..अब होगा हमारा
M- गोरा मुखड़ा जैसे चाँद देखे जो वो ही हैरान
ज़माने में तुझसा हंसी कोई नहीं
F- मिस्री जैसे मीठे बोल, हीरा जानम तू अनमोल
ज़माने में तुझसा दिलदार नहीं.....2

गोरे-गोरे गालों वाली लड़की मुझपे
(Base-Chori-Chori aag kaisi...)

गोरे-गोरे गालों वाली लड़की मुझपे मर गई
आते-जाते जाने कैसा जादू मुझपे कर गई
गोरे-गोरे गालों वाली लड़की मुझपे मर गई
आते-जाते जाने कैसा जादू मुझपे कर गई
चोरी-चोरी~~~~~~~~~~~~~~~~~~

धक-धक धड़का दिल मेरा ये~~~~~~2
जब वो आयी पास में...जब वो आयी पास में
थी वो कमसिन नाज़नीं...थी वो कमसिन नाज़नीं
बैठी पल भर पास में...बैठी पल भर पास में
कजरारे नैनों वाली दिल दीवाना कर गई
आते-जाते जाने कैसा जादू मुझपे कर गई
चोरी-चोरी~~~~~~~~~~~~~~~~~~

क़ातिल उसकी थी अँगड़ाई~~~~~~2
महकी उसकी सांसें थी...महकी उसकी सांसें थी
मलमल जैसा बदन सलौना...मलमल जैसा बदन सलौना
मिस्री जैसी बातें थी...मिस्री जैसी बातें थी
अन्जाने ही कैसी ये बिजली मुझपे गिर गई
आते-जाते जाने कैसा जादू मुझपे कर गई
चोरी-चोरी~~~~~~~~~~~~~~~~~~

मन में छूटी फुलझड़ियाँ...मन में छूटी फुलझड़ियाँ
उसने जब पैग़ाम लिखा...उसने जब पैग़ाम लिखा
तन्हाई ने उसने छिपकर...तन्हाई ने उसने छिपकर
उस पर मेरा नाम लिखा...उस पर मेरा नाम लिखा
पहली-पहली बार ही में जाने क्या-क्या लिख गई
आते-जाते जाने कैसा जादू मुझपे कर गई
चोरी-चोरी~~~~~~~~~~~~~~~~~~

घिर-घिर के बदरा आये

F- घिर-घिर के बदरा आये~घिर-घिर के बदरा आये
कि धक-धक दिल धड़के
कि धक-धक दिल धड़के बिन बात के

M- चिलमन से तू शरमाये~चिलमन से तू शरमाये
ये तन-मन क्यों तड़पे
ये तन-मन क्यों तड़पे बिन बात के

F- मग़रूर हुई जवानी~मग़रूर हुई जवानी
कि यहाँ-वहाँ हुए चरचे
कि यहाँ-वहाँ हुए चरचे बिन बात के

M- एक बात समझ न आये~एक बात समझ न आये
पायलिया क्यों खनके
पायलिया क्यों खनके बिन बात के

F- आवारा तू उड़ता बादल~आवारा तू उड़ता बादल
यूँ बार-बार क्यों गरजे
यूँ बार-बार क्यों गरजे बिन बात के

M- सदियों से संभाले है दिल~सदियों से संभाले है दिल
यौवन गोरा क्यों छलके
यौवन गोरा क्यों छलके बिन बात के

M- तू नाजुक नार नवेली~तू नाजुक नार नवेली
कमरिया क्यों न लचके
कमरिया क्यों न लचके बिन बात के

F- दिलदार तू है अलबेला~दिलदार तू है अलबेला
मैं चाहूँ तुझे जी भर के
मैं चाहूँ तुझे जी भर के सच बात ये

हद से ज्यादा किया बेक़रार
(Base-Gali gali mein kiya re...)

हद से ज्यादा किया बेक़रार,हद से ज्यादा किया बेक़रार
गोरे गालों ने कारे नयनों ने,गोरे गालों ने कारे नयनों ने
हद से ज्यादा किया बेक़रार,हद से ज्यादा किया बेक़रार
गोरे गालों ने कारे नयनों ने,गोरे गालों ने कारे नयनों ने

गोरी कलाई होंठ रसीले, गोरी कलाई होंठ रसीले
लहराये गेसू घटा की छबि ले
कमसिन अदायें बाली उमरिया
गर्दन सुराही बलखाती कमरिया
चंद लम्हों में...चंद लम्हों में
मैं दिल को गया हार... गया हार...गया हार
हद से ज्यादा किया बेक़रार,हद से ज्यादा किया बेक़रार
गोरे गालों ने कारे नयनों ने,गोरे गालों ने कारे नयनों ने

सोलह बरस नाजुक जवानी,मस्ती उसमें बदन में रवानी
सोलह बरस नाजुक जवानी,मस्ती उसमें बदन में रवानी
चमके अंगूठी में जैसे नगीना
नमकीन लगती वो मुझको हसीना
चंद लम्हों में...चंद लम्हों में
मैं दिल को गया हार... गया हार...गया हार
हद से ज्यादा किया बेक़रार,हद से ज्यादा किया बेक़रार
गोरे गालों ने कारे नयनों ने,गोरे गालों ने कारे नयनों ने

सोचा उसको अपना बना लूँ
अदने से दिल में उसको बसा लूँ
चेहरे से चिलमन जब उसने उठाई
आग लगाती उसकी अँगड़ाई
चंद लम्हों में...चंद लम्हों में
मैं दिल को गया हार... गया हार...गया हार
हद से ज्यादा किया बेक़रार,हद से ज्यादा किया बेक़रार
गोरे गालों ने कारे नयनों ने,गोरे गालों ने कारे नयनों ने

हम तुम पे ऐतबार करें भी कैसे
(Base-Jo Tumko Ho pasand)

हम तुम पे ऐतबार करें भी कैसे
हम तुम पे ऐतबार करें भी कैसे
ये दिल है बेक़रार कहें भी कैसे
हम तुम पे ऐतबार करें भी कैसे

तुमसे मिला है क्या हमें~हम नहीं ये जान पाये
तुमसे मिला है क्या हमें~हम नहीं ये जान पाये
पूछा न हालेदिल कभी~इतने थे पास आये
हम तुम पे इख्तियार~हम तुम पे इख्तियार
हम तुम पे इख्तियार करें भी कैसे
ये दिल है बेक़रार कहें भी कैसे
हम तुम पे ऐतबार करें भी कैसे

झूठी बहार बन सनम~आये तुम ज़िंदगी में
झूठी बहार बन सनम~आये तुम ज़िंदगी में
दिल को मेरे दु:खाने~आये तुम बन्दगी में
अब और इन्तज़ार~अब और इन्तज़ार
अब और इन्तज़ार~करें भी ऐसे
ये दिल है बेक़रार कहें भी कैसे
हम तुम पे ऐतबार करें भी कैसे

अच्छा चलन ये आपका~कर वादे भूल जाना
अच्छा चलन ये आपका~कर वादे भूल जाना
बेवक़्त बेवज़ह यूँ ही~जब चाहे रूठ जाना
हम तुमसे ये क़रार~हम तुमसे ये क़रार
हम तुमसे ये क़रार करें भी कैसे
ये दिल है बेक़रार कहें भी कैसे
हम तुम पे ऐतबार करें भी कैसे

हमें वो मिलते हैं दिन-रात यूँ ही
(Base-Shabe-ghum mujhse mil...)

हमें वो मिलते हैं दिन-रात यूँ ही
हमें वो मिलते हैं दिन-रात यूँ ही
कि वो लिखते नहीं पैग़ाम कभी
कि वो लिखते नहीं पैग़ाम कभी
हमें वो~~~~~~~~~~~~~

तड़प दिल की मिटायें तो भला कैसे
किये वादे निभायें तो भला कैसे
छिपाकर रखते हैं जज़्बात यूं ही
कि वो लिखते नहीं पैग़ाम कभी
हमें वो~~~~~~~~~~~~~

ये उनसे जुड़ गया भी कैसा नाता
जगत ये सोचता है कोई तमाशा
उन्हीं से रखते हैं हम आस यूं हीं
कि वो लिखते नहीं पैग़ाम कभी
हमें वो~~~~~~~~~~~~~

कि जल उठता जिगर गर वो उधर देखें
हमें उम्मीद उनसे इक नज़र देखें
नहीं वो करते हैं मुलाक़ात यूं ही
कि वो लिखते नहीं पैग़ाम कभी
हमें वो~~~~~~~~~~~~~

हर बार दिल की बाजी
(Base-Jahan aaj hum mile...)

हर बार दिल की बाजी मैं जीत कर भी हारा
हर बार दिल की बाजी मैं जीत कर भी हारा
तन्हाईयों में हरदम रोया ये दिल बेचारा
हर बार दिल की बाजी ~~~~~~~~~~

मैंने लाख बार सोचा दिल से तुझे भुला दूँ
मैंने लाख बार सोचा दिल से तुझे भुला दूँ
की जब भी बन्द पलकें तू ही तू ये मैं बता दूँ
रुख़सत हुआ था जब मैं फिर से नहीं पुकारा
तन्हाईयों में हरदम रोया ये दिल बेचारा
हर बार दिल की बाजी ~~~~~~~~~~

बांधे जो प्रेम धागे बंधने के साथ टूटे
बांधे जो प्रेम धागे बंधने के साथ टूटे
डूबी भँवर में कश्ती दिलबर तुम ऐसे रुठे
ऐसा मेरा मुकद्दर डूबा जहां किनारा
तन्हाईयों में हरदम रोया ये दिल बेचारा
हर बार दिल की बाजी ~~~~~~~~~~

अन्जाम-ए-मुहब्बत मिली कैसी ये जुदाई
अन्जाम-ए-मुहब्बत मिली कैसी ये जुदाई
तोड़ा है दिल को मेरे की है उसने बे-वफ़ाई
न है कोई संगी साथी गुलशन वीरां हमारा
तन्हाईयों में हरदम रोया ये दिल बेचारा
हर बार दिल की बाजी ~~~~~~~~~~

हर घड़ी मैं फ़साना

हर घड़ी मैं फ़साना तुझको यूँ ही लिखूँगा
हर घड़ी मैं फ़साना तुझको यूँ ही लिखूँगा
तेरे कदमों मे सजदे रातोदिन मैं करूँगा
हर घड़ी मैं फ़साना~~~~~~~~~~~~

जुल्फ़ बिखरी घटा सी चाँद सा मुख है तेरा
नैनों में तेरे काजल गाल पे तिल का पहरा
जुल्फ़ बिखरी घटा सी चाँद सा मुख है तेरा
नैनों में तेरे काजल गाल पे तिल का पहरा
सुन मेरी जानेजां ना तुझको जाने न दूँगा
सुन मेरी जानेजां ना तुझको जाने न दूँगा
तेरे कदमों मे सजदे रातोदिन मैं करूँगा
हर घड़ी मैं फ़साना~~~~~~~~~~~~

दिल में है बेकरारी कैसी भी ये ख़ुमारी
लूटती चैन मेरा ये तेरी शोख़ जवानी
दिल में है बेकरारी कैसी भी ये ख़ुमारी
लूटती चैन मेरा ये तेरी शोख़ जवानी
जलवों का मैं दीवाना तुझको बाहों में लूँगा
जलवों का मैं दीवाना तुझको बाहों में लूँगा
तेरे कदमों मे सजदे रातोदिन मैं करूँगा
हर घड़ी मैं फ़साना~~~~~~~~~~~~

इतना तुझसे है कहना तू मेरी ज़िंदगानी
तू मेरी एक मंजिल कर भी दे मेहरबानी
इतना तुझसे है कहना तू मेरी ज़िंदगानी
तू मेरी एक मंजिल कर भी दे मेहरबानी
तुझसे ही है याराना ख़त्म होने न दूँगा
तुझसे ही है याराना ख़त्म होने न दूँगा
तेरे कदमों में सजदे रातोदिन मैं करूँगा
हर घड़ी मैं फ़साना~~~~~~~~~~~~

हुआ मैं ग़मजदा

हुआ मैं ग़मजदा~क्या थी मेरी ख़ता
हुआ मैं ग़मजदा~क्या थी मेरी ख़ता
दिल तोड़कर... तुझको क्या मिला
दिल तोड़कर... तुझको क्या मिला

तन-बदन में आग लग गयी
जब-जब तूने ली अँगड़ाईयाँ
तन-बदन में आग लग गयी
जब-जब तूने ली अँगड़ाईयाँ
पूछा नहीं देरी का सबब तूने,समझी नहीं मजबूरियाँ
टूटा ये सिलसिला~मिली मुझे ऐसी सजा
दिल तोड़कर... तुझको क्या मिला
दिल तोड़कर... तुझको क्या मिला

जाने तूने क्या कर दिया अब
जागूँ सारी-सारी रात जानेजां
जाने तूने क्या कर दिया अब
जागूँ सारी-सारी रात जानेजां
गोरा-गोरा चाँद जैसा मुख मैं,देखूँ सदा ही ख़्वाबों में
धक-धक धड़के जिया~पागल मुझको किया
दिल तोड़कर... तुझको क्या मिला
दिल तोड़कर... तुझको क्या मिला

आग में कैसी जल रहा है~शमा तेरा परवाना
आग में कैसी जल रहा है~शमा तेरा परवाना
दूर तू इतना हुई मुझसे~कैसे लिखूँ मैं अफ़साना
चैन लूटा मेरा~हरदम बेकल किया
दिल तोड़कर... तुझको क्या मिला
दिल तोड़कर... तुझको क्या मिला

हुए जब हम जवां
(Base-Meri sub koshishen...)

हुए जब हम जवां-नादानियाँ-कुछ तो होनी थी
हुए जब हम जवां-नादानियाँ-कुछ तो होनी थी
नज़र उलझी अदाओं में
नज़र उलझी अदाओं में-शरारत-कुछ तो होनी थी
हुए जब हम जवां-नादानियाँ-कुछ तो होनी थी
नज़र उलझी अदाओं में-शरारत-कुछ तो होनी थी
हुए जब हम जवां~~~~~~~~~~~~~~~

कि शोला बन कब जाती है-मुहब्बत की ये चिंगारी
कि शोला बन कब जाती है-मुहब्बत की ये चिंगारी
ए-यारों खिल कब जाती है-जवानी की ये फुलबारी
वो आये जब बाहों में...
वो आये जब बाहों में-क़यामत-कुछ तो होनी थी
वो आये जब बाहों में-क़यामत-कुछ तो होनी थी
हुए जब हम जवां~~~~~~~~~~~~~~~

तमन्ना क्यों न हो उसकी-बला का हुस्न था उसका
तमन्ना क्यों न हो उसकी-बला का हुस्न था उसका
नशीला था बदन गोरा-छबीला ढंग था उसका
बसी वो है यादों में...
बसी वो है यादों में-बग़ावत-कुछ तो होनी थी
बसी वो है यादों में-बग़ावत-कुछ तो होनी थी
हुए जब हम जवां~~~~~~~~~~~~~~~

वो रूठी बेवज़ह मुझसे-गिला किससे करूँ मैं ये
वो रूठी बेवज़ह मुझसे-गिला किससे करूँ मैं ये
मिली है बेसबब उलझन-नहीं जिसका है हल मुझपे
बंधे वो-हम हैं वादों में...
बंधे वो-हम हैं वादों में-अदालत कुछ तो होनी थी
बंधे वो-हम हैं वादों में-अदालत कुछ तो होनी थी
हुए जब हम जवां~~~~~~~~~~~~~~~

है चाँद तेरा मुखड़ा

है चाँद तेरा मुखड़ा अंग-अंग में नज़ाक़त है
जलती है जले दुनिया मुझे तुझसे मुहब्बत है
है चाँद तेरा मुखड़ा अंग-अंग में नज़ाक़त है
जलती है जले दुनिया मुझे तुझसे मुहब्बत है
है चाँद तेरा मुखड़ा~~~~~~~~

जुल्फ़ों को तेरी कहता मैं घटा
होठों को तेरे कहता मैं कमल
सांसें हैं तेरी महका चन्दन~~~~~~२
जलवों पे तेरे लिखता मैं ग़ज़ल~~~~~~२
है रूप तेरा निखरा नस-नस में शरारत है
जलती है जले दुनिया मुझे तुझसे मुहब्बत है
है चाँद तेरा मुखड़ा~~~~~~~~

तुझ जैसा कोई मयख़ाना नहीं
मुझे लूट न ले गुस्ताख़ नज़र
तू चलती-फिरती जन्नत है~~~~~~२
तुझ जैसा कोई आता न नज़र~~~~~~ २
हीरे सा तेरा यौवन तू चीज़ क़यामत है
जलती है जले दुनिया मुझे तुझसे मुहब्बत है
है चाँद तेरा मुखड़ा~~~~~~~~

टकरायी जो अँखियाँ तुझसे
रे ख़ुमार तेरा मुझपे चढ़ा
हमदम तुझे मैंने मान लिया~~~~~~२
इन्तज़ार मैं तेरा करने लगा~~~~~~२
कदमों में तेरे सज़दा गर मुझसे शिक़ायत है
जलती है जले दुनिया मुझे तुझसे मुहब्बत है
है चाँद तेरा मुखड़ा~~~~~~~~

है मुश्किल राह उल्फ़त की
(Base-Jo humne dastan apni...)

है मुश्किल राह उल्फ़त की संभलकर पाँव तुम रखना
है मुश्किल राह उल्फ़त की संभलकर पाँव तुम रखना
कहाँ कब कौन दे धोखा न झूठी आस तुम रखना
है मुश्किल राह उल्फ़त की संभलकर पाँव तुम रखना

फंसाती जाल में दुनिया वफ़ा का वास्ता देकर
बुलाते जानेमन को हैं हजारों नाम ले-ले कर
है मंजिल दूर जन्नत की छिपा हर राज़ तुम रखना
है मुश्किल राह उल्फ़त की संभलकर पाँव तुम रखना

बड़े वो हैं बढ़ाकर हाथ पीछे खींच ये लेंगे
तन्हा मझधार में जाकर न फिर नाम ये लेंगे
है अद्भुत जंग किस्मत की हिम्मत पास तुम रखना
है मुश्किल राह उल्फ़त की संभलकर पाँव तुम रखना

लबों पर बोल मीठे हैं बगल में है छिपा खन्जर
ये हैं इन्सान के दुश्मन वतन ये बेचते खुलकर
हंसी हर रात है दोज़ख़ ए-मिस्टर याद तुम रखना
है मुश्किल राह उल्फ़त की संभलकर पाँव तुम रखना

चला जाऊँगा यारों फ़साना ग़म सुनाकर मैं
नहीं आऊँगा गलियों में दोबारा इब्तिदा करने
हूँ भी कौन तुम्हारा मैं न लब पर नाम तुम रखना
है मुश्किल राह उल्फ़त की संभलकर पाँव तुम रखना

हैं लोग कैसे वो जो मिल के भी
(Base- Jhuki-jhuki si nazar...)

हैं लोग कैसे वो जो मिल के भी मिलते नहीं
हैं लोग कैसे वो जो मिल के भी मिलते नहीं
कि प्यार हो या न हो संगदिल पिघलते नहीं
हैं लोग कैसे वो जो मिल के भी मिलते नहीं

मिले जो राह में मुँह फेर कर निकलते हैं
है मीलों लम्बा सफर,उस सफर पे चलते हैं
रे देंगे साथ वो क्या एक कदम भी चलते नहीं
कि प्यार हो या न हो संगदिल पिघलते नहीं
हैं लोग कैसे वो जो मिल के भी मिलते नहीं

रखा है क्या भी मजा आजकल जीने में
गुजरती शब है मेरी बेवजह ही तन्हा में
हुए उदास हैं हम खिल के भी खिलते नहीं
कि प्यार हो या न हो संगदिल पिघलते नहीं
हैं लोग कैसे वो जो मिल के भी मिलते नहीं

उसी से शिकवा है शिकवा नहीं ज़माने से
गरीब जान के लूटा मुझे बहाने से
बदलता देख ज़हां रंग में वो ढलते नहीं
कि प्यार हो या न हो संगदिल पिघलते नहीं
हैं लोग कैसे वो जो मिल के भी मिलते नहीं

लगे हैं रोग हजारों ये जिस्म है घायल
हर एक सांस में मेरी तू ही तो है शामिल
चिराग हैं ये वो बुझ कभी जलते नहीं
कि प्यार हो या न हो संगदिल पिघलते नहीं
हैं लोग कैसे वो जो मिल के भी मिलते नहीं

हैं घटा सी तेरी जुल्फें
(Base-Duniya Se Pyar kar...)

हैं घटा सी तेरी जुल्फें... है गुलों से तेरा चेहरा
हैं घटा सी तेरी जुल्फें... है गुलों से तेरा चेहरा
शीशे सा तेरा यौवन... कोई राज़ तुझमें गहरा
बेक़रार दिल क्यों न हो...बेक़रार दिल क्यों न हो...
बेक़रार दिल क्यों न हो...बेक़रार दिल क्यों न हो...

ए-जानेमन जाने जां मैं कब से तुझपे मरता हूँ
ये कैसे तुझको बतलाऊँ कितना मैं प्यार करता हूँ
ए-जानेमन जाने जां मैं कब से तुझपे मरता हूँ
ये कैसे तुझको बतलाऊँ कितना मैं प्यार करता हूँ
हैं घटा सी तेरी जुल्फें... है गुलों से तेरा चेहरा
शीशे सा तेरा यौवन... कोई राज़ तुझमें गहरा
(बेक़रार दिल क्यों न हो...बेक़रार दिल क्यों न हो)~2

गलियों का मैं हूँ शहजादा महलों की तू कोई रानी
हैं प्यार के हम दो पंछी चलने दे प्रेम कहानी
गलियों का मैं हूँ शहजादा महलों की तू कोई रानी
हैं प्यार के हम दो पंछी चलने दे प्रेम कहानी
हैं घटा सी तेरी जुल्फें... है गुलों से तेरा चेहरा
शीशे सा तेरा यौवन... कोई राज़ तुझमें गहरा
(बेक़रार दिल क्यों न हो...बेक़रार दिल क्यों न हो)~2

सदियों से जाने जां जानम तू बन्द मेरी पलकों में
सिर मैंने झुका ये दिया है दिन-रात तेरे कदमों में
सदियों से जाने जां जानम तू बन्द मेरी पलकों में
सिर मैंने झुका ये दिया है दिन-रात तेरे कदमों में
हैं घटा सी तेरी जुल्फें... है गुलों से तेरा चेहरा
शीशे सा तेरा यौवन... कोई राज़ तुझमें गहरा
(बेक़रार दिल क्यों न हो...बेक़रार दिल क्यों न हो)~2

होंठों को मुझे चूमने दे
(Base-Tere husn ki kya tarif...)

M- होंठों को मुझे चूमने दे,यूंही रात कहीं न ढल जाये
है हुस्न जवां 'ओ' ऋतु हंसी
कोई इससे कहो यहीं थम जाये

F- बादल की तरह मुझ पे छा,ये राज़ कहीं न खुल जाये
दीवानी मैं तेरी कब से हूँ
कहीं आज कदम न बहक जाये

M- इंतज़ार मैं तेरा करने लगा,बेकरार ये दिल रहने लगा
इंतज़ार मैं तेरा करने लगा,बेकरार ये दिल रहने लगा
जब देखी सूरत तेरी हंसी,जब देखी सूरत तेरी हंसी
छिप-छिप तुझसे मिलने लगा
आँखों का भ्रम टूटने दे,कहीं प्रेम रोग न लग जाये
है हुस्न जवां 'ओ' ऋतु हंसी
कोई इससे कहो यहीं थम जाये

F- बालों में उल्फ़त का गजरा,नैनों में चाहत का काजल
बालों में उल्फ़त का गजरा,नैनों में चाहत का काजल
सांसों में महका है चंदन,सांसों में महका है चंदन
पाँवों में प्यार की पायल
नग़में की तरह दिल में आ,कोई और इसे न सुन पाये
बादल की तरह मुझ पे छा,ये राज़ कहीं न खुल जाये

M- होंठों को मुझे चूमने दे,यूंही रात कहीं न ढल जाये
है हुस्न जवां 'ओ' ऋतु हंसी
कोई इससे कहो यहीं थम जाये

इक़रार किया जब है
(Base-Ek bar milo humse...)

इक़रार किया जब है सिला यार देंगे हम
इक़रार किया जब है सिला यार देंगे हम
कुछ भी कहे दुनिया दिल 'ओ' जान देंगे हम
इक़रार किया जब है सिला यार देंगे हम

आशिकी हो तुम जानेजिगर ज़िंदगी मेरी
बन्दगी में तुम नूरेनज़र हर खुशी मेरी
शायरी में तुम है जरूरत हर लम्हा तेरी
ऐतबार किया जब है वफ़ा यार करेंगे हम
कुछ भी कहे दुनिया दिल 'ओ' जान देंगे हम
इक़रार किया जब है सिला यार देंगे हम

प्यार की ग़ज़ल तुम नहीं तो कुछ भी नहीं
गीतों की रौनक तुम बिन दिलकश नहीं
हुस्न पे किताब तुम बिन सम्भव नहीं
प्रश्न किया जब है हर जबाब देंगे हम
कुछ भी कहे दुनिया दिल 'ओ' जान देंगे हम
इक़रार किया जब है सिला यार देंगे हम

नहीं मिलेगा जितना कुछ तुमसे मिला
नहीं मिलेगी दर्द-ए-दिल की दवा
जानेजां मेरे अमर है यह फ़लसफ़ा
इन्तख़ाब किया जब है इम्तिहान देंगे हम
कुछ भी कहे दुनिया दिल 'ओ' जान देंगे हम
इक़रार किया जब है सिला यार देंगे हम

मैं हूँ प्रेम रोगी गीत पर आधारित
इन्तज़ार तेरा मैं हर जन्म

सुन मेरी... सुन मेरी~सुन मेरी... सुन मेरी
सुन मेरी ए-जानम क्यों रूठती है ऐसे~इन्तज़ार तेरा...
इन्तज़ार तेरा मैं हर जनम करूँगा-2
हर इम्तिहां देकर तेरी माँग मैं भरूँगा~इन्तज़ार तेरा...
सुन मेरी ए-जानम क्यों रूठती है ऐसे
इन्तज़ार तेरा मैं हर जनम करूँगा~इन्तज़ार तेरा...

कितने तू इल्जाम लगा ले-2...पर अपने इस दिल में बसा ले
आशिक को बाहों में समा ले~मुफ़लिस की तक़दीर बना दे
जानेमन मैं हूँ दीवाना~जानेमन मैं हूँ दीवाना
बुझी-बुझी ये शमा जला दे~बेक़रार दिल...
बेक़रार दिल मैं यूँ ही न करूँगा-2
हर इम्तिहां देकर तेरी माँग मैं भरूँगा~इन्तज़ार तेरा...

तुझ बिन ये तस्वीर अधूरी-2~तुझ बिन ये तक़दीर अधूरी
तुझ बिन है हर ख़्वाब अधूरा~तुझ बिन हर एहसास अधूरा
मन का मैं हूँ रंगीला...मन का मैं हूँ रंगीला
तुझ बिन हर अरमान अधूरा~ऐतबार तेरा...
ऐतबार तेरा सदा मैं करूँगा-2
हर इम्तिहां देकर तेरी माँग मैं भरूँगा~इन्तज़ार तेरा...

फूलों जैसी तेरी जवानी-2~बाली उमरिया हुई तू समानी
बाँध ले मुझसे प्यार का बंधन~संग तेरे गुजरे ये जीवन
आज खड़ा तेरे रस्ते में~आज खड़ा तेरे रस्ते में
मान भी ले अपना मुझे साजन~इक़रार तुझसे...
इक़रार तुझसे ही जानेजां करूँगा-2
हर इम्तिहां देकर तेरी माँग मैं भरूँगा~इन्तज़ार तेरा...

इस तरह से न देखा करो जानेमन
(Base-Dil sambhale sambhalta nahin...)

M- इस तरह से न देखा करो जानेमन~~~2
धड़कनें दिल की बढ़ जाती हैं बेवज़ह~~~2
F- इस तरह न सोचा करो जानेमन~~~2
चिलमन रुख़ से हट जाती है बेवज़ह~~~2
इस तरह न सोचा करो जानेमन

M- तुम जो पलकें उठाओ तो रुक जायें पल
गर जो पलकें झुकाओ हो जायें बेकल
तुम जो पलकें उठाओ तो रुक जायें पल
गर जो पलकें झुकाओ हो जायें बेकल
F- अब पलकें राहों में बिछने लगी
तुम जो नज़रें मिलाओ तो माने ये हम
तुम जो नज़रें मिलाओ तो माने ये हम
M- इस तरह न शिकवा करो जानेमन~~~2
धड़कनें दिल की बढ़ जाती हैं बेवज़ह
F- चिलमन रुख़ से हट जाती है बेवज़ह
इस तरह न सोचा करो जानेमन

F- कैसी दिल की लगी है जो बुझती नहीं
दिल दीवाना ये पागल समझता नहीं
कैसी दिल की लगी है जो बुझती नहीं
दिल दीवाना ये पागल समझता नहीं
M- अब मचलती हैं बाहें ये तेरे लिये
क्यों फ़साना तू मेरा समझती नहीं
क्यों फ़साना तू मेरा समझती नहीं
F- इस तरह से न लिखा करो जानेमन~~~2
चिलमन रुख़ से हट जाती है बेवज़ह
M- इस तरह से न देखा करो जानेमन
F- इस तरह न सोचा करो जानेमन

इस तन्हाई में मुझे दिल दिया
(Base-Tere Sadke Balam...)

इस तन्हाई में मुझे दिल दिया हुस्नवाले तेरा शुक्रिया
इस तन्हाई में मुझे दिल दिया
हुस्नवाले तेरा शुक्रिया...हुस्नवाले तेरा शुक्रिया
तुझसे कितनी मुझे मुहब्बत हुई
धड़कनों ने तुझे चुन लिया

मिलने की तूने मोहलत जो दी फिर कब आये पयाम
खुलकर दो पंछी उड़े गगन में क़ुदरत का ये ईनाम
जाते-जाते जानेजिगर लेती जा मेरा सलाम
लेती जा मेरा सलाम...इस तन्हाई में मुझे दिल दिया
हुस्नवाले तेरा शुक्रिया...हुस्नवाले तेरा शुक्रिया
तुझसे कितनी मुझे मुहब्बत हुई
धड़कनों ने तुझे चुन लिया

बैचेन दिल सदियों से था आया है मिल के क़रार
गलियों-गलियों भटका हूँ मैं छाया है तेरा ख़ुमार
अब तक मैं ये समझा नहीं टूटेगी कब ये दीवार
टूटेगी कब ये दीवार...इस तन्हाई में मुझे दिल दिया
हुस्नवाले तेरा शुक्रिया...हुस्नवाले तेरा शुक्रिया
तुझसे कितनी मुझे मुहब्बत हुई
धड़कनों ने तुझे चुन लिया

गर साथ दे सारी उम्र सँवरे ये जीवन मेरा
हो जायें एक दोनों की डगर है ये इरादा मेरा
जुदा न हों मिल कर कभी कितनी हो गर्दिश तो क्या
कितनी हो गर्दिश तो क्या,इस तन्हाई में मुझे दिल दिया
हुस्नवाले तेरा शुक्रिया...हुस्नवाले तेरा शुक्रिया
तुझसे कितनी मुझे मुहब्बत हुई
धड़कनों ने तुझे चुन लिया

इतना तो मुझे है याद सनम

इतना तो मुझे है याद सनम
तन्हाई में हम खूब मिले...खूब मिले
कभी हंस के मिले कभी रो के मिले
पर जब भी मिले हम खूब मिले... खूब मिले
इतना तो मुझे है याद सनम~~~~~~~~~

बाहों में बाहें डाले हम करते थे बातें इस दिल की
वो भी क्या ज़माना था लिखते थे बातें जन्नत सी
कितना था दिलों में प्यार सनम
अन्जाने में ही लब ये मिले... लब ये मिले
इतना तो मुझे है याद सनम~~~~~~~~~

पनघट पे मिलती थी अँखियाँ और दिन थे सुरीले बंजारे
पेड़ों से लिपटती थी बेलें और घूमे थे सब गलियारे
कितने थे मिले ईनाम मुझे
वीराने में भी गुल थे खिले... गुल थे खिले
इतना तो मुझे है याद सनम~~~~~~~~~

माना कि खेल ये लम्हों का पर बंधन है सौ वर्षों का
बनते-बिगड़ते अब रिश्ते पर रिश्ता ये नहीं मिटने का
आया है नया ये दौर सनम
हमदम बदलते लोग मिले... लोग मिले
इतना तो मुझे है याद सनम~~~~~~~~~

एक डाल पे बैठे पंछी दो कब आयें जुदाई की घड़ियाँ
पहनाये जो हाथों में कंगन बन जायें कब हथकड़ियाँ
कब कौन करे घात सनम
होकर के जुदा फिर न मिले... फिर न मिले
इतना तो मुझे है याद सनम~~~~~~~~~

इतनी दूरियाँ हैं...इतनी दूरियाँ हैं...
(Base-Tumse dur rah ke...)

M- इतनी दूरियाँ हैं...इतनी दूरियाँ हैं...
नहीं मुमकिन पास आना... हाल दिल का यूँ सुनाना
F- इतनी दूरियाँ हैं...इतनी दूरियाँ हैं...
नहीं मुमकिन पास आना... हाल दिल का यूँ सुनाना
M+F- इतनी दूरियाँ हैं...इतनी दूरियाँ हैं...
नहीं मुमकिन पास आना... हाल दिल का यूँ सुनाना

M- मुस्कुराती रहो तुम सदा जानेमन
पास आने न पाये कभी कोई ग़म...2
F- मिल न पाये तो क्या हम करेंगे दुआ
माफ़ कर देना हमको अगर हो ख़ता...2
M+F- इतनी दूरियाँ हैं...इतनी दूरियाँ हैं...
नहीं मुमकिन पास आना... हाल दिल का यूँ सुनाना

F- मरते-मरते जुवां पर तेरा नाम हो
अन्जानी ही तुझसे पहचान हो...2
M- सर्दी-गर्मी का मौसम या बरसात हो
बस इसी तरह तुझसे मुलाक़ात हो...2
M+F- इतनी दूरियाँ हैं...इतनी दूरियाँ हैं...
नहीं मुमकिन पास आना... हाल दिल का यूँ सुनाना

M- ख़त्म हो न कभी भी ये सिलसिला
क्या करूँ जो भी मुझको रब से मिला...2
F- जो मिला मिल गया इतना कम है नहीं
अब तो तूफानों का मुझको ग़म है नहीं...2
M+F- इतनी दूरियाँ हैं...इतनी दूरियाँ हैं...
नहीं मुमकिन पास आना... हाल दिल का यूँ सुनाना

जब भी तूने याद किया
(Base-Tum bhi chalo hum...)

जब भी तूने याद किया तुझसे मिलने आ गयी
जब भी तूने याद किया तुझसे मिलने आ गयी
पा लिया है तुझे मैंने सनम हर खुशी मिल गयी
जब भी तूने याद किया तुझसे मिलने आ गयी

ख़ुद से भी अधिक मैंने तुझको चाहा है
रब से जानेमन मैंने तुझको माँगा है
तूने दी है मुझे जीने की हर वज़ह
इम्तिहानों के साये से छिपते-छिपाते आ गयी
जब भी तूने याद किया तुझसे मिलने आ गयी

मेहन्दी हाथों में है तेरे नाम की
दुनिया रंगी है बस तुमसे प्यार की
कैसे भूलूँ भी मैं ये हंसी फ़लसफ़ा
घर के ही आज लोगों से करके बहाने आ गयी
जब भी तूने याद किया तुझसे मिलने आ गयी

हमदम चाहिए तुझ जैसा हर घड़ी
तू ये जाने ना किस राह मैं खड़ी
तेरी हैं धड़कनें दिल ये तुझको दिया
एक तेरे रूठ जाने से कैसी ख़ुमारी छा गयी
जब भी तूने याद किया तुझसे मिलने आ गयी

जब-जब भी तूने ली है अँगड़ाई
(Base-Tere Khayalon mein Tere...)

जब-जब भी तूने ली है अँगड़ाई जानेमन बोलिया
...माने न ये जियरवा
जब-जब भी तूने ली है अँगड़ाई जानेमन बोलिया
...माने न ये जियरवा

बाली उमरिया,पतली कमरिया,मस्तानी तेरी अदाऐं
कज़रारी आँखें,लहराते गेसू, महकी तुझसे फ़िज़ायें
भोली ये सूरत,जैसे हो मूरत जानेमन बोलिया
...माने न ये जियरवा
जब-जब भी तूने ली है अँगड़ाई जानेमन बोलिया
...माने न ये जियरवा

मयख़ाना हैं लब नशीला यौवन शोला है तेरी जवानी
देखे जो तुझको बने दीवाना माँगे वो तुझसे निशानी
तेरी जरूरत मुझको है ज्यादा जानेमन बोलिया
...माने न ये जियरवा
जब-जब भी तूने ली है अँगड़ाई जानेमन बोलिया
...माने न ये जियरवा

सपनों में मेरे तू ही तो आये कर बैठा तेरी तमन्ना
तू मेरा मक़सद तू मेरी किस्मत शूलों से मुझे गुजरना
जन्मों का बन्धन तुझसे जुड़ा है जानेमन बोलिया
...माने न ये जियरवा
जब-जब भी तूने ली है अँगड़ाई जानेमन बोलिया
...माने न ये जियरवा

जब इतने करीब हम आ ही गये
(Base-Ye wada karo Chand ke...)

M- जब इतने करीब हम आ ही गये
फिर दूर रहने से क्या फ़ायदा
F- लगी आग दिल में बुझाओ सनम
नहीं दूर रहने का है क़ायदा
M- जब इतने करीब हम आ ही गये,फिर दूर...

M- बिखराओ गेसू घटा की तरह
और आ जाओ पहलू में नहीं है गुनाह
खड़ी दूर क्यों क्या मजबूरियाँ
दिखाओ न नख़रे अजी इस तरह
F- सताओ हमें न तुम इस तरह....2
यह एहसान कैसे लें आपका....2
जब देखा तुम्हें हम शरमा गये
M- जब इतने करीब हम आ ही गये,फिर दूर...

M- न ऐसे बहानों से रोको हमें
मिलें आज खुलकर तन्हाई में
हो जायें दो से एक क्यों न हम
खिलें गुल दो प्यारे अँगनाई में
F- न तुम इस तरह से सोचो हमें....2
कि गुम हो न जायें रुसवाई में....2
ज़माने का डर हम घबरा गये
M- जब इतने करीब हम आ ही गये,फिर दूर...

M- मुहब्बत की राहें हैं सबसे जुदा
तुम्हें मान रखा है मैंने ख़ुदा
रहे न ये दुनिया न बिछड़ेंगे हम
चलो आज कर लें ये रब से दुआ
F- अभी और होंगे प्रिये इम्तिहां....2
क्यों न रस्म में बंध लें तुम-हम सनम....2
कहाँ से चले कहाँ आ गये
M- जब इतने करीब हम आ ही गये,फिर दूर...

जरा खिड़की तो ये खोल
(Base-Mere Ghunghar wale baal...)

जरा खिड़की तो ये खोल ओ रानी खिड़की तो ये खोल
आशिक़ तेरा खड़ा सड़क पे मुख से कुछ तो बोल
ए-रानी मुख से कुछ तो बोल... हुई तू सयानी
जरा खिड़की तो ये खोल ओ रानी खिड़की तो ये खोल
आशिक़ तेरा खड़ा सड़क पे मुख से कुछ तो बोल
ए-रानी मुख से कुछ तो बोल... हुई तू सयानी

जानेजां ना...जानेजां ना~जानेजां ना तुझ सी छोरी
आये मेरे सपनों में...आये मेरे सपनों में...
जानेजां ना तुझ सी छोरी
आये मेरे सपनों में...आये मेरे सपनों में...
लगती है एकदम नवेली बन्द मेरी पलकों में 2
तू तो हीरा है अनमोल ओ रानी हीरा है अनमोल
आशिक़ तेरा खड़ा सड़क पे मुख से कुछ तो बोल
ए-रानी मुख से कुछ तो बोल... हुई तू सयानी

बन्द कली... बन्द कली...बन्द कली सी तेरी जवानी
मेरे दिलबर जानी...मेरे दिलबर जानी...
बन्द कली सी तेरी जवानी
मेरे दिलबर जानी...मेरे दिलबर जानी...
चुपके से दिल दे-दे मुझको न कर ये नादानी...2
तन-मन रहा ये डोल ओ रानी तन-मन रहा ये डोल
आशिक़ तेरा खड़ा सड़क पे मुख से कुछ तो बोल
ए-रानी मुख से कुछ तो बोल... हुई तू सयानी

जानेमन... जानेमन... निकलेगी गर घर से बाहर
बदलेगा ये मौसम...बदलेगा ये मौसम...
निकलेगी गर घर से बाहर
बदलेगा ये मौसम...बदलेगा ये मौसम...
मिल जाये गर तू जो तन्हा छोडूं न मैं दामन...2
आज बजने दे ये ढोल ओ रानी बजने दे ढोल
आशिक़ तेरा खड़ा सड़क पे मुख से कुछ तो बोल
ए-रानी मुख से कुछ तो बोल... हुई तू सयानी

जादू क्या तूने किया
(Base-Chahe duniya ho Khafa...)

जादू क्या तूने किया...खुद को भूल मैं गया
जादू क्या तूने किया...खुद को भूल मैं गया
ओ मेरी दिलरूबा,ओ मेरी दिलरूबा,मेरी दिलरूबा
रातोदिन सनम...अफ़साने मैं लिखूँ
ओ मेरी दिलरूबा,ओ मेरी दिलरूबा,मेरी दिलरूबा

दिल का मेरे चैन चुराये, नैना दो कजरारे तेरे
दिल का मेरे चैन चुराये, नैना दो कजरारे तेरे
गेसू बिखरें बने घटायें, सांसों में मस्ती के ढेरे
बेबस तूने है किया...कहीं लागे न जिया
ओ मेरी दिलरूबा,ओ मेरी दिलरूबा,मेरी दिलरूबा
रातोदिन सनम...अफ़साने मैं लिखूँ
ओ मेरी दिलरूबा,ओ मेरी दिलरूबा,मेरी दिलरूबा

यौवन की है बात निराली, महके जैसे कोई चन्दन
यौवन की है बात निराली, महके जैसे कोई चन्दन
है नशीला अँग-अँग तेरा, तुझपे वारूँ मैं ये तन-मन
गोरा-गोरा तेरा मुख...गालों पे मर मैं गया
ओ मेरी दिलरूबा,ओ मेरी दिलरूबा,मेरी दिलरूबा
रातोदिन सनम...अफ़साने मैं लिखूँ
ओ मेरी दिलरूबा,ओ मेरी दिलरूबा,मेरी दिलरूबा

जी चाहता है मेरे हमदम,आज तुझे बाहों में ले लूँ
जी चाहता है मेरे हमदम,आज तुझे बाहों में ले लूँ
पलकों में बंद करके तुझको,साथ तेरे जी भर खेलूँ
जागा मैं हूँ सारी रात...तुझसे दूर जब गया
ओ मेरी दिलरूबा,ओ मेरी दिलरूबा,मेरी दिलरूबा
रातोदिन सनम...अफ़साने मैं लिखूँ
ओ मेरी दिलरूबा,ओ मेरी दिलरूबा,मेरी दिलरूबा

जानम दिलरूबा दिल है बेक़रार
(Base-Ruk jaa aye hawa...)

जानम...दिलरूबा...दिलरूबा
अभी मुहब्बत शुरू हुई है, क्या भी मुझसे ख़ता हुई है
जानम... दिलरूबा...दिल है बेक़रार
जानम... दिलरूबा...दिल है बेक़रार
अभी मुहब्बत शुरू हुई है, क्या भी मुझसे ख़ता हुई है
जानम... दिलरूबा...दिल है बेक़रार~~~~ (2)

देखूँ मैं सपने~तेरे हरदम
चाहूँ मैं तुझको~मेरे हमदम
लिखूँ तुझे अफ़साना...लिखूँ तुझे अफ़साना
जाने ये सारा ज़माना~~~~~~
जानम... दिलवाले... मतवाले
जानम... दिलरूबा...दिल है बेक़रार~~~~ (2)

लट मेरी बिखरी~नैनों में कजरा
पाँव में पायल~मुखड़ा है निखरा
शीशे सा मेरा यौवन...शीशे सा मेरा यौवन
महकता जैसा चन्दन~~~~~~
जानम... दीवानी... मैं तेरी हूँ
जानम... दिलरूबा...दिल है बेक़रार~~~~ (2)

लब मेरे कोमल~जैसे अंगारे
अंग-अंग जैसे-मस्ती के धारे
कमसिन मेरी अदायें...कमसिन मेरी अदायें
दिल तेरा छू-छू जायें~~~~~~
जानम... आ भी जा ना... बाहों में
जानम... दिलरूबा...दिल है बेक़रार~~~~ (2)

जाने क्या कह रहा आज ये मौसम
(Base-Dhup mein nikla na karo...)

जाने क्या कह रहा आज ये मौसम
बाहों में समाने की ऋतु आई
जाने क्या कह रहा आज ये मौसम
बाहों में समाने की ऋतु आई
चढ़ने लगा मुझपे तेरे प्यार का जादू
मार डाले न मुझे मेरी अँगड़ाई
जाने क्या कह रहा आज ये मौसम, बाहों में~~~

कैसे संभालूँ सनम मदहोश जवानी
कैसे संभालूँ सनम मदहोश जवानी
बाली उम्र क़हर करे हुई मैं सयानी
बजने लगी आप ही पैरों की पायल
बजने लगी आप ही पैरों की पायल
घर से भाग जाने की ऋतु आई
जाने क्या कह रहा आज ये मौसम
बाहों में समाने की ऋतु आई

जलने लगी यार मैं कैसी आग में
जलने लगी यार मैं कैसी आग में
बैठी पिया कब से तेरे इन्तज़ार में
बढ़ने लगी पल-पल दिल की धड़कन
बढ़ने लगी पल-पल दिल की धड़कन
शहनाईयाँ सुनने की ऋतु आई
जाने क्या कह रहा आज ये मौसम
बाहों में समाने की ऋतु आई
चढ़ने लगा मुझपे तेरे प्यार का जादू
मार डाले न मुझे मेरी अँगड़ाई
जाने क्या कह रहा आज ये मौसम~~~

जाने क्या है मजा तेरी अँगड़ाई में
(Base-Unki pahli nazar...)

जाने क्या है मजा तेरी अँगड़ाई में,
याद आने लगी तू तन्हाई में......२
जिया धक-धक कर मेरा धड़कने लगा
याद आने लगी तू तन्हाई में.....
जाने क्या है मजा तेरी अँगड़ाई में,याद आने लगी...
जिया धक-धक कर मेरा धड़कने लगा,याद आने...
जाने क्या है मजा तेरी अँगड़ाई में~~~~~~~~

तेरी तस्वीर दिल में मैं रखने लगा,
बिन पिये ही दीवाना बहकने लगा ...२
तुझे पाने की चाहत सी मन में जगी...२
बिन बातों ही मौसम बदलने लगा
जाने क्या है लिखा मेरी तक़दीर में,याद आने .....
जिया धक-धक कर मेरा धड़कने लगा,याद आने...
जाने क्या है मजा तेरी अँगड़ाई में~~~~~~~~

नींद रातों की मेरे क्यों उड़ गयी,
चैन दिल का मेरे क्यों खो गया...२
किस तरह से तेरी बन्दगी मैं करूँ...२
दर्द दिल का मेरे क्यों बढ़ गया
कब आयेगी तू मेरी अँगनाई में, याद आने लगी...
जिया धक-धक कर मेरा धड़कने लगा,याद आने...
जाने क्या है मजा तेरी अँगड़ाई में~~~~~~~~

मन पन्छी गगन में उड़ने चला,
आये सपने तेरे तुझसे मिलने चला...२
ज़िन्दगी भर की खुशियाँ तुझमें दिखीं...२
मनमानी जियरा ये करने चला
धुन कैसी बजाई है शहनाई ने,याद आने लगी...
जिया धक-धक कर मेरा धड़कने लगा,याद आने...
जाने क्या है मजा तेरी अँगड़ाई में~~~~~~~~

जाने जां दे-दे थोड़ी सी जगह
(Base-paaon chhoo lene do...)

M- जाने जां दे-दे थोड़ी सी
जगह दिल में मुझे...जगह दिल में मुझे
रफ़्ता-रफ़्ता मिली जीने की
वज़ह तुझसे मुझे...वज़ह तुझसे मुझे

F- हर घड़ी रब से दुआ करती तुझे पाने की
हर घड़ी रब से दुआ करती तुझे पाने की
कभी भूले...कभी भूले से ही कह दे
अपना तू मुझे...अपना तू मुझे...

M- हंसते-हंसते मैं सभी ग़म को उठाऊँगा
हंसते-हंसते मैं सभी ग़म को उठाऊँगा
दिलरुबा सुन...दिलरुबा सुन
समझना न सपना तू मुझे...सपना तू मुझे
जाने जां दे-दे थोड़ी सी
जगह दिल में मुझे...जगह दिल में मुझे

F- मैं न जाऊँ कभी छोड़ तेरी दुनिया को
मैं न जाऊँ कभी छोड़ तेरी दुनिया को
कभी बिछुड़े....कभी बिछुड़े
सदा यादों में रखना तू मुझे...रखना तू मुझे

M- चले जिस ओर बड़ी मुश्किल है ये डगर
चले जिस ओर बड़ी मुश्किल है ये डगर
हाल-ए-दिल...हाल-ए-दिल...
मेरे सनम रोज लिखना तू मुझे...लिखना तू मुझे
जाने जां दे-दे थोड़ी सी
जगह दिल में मुझे...जगह दिल में मुझे

F- हर घड़ी रब से दुआ ~~~~~~~~~~~

जानेजां जानेमन हाल-ए-दिल लिख बैठा
(Base-puchhe jo koi mujhse...)

जानेजां जानेमन क़रार तुझसे कर बैठा
जानेजां जानेमन क़रार तुझसे कर बैठा
जाने ही अन्जाने में मैं प्यार तुझसे कर बैठा
जानेजां जानेमन हाल-ए-दिल लिख बैठा
जाने ही अन्जाने में मैं दिल तुझको दे बैठा
जानेजां जानेमन क़रार तुझसे कर बैठा

लड़की तू दिल को मेरे भा गयी
गेसू की कैसी घटा छा गयी
मचला ये मन तुझे देख कर
हरदम ख़ुमारी मुझपे छा गयी
जानेजां जानेमन गुलाब तुझको कह बैठा
जाने ही अन्जाने में मैं प्यार तुझसे कर बैठा
जानेजां जानेमन क़रार तुझसे कर बैठा
जाने ही अन्जाने में मैं दिल तुझको दे बैठा
जानेजां जानेमन क़रार तुझसे कर बैठा

सुनती तू दिल की सदा क्यों नहीं
माना तू सबसे जुदा है हसीं
मिलने दे नज़रों से ये नज़र
कर न भी ऐसी सनम दिल्लगी
जानेजां जानेमन कहाँ का ग़म मैं ले बैठा
जाने ही अन्जाने में मैं प्यार तुझसे कर बैठा
जानेजां जानेमन क़रार तुझसे कर बैठा
जाने ही अन्जाने में मैं दिल तुझको दे बैठा
जानेजां जानेमन क़रार तुझसे कर बैठा

जानेजांना अल्ला दुहाई-दुहाई
(Base-Main hun Saqi tu...)

F- जानेजांना अल्ला दुहाई-दुहाई
जानेजांना अल्ला दुहाई-दुहाई
M- सुन ले दिल का ये फ़साना,
लौटकर तुझको है आना नहीं झूठी ये कहानी
कसमें खा तूने भुलाई-भुलाई-भुलाई
F- जानेजांना अल्ला दुहाई-दुहाई
जानेजांना अल्ला दुहाई-दुहाई

F- नैना दो मेरे कजरारे जुल्फ़ है सावन की घटा
शीशे सा मेरा यौवन चुलबुली मेरी हर अदा
M- चूम लूँ गोरे मुखड़े को दूर खड़ी है ऐसे क्या
देगी दिल मुझको या नहीं क्या तेरी मर्जी है बता
F- न भी कर मेरी तमन्ना...न भी कर मेरी तमन्ना
आग कैसी ये तूने लगाई-लगाई-लगाई
M- जानेजांना अल्ला दुहाई-दुहाई
जानेजांना अल्ला दुहाई-दुहाई

M- कदमों में सजदे मैं तेरे हर घड़ी किया करूँगा
तेरी तस्वीर सजा के बन्दगी में मैं रखूँगा
F- जानेमन रूठना न अब दिल्लगी मैं न करूँगी
कोरे कागज पे लिखा ले संग तेरे मैं चलूँगी
M- रीत कैसी ये निराली...रीत कैसी ये निराली
इस ज़हाँ ने है बनाई-बनाई-बनाई
F- जानेजांना अल्ला दुहाई-दुहाई
M- सुन ले दिल का ये फ़साना,
लौटकर तुझको है आना नहीं झूठी ये कहानी
कसमें खा तूने भुलाई-भुलाई-भुलाई
F- जानेजांना अल्ला दुहाई-दुहाई
जानेजांना अल्ला दुहाई-दुहाई

जानेजिगर मेरी महबूबा
(Base-Aye Gulbadan....)

जानेजिगर मेरी महबूबा
कब देगी मुझे तू दिल में जगह
हुआ तेरी अदाओं पर मैं फ़िदा
तुझे रोज़ ही मैं लिखूँगा यूँ अफ़साना
तुझे रोज़ ही मैं लिखूँगा यूँ अफ़साना

तुझे पाने का मैंने देखा जो सपना
न अधूरी ही रह जाये मेरी तमन्ना
किये जाऊँगा मैं हरदम ये ख़ता
गर देनी मुझे है दे तू सजा
हुआ तेरी अदाओं पर मैं फ़िदा
तुझे रोज़ ही मैं लिखूँगा यूँ अफ़साना
तुझे रोज़ ही मैं लिखूँगा यूँ अफ़साना

है रखा भी तो क्या ज़िंदगी में तेरे बिन
है भी मुश्किल बड़ा ये फ़साना तेरे बिन
दिल करे मेरा घायल मस्त अदा
बिखरे गेसू सावन की छटा
हुआ तेरी अदाओं पर मैं फ़िदा
तुझे रोज़ ही मैं लिखूँगा यूँ अफ़साना
तुझे रोज़ ही मैं लिखूँगा यूँ अफ़साना

जो छिपा राज़ दिल में तुझे आ बता दूँ
क्या खड़ी दूर ऐसे गले से लगा लूँ
मदहोश चली है ठण्डी हवा
बहकाये मुझे भीगा ये समां
हुआ तेरी अदाओं पर मैं फ़िदा
तुझे रोज़ ही मैं लिखूँगा यूँ अफ़साना
तुझे रोज़ ही मैं लिखूँगा यूँ अफ़साना
जानेजिगर...मेरी महबूबा...

जानेतमन्ना दिलबर उलझी मैं पिया
(Base-Kitni Akeli Kitni...)

जानेतमन्ना... जानेतमन्ना दिलबर
उलझी मैं पिया तुझसे करके मैं प्यार जानेतमन्ना
दिलबर उलझी मैं पिया तुझसे करके मैं प्यार
जानेतमन्ना...

अनकहा ये फ़साना रूठना और मनाना
अनकहा ये फ़साना रूठना और मनाना
सहा जाये न ऐसे रातोदिन का सताना
इस क़द्र हैं बेक़रारियाँ मुश्किल है सभंलना
जानेतमन्ना... जानेतमन्ना दिलबर
उलझी मैं पिया तुझसे करके मैं प्यार
जानेतमन्ना...

हर घड़ी तन्हाई और दिल बेकाबू
हर घड़ी तन्हाई और दिल बेकाबू
मुझपे किया तूने जाने कैसा जादू
हुई बहुत सनम नादानियाँ मुमकिन है बहकना
जानेतमन्ना... जानेतमन्ना दिलबर
उलझी मैं पिया तुझसे करके मैं प्यार
जानेतमन्ना...

जाने-अन्जाने दिल उसे दे बैठी
जाने-अन्जाने दिल उसे दे बैठी
हाल-ए-दिल यूँ ही उससे कह बैठी
रो रहा दिल ज़ार-ज़ार है जैसे कोई झरना
जानेतमन्ना... जानेतमन्ना दिलबर
उलझी मैं पिया तुझसे करके मैं प्यार
जानेतमन्ना...

ज़िंदगी होती है क्या

ज़िंदगी होती है क्या तुझको सिखलाऊँगा
अगर जो पास तू आ
आशिक मैं बहार का दिल चुराऊँ यार का
अगर जो पास तू आ
ज़िंदगी होती है क्या तुझको सिखलाऊँगा~~~
आशिक मैं बहार का दिल चुराऊँ यार का अगर~~

गोरा-गोरा मुखड़ा ज़ुल्फ़ें घटा
बलखा के चलना हसीनों की अदा
गरदन सुराही पतली कमर
जाने कब हो दीवाने से ख़ता
आ पाठ उल्फ़त का तुझको समझाऊँ~~~2~अगर...
ज़िंदगी होती है क्या तुझको सिखलाऊँगा~~~
आशिक मैं बहार का दिल चुराऊँ यार का अगर~~

जानेजिगर न बहकें कदम
बदले ये दुनिया नित नये रंग
भीगा-भीगा मौसम ठण्डी हवा
उड़ने दे खुल के दिल की पतंग
लबों से पी लूँगा मैं लबों के पैमाने~~~2~अगर....
ज़िंदगी होती है क्या तुझको सिखलाऊँगा~~~
आशिक मैं बहार का दिल चुराऊँ यार का अगर~~

आँखों की तेरी ये जादूगरी
जान ही न ले-ले यूँ ही मेरी
बस में नहीं है आज जिया
तुझको ही पाना हसरत मेरी
चुन-चुन के मैं दूँगा तुझको नज़राने~~~2 अगर....
ज़िंदगी होती है क्या तुझको सिखलाऊँगा~~~
आशिक मैं बहार का दिल चुराऊँ यार का अगर~~

ज़िंदगी का सफ़र अब कटता नहीं
(Base-Chhod babul ka ghar...)

ज़िंदगी का सफ़र अब कटता नहीं
आ भी जा साथिया...आ भी जा साथिया
ज़िंदगी का सफ़र अब कटता नहीं
आ भी जा साथिया...

तड़पाने लगी आज तन्हाईयाँ...आज तन्हाईयाँ
ख़ुद दुश्मन बनी मेरी अँगड़ाईयाँ...मेरी अँगड़ाईयाँ
तुझसा हमसफर अब मिलता नहीं
आ भी जा साथिया...आ भी जा साथिया
ज़िंदगी का सफ़र अब कटता नहीं
आ भी जा साथिया...

एक रिश्ता था दोनों में विश्वास का...विश्वास का
एक थी मंजिलें एक था रास्ता...एक था रास्ता
खोयी वो डगर ए-मेरे हमनशीं
आ भी जा साथिया...आ भी जा साथिया
ज़िंदगी का सफ़र अब कटता नहीं
आ भी जा साथिया...

छोड़ मुझको तू तन्हा गया है दूर...गया है दूर
हुये सपने सभी पल भर में चूर...पल भर में चूर
ज़ख़्म ऐसा है ये अब भरता नहीं
आ भी जा साथिया...आ भी जा साथिया
ज़िंदगी का सफ़र अब कटता नहीं
आ भी जा साथिया...

जीत हो या हार ये जंग तो
(Base-Ek tera pyar hume...)

M- जीत हो या हार~जीत हो या हार
ये जंग तो लड़ेंगे हम~जीत हो या हार
जीत हो या हार~ये जंग तो लड़ेंगे हम
हर ज़ख़्म को सहेंगे हम

F- ए-मेरे हमराज~ए-मेरे हमराज
ये संग न छोड़ेंगे हम-ए-मेरे हमराज
ए-मेरे हमराज~ये संग न छोड़ेंगे हम
हर ज़ख़्म को सहेंगे हम

M- जीत हो या हार~ये जंग तो लड़ेंगे हम~जीत हो या हार

M- गर अधूरे हैं-वो पूरे भी होंगे-
जो सपने देखे हमने
वादे-कसमों को-निभायेंगे मिल के
जो कल थी खायी हमने
सुबह हो या शाम~सुबह हो या शाम
तेरी राह में चलेंगे हम~हर ज़ख़्म को सहेंगे हम

F- ए-मेरे हमराज~ये संग न छोड़ेंगे हम~ए-मेरे हमराज

F- शमा सी जलती है-संगीत में तेरे
मिलन फिर क्यों न होगा
देखकर लम्हें~जुदाई के ऐसे
चमन भी रोता होगा
कुछ भी हो अन्जाम~कुछ भी हो अन्जाम
क़रार न तोड़ेंगे हम~हर ज़ख़्म को सहेंगे हम

M- जीत हो या हार~ये जंग तो लड़ेंगे हम~जीत हो या हार

M+F- जीत हो या हार~ये जंग तो लड़ेंगे हम~जीत हो या हार

जो खो दिया है ग़म नहीं
(Base-Woh hum na tha wo tum...)

जो खो दिया है ग़म नहीं...जो पाया है वो कम नहीं
उठे चाहें सौ आँधियाँ....
रुकने वाले हम नहीं...रुकने वाले हम नहीं
जो खो दिया है ग़म नहीं~~~~~~~~~

क़रार था छिपा-छिपा...क़रार था छिपा-छिपा
वफ़ा के सुर,बदल गये...जुवां से वो, पलट गये
उतर गया वो रंग नहीं...जो चढ़ गया वो कम नहीं
उतर गया वो रंग नहीं...जो चढ़ गया वो कम नहीं
उठे चाहें सौ आँधियाँ....
रुकने वाले हम नहीं...रुकने वाले हम नहीं
जो खो दिया है ग़म नहीं~~~~~~~~~

हुस्न था शबाब पर...नहीं किसी को थी ख़बर
उदास सा चमन हुआ... हुआ जुदा हमसफ़र
हैं जी रहे वो दम नहीं...तन्हाई में वो संग नहीं
हैं जी रहे वो दम नहीं...तन्हाई में वो संग नहीं
उठे चाहें सौ आँधियाँ....
रुकने वाले हम नहीं...रुकने वाले हम नहीं
जो खो दिया है ग़म नहीं~~~~~~~~~

आशिक़ी का हर लम्हा...रह गया धुँआ-धुँआ
कदम-कदम,हुई बेबसी...मिली ख़ाक़ में बन्दगी
है आँख फिर भी नम नहीं...जो ख़त्म हो वो जंग नहीं
है आँख फिर भी नम नहीं...जो ख़त्म हो वो जंग नहीं
उठे चाहें सौ आँधियाँ....
रुकने वाले हम नहीं...रुकने वाले हम नहीं
जो खो दिया है ग़म नहीं~~~~~~~~~

क्या खूब हैं आशिक़ी में ग़म
(Base-Barsat Mein Tumse...)

क्या खूब हैं ....क्या खूब हैं ....
आशिक़ी में ग़म मिले आशिक़ी में ग़म क्या खूब हैं...
क्या खूब हैं...आशिक़ी में ग़म मिले आशिक़ी में ग़म
क्या खूब हैं ....

झूठे ही मान बैठा मैं जिसे जीवन...मैं जिसे जीवन
समझा न प्रीत को है बड़ी उलझन...है बड़ी उलझन
साथ कब छोड़ दें ये भली चितवन
साथ कब छोड़ दें ये भली चितवन..ये भली चितवन
क्या खूब हैं ....क्या खूब हैं ....
आशिक़ी में ग़म मिले आशिक़ी में ग़म क्या खूब हैं...

ज़िंदगी भर साथ ये दे नहीं सकते...दे नहीं सकते
ग़म किसी का यूँ भी ले नहीं सकते...ले नहीं सकते
तन्हा हमारे बिना रह नहीं सकते
तन्हा हमारे बिना रह नहीं सकते...रह नहीं सकते
क्या खूब हैं ....क्या खूब हैं ....
आशिक़ी में ग़म मिले आशिक़ी में ग़म क्या खूब हैं...

किसको चुन लूँ मैं आज यूँ हमदम...आज यूँ हमदम
नग़में अधूरे मेरे गुम हुई सरगम...गुम हुई सरगम
कैसे गाऊँ भी मैं राग ये पंचम
कैसे गाऊँ भी मैं राग ये पंचम...राग ये पंचम
क्या खूब हैं ....क्या खूब हैं ....
आशिक़ी में ग़म मिले आशिक़ी में ग़म क्या खूब हैं...

लौटकर आती नहीं फिर से जवानी...फिर से जवानी
फ़लसफ़ा है प्यार का झूठी कहानी...झूठी कहानी
छोड़ जा जग में कोई अपनी निशानी
छोड़ जा जग में कोई अपनी निशानी,अपनी निशानी
क्या खूब हैं ....क्या खूब हैं ....
आशिक़ी में ग़म मिले आशिक़ी में ग़म क्या खूब हैं...

क्या खूब तेरी जुल्फ़ों की छटा
(Base-Sharma ke na jaa..)

क्या खूब तेरी...
क्या खूब तेरी जुल्फ़ों की छटा
मदमाती हुई हर मस्त अदा
शीशे सा तेरा गोरा बदन~शीशे सा तेरा गोरा बदन
क्या खूब तेरी जुल्फ़ों की छटा
मदमाती हुई हर मस्त अदा
शीशे सा तेरा गोरा बदन~शीशे सा तेरा गोरा बदन

जग छोड़ दिया ये मुझको मुहब्बत तुझसे है
ए-जानेतमन्ना मेरी ये हालत तुझसे है
जो चाहा सभी वो तुझमें है
शीशे सा तेरा गोरा बदन~शीशे सा तेरा गोरा बदन
क्या खूब तेरी जुल्फ़ों की छटा
मदमाती हुई हर मस्त अदा
शीशे सा तेरा गोरा बदन~शीशे सा तेरा गोरा बदन

तू संगदिल है तू दिल की लगी को क्या समझे
बाली है उमर और नाज़ुक़ कमर क्यों लचके
ए-जानेवफ़ा क्या दिल में है
शीशे सा तेरा गोरा बदन~शीशे सा तेरा गोरा बदन
क्या खूब तेरी जुल्फ़ों की छटा
मदमाती हुई हर मस्त अदा
शीशे सा तेरा गोरा बदन~शीशे सा तेरा गोरा बदन

यूँ ऐसे कब तक आंचल में शरमायेगी
तन्हाई के लम्हों में मुझको याद आयेगी
परियों सी नज़ाक़त तुझमें है
शीशे सा तेरा गोरा बदन~शीशे सा तेरा गोरा बदन
क्या खूब तेरी जुल्फ़ों की छटा
मदमाती हुई हर मस्त अदा
शीशे सा तेरा गोरा बदन~शीशे सा तेरा गोरा बदन

क्या से क्या बन गया मैं
(Base-Dil ki mehfil Saji hai...)

क्या से क्या बन गया मैं तेरी याद में
क्या से क्या बन गया मैं तेरी याद में
जानेजां लुट गया मैं तेरे प्यार में
क्या से क्या बन गया मैं तेरी याद में

मार डाला तेरी अँगड़ाई ने
मार डाला अदाओं की रानाई ने
बन्द आँखों में तेरे ही सपने हजार
जाने कब से रहता दिल बेक़रार
ग़मजदा बन गया मैं तेरे साथ में
जानेजां लुट गया मैं तेरे प्यार में
क्या से क्या बन गया मैं तेरी याद में

मैं बहकने लगा बिन पिये जाने क्यों
दिल मचलने लगा शाम से जाने क्यों
मनवा में अजब सी हलचल हुई
अन्जानी कहीं से दस्तक हुई
सरफ़िरा बन गया मैं बस एक रात में
जानेजां लुट गया मैं तेरे प्यार में
क्या से क्या बन गया मैं तेरी याद में

मिला ऐसा मुझे है दर्द-ए-जिगर
ख़ुद से ही मैं हो गया बेख़बर
ज़िंदगानी मेरी कल हो या न हो
पर उल्फ़त मेरी कभी कम न हो
इतिहास बन मैं तेरी याद में
जानेजां लुट गया मैं तेरे प्यार में
क्या से क्या बन गया मैं तेरी याद में

क्या-क्या न बन गया हूँ मैं
(Base-Pathar ban gaya hun...)

क्या-क्या न बन गया हूँ मैं तेरे लिए सनम
क्या-क्या न बन गया हूँ मैं तेरे लिए सनम
महफ़िल मिली है ख़ाक़ में...
महफ़िल मिली है ख़ाक़ में ग़म में तेरे सनम
क्या-क्या न बन गया हूँ मैं तेरे लिए सनम

दीवानगी के मायने कितने बदल गये
दीदार उनके क्या हुए कितने मचल गये
कितनों ने खोये होश कितने फिसल गये
सज़दों में झुक गया हूँ मैं तेरे लिए सनम~~~2
महफ़िल मिली है ख़ाक़ में...
महफ़िल मिली है ख़ाक़ में ग़म में तेरे सनम
क्या-क्या न बन गया हूँ मैं तेरे लिए सनम

एक नाम सिर्फ़ तेरा बचा वो भी सदाओं में
चेहरा भी ओझल हुआ महकी फ़िज़ाओं में
छिपकर कहीं बैठा हूँ मैं वो भी गुफाओं में
क्या-क्या न लिख रहा हूँ मैं तेरे लिए सनम~~~2
महफ़िल मिली है ख़ाक़ में...
महफ़िल मिली है ख़ाक़ में ग़म में तेरे सनम
क्या-क्या न बन गया हूँ मैं तेरे लिए सनम

सोचा न तुमने ये कभी निकले करीब से
दो दिल एक जान हम कितने करीब थे
बाहों में झूमें तुम मेरी किस्से मशहूर थे
क्यों बेगाना बन गया हूँ मैं तेरे लिए सनम~~~2
महफ़िल मिली है ख़ाक़ में...
महफ़िल मिली है ख़ाक़ में ग़म में तेरे सनम
क्या-क्या न बन गया हूँ मैं तेरे लिए सनम

क्यों भी नहीं जाती है याद तुम्हारी
(Base-Jab Se tumhe dekha...)

M- क्यों भी नहीं जाती है याद ये तुम्हारी...2
F- जाने कैसी रहती है हमको ये ख़ुमारी
M- क्यों भी नहीं जाती है याद ये तुम्हारी

M- बड़ी गुस्ताख़ सनम तेरी ये शोख़ नज़र
F- तेरे नग़मों ने किया जाने क्या मुझपे असर
M- जानेजां पास भी आ दिल चुरा कहाँ चली
F- छेड़ेगा तू तो मुझे
इरादा ठीक नहीं...इरादा ठीक नहीं...
M- हरदम ही रहती है कैसी बेक़रारी...2
F- जाने कैसी रहती है हमको ये ख़ुमारी
M- क्यों भी नहीं जाती है याद ये तुम्हारी

F- मुझे बेख़ुद है किया खोयी-खोयी मैं तो फिरूँ
M- देख यौवन की छटा सारी रात मैं तो जगूँ
F- बुझाये बुझती नहीं कैसी ये दिल की लगी
M- मुझे बैचेन करे
तेरी ये दिल्लगी ...तेरी ये दिल्लगी
F- यूँ ही कहीं जाये न जान ये हमारी...2
M- क्यों भी नहीं जाती है याद ये तुम्हारी
F- जाने कैसी रहती है हमको ये ख़ुमारी

M- दीया और बाती जैसे एक हो जायें आ हम
F- बादल-बिजली की तरह कभी न बिछड़ेंगे हम
M- सुबहोशाम यूँ ही सदा ढलती ही रहे
F- तेरे नग़मों का सफ़र
सदा चलता ही रहे...सदा चलता ही रहे
M- खुशियाँ सब तुमको मिलें दुआ है ये हमारी
F- खुशियाँ सब तुमको मिलें दुआ है ये हमारी
जाने कैसी रहती है हमको ये ख़ुमारी
M+F- क्यों भी नहीं जाती है याद ये तुम्हारी...2

कब से मैं करती तेरा इन्तज़ार
(Base-Shyam teri banshi...)

F- कब से मैं करती तेरा इन्तज़ार
कब से मैं करती तेरा इन्तज़ार
तेरे लिये जानेजिगर दिल बेक़रार
तेरे लिये जानेजिगर दिल बेक़रार
M- कब से मैं करता तेरा इन्तज़ार
कब से मैं करता तेरा इन्तज़ार
तेरे लिये जानेजिगर दिल बेक़रार, तेरे लिये...

F- रातों को निन्दिया मुझको न आये
कोई भी शय मुझको न भाये
रातों को निन्दिया मुझको न आये
कोई भी शय मुझको न भाये
आहें मैं भरती रोऊँ ज़ार-ज़ार 2
तेरे लिये जानेजिगर दिल बेक़रार
M- कब से मैं करता तेरा इन्तज़ार....2
तेरे लिये जानेजिगर दिल बेक़रार....2

M- मनाने में तुझको लगे हैं ज़माने
तूने किये हरदम नये-नये बहाने
मनाने में तुझको लगे हैं ज़माने
तूने किये हरदम नये-नये बहाने
कदमों में...कदमों में सज़दे किये हैं बार-बार
तेरे लिये जानेजिगर दिल बेक़रार
F- तेरे लिये जानेजिगर दिल बेक़रार
कब से मैं करती तेरा इन्तज़ार...2
तेरे लिये जानेजिगर दिल बेक़रार
M- तेरे लिये जानेजिगर दिल बेक़रार ....

कभी जान तू न पाया
(Base-Meri jindagi mein aate...)

कभी जान तू न पाया
मेरे ग़म का ये फ़साना...मेरे ग़म का ये फ़साना
तुझे याद करते-करते
गुजरा है एक ज़माना...गुजरा है एक ज़माना
कभी जान तू न पाया
मेरे ग़म का ये फ़साना...मेरे ग़म का ये फ़साना

कितनी भी मैं हूँ तड़पी ऐतबार तुझपे करके
कितनी भी मैं हूँ तड़पी ऐतबार तुझपे करके
मुझे प्यार करने वाले इन्तज़ार तेरा करके
दिल तूने मेरा दुःखाया
अच्छा किया बहाना...अच्छा किया बहाना
कभी जान तू न पाया
मेरे ग़म का ये फ़साना...मेरे ग़म का ये फ़साना

चैन 'ओ' क़रार खोया शब भर को मैं न सोयी
चैन 'ओ' क़रार खोया शब भर को मैं न सोयी
इतना न हँस सकी मैं जितना कि मैं हूँ रोयी
तूफ़ां ये कैसा आया
उजड़ा है आशियाना...उजड़ा है आशियाना
कभी जान तू न पाया
मेरे ग़म का ये फ़साना...मेरे ग़म का ये फ़साना

बरबादी का मैं अपनी इल्ज़ाम तुझको दूँगी
बरबादी का मैं अपनी इल्ज़ाम तुझको दूँगी
जैसी हूँ मैं जहाँ हूँ न पयाम तुझको दूँगी
क्या तूने हक़ निभाया
ख़ुद पा लिया ठिकाना...ख़ुद पा लिया ठिकाना
कभी जान तू न पाया
मेरे ग़म का ये फ़साना...मेरे ग़म का ये फ़साना

कभी ख़त्म न होंगी
(Base-Mera pyar bhi tu hai...)

M- कभी ख़त्म न होंगी ये हैं प्यार की बातें
ख़त्म हो जाये चाहे ये दुनिया जानेजां साथिया
F- कभी ख़त्म न होंगी ये हैं प्यार की बातें
ख़त्म हो जाये चाहे ये दुनिया
जानेजां साथिया...साथिया

F- दिल की हर धड़कन है तुझसे
आँखों में तेरे ही सपने सजे हैं
M- भीगे लबों पर नाम है तेरा
यादों में तेरे साये छिपे हैं जब-जब तू मुस्काये
F+M- कभी ख़त्म न होंगी ये हैं प्यार की बातें
ख़त्म हो जाये चाहे ये दुनिया
जानेजां साथिया...साथिया

M- हाथ पकड़ कर राहों में चलना
तन्हा पाकर मुझमें सिमटना
F- पेड़ों की बेलें वो पनघट
गाँव की गलियों से गुजरना कैसे उन्हें बिसरायें
F+M- कभी ख़त्म न होंगी ये हैं प्यार की बातें
ख़त्म हो जाये चाहे ये दुनिया
जानेजां साथिया...साथिया

F- तारे ज़मीं पर उतरे ऐसे
मिलन हमारा देख रहे हों
M- सावन की वो ऋतु अलबेली
बदरा हमीं संग खेल रहे हों कितने लम्हें गिनवायें
F+M- कभी ख़त्म न होंगी ये हैं प्यार की बातें
ख़त्म हो जाये चाहे ये दुनिया
जानेजां साथिया...साथिया

कभी तो जानेजिगर मुस्कुरा के
(Base-Mein tere pyar mein kya...)

M- कभी तो जानेजिगर मुस्कुरा के दे-दे
नज़राना दिल का...नज़राना दिल का
F- ऐसे मैं कैसे भी अन्जान को दे दूँ
नज़राना दिल का...नज़राना दिल का
M- कभी तो जानेजिगर मुस्कुरा के दे-दे,नज़राना...

M- प्रीत की रीत तुझे...आ जा सिखला दूँ
प्रीत की रीत तुझे...
प्रीत की रीत तुझे...आ जा सिखला दूँ
F- बड़ा नादान है तू तुझे बतला दूँ
M- कभी तो जानेजिगर भूल से ही कह दे
फ़साना दिल का...फ़साना दिल का
F- ऐसे मैं कैसे भी अन्जान को दे दूँ,नज़राना...

F- ऐसे जुड़ पायेगा न...तेरा-मेरा बन्धन
ऐसे जुड़ पायेगा न...
ऐसे जुड़ पायेगा न...तेरा-मेरा बन्धन
M- क्यों न मैं चूम लूँ गोरी तेरा अंग-अंग
F- बिना ही बात के कैसे मैं ले लूँ
रोग ये दिल का...रोग ये दिल का
M- कभी तो जानेजिगर मुस्कुरा के दे-दे,नज़राना...

M- तेरी गुस्ताख़ नज़र...करे मुझे घायल
तेरी गुस्ताख़ नज़र...
तेरी गुस्ताख़ नज़र...करे मुझे घायल
F- थोड़ा अनाड़ी है तू थोड़ा-थोड़ा पागल
M- याराना तेरा-मेरा जान भी तू ले
नहीं कुछ दिन का...नहीं कुछ दिन का...
F- ऐसे मैं कैसे भी अन्जान को दे दूँ,नज़राना...
M- कभी तो जानेजिगर मुस्कुरा के दे-दे,नज़राना...

क़दमों में तेरे सज़दे करने लगा
(Base-Ek tu jo mila...)

क़दमों में तेरे सज़दे करने लगा
अफ़साने तुझे रोज मैं लिखने लगा
क़दमों में तेरे सज़दे करने लगा
अफ़साने तुझे रोज मैं लिखने लगा
अफ़साने तुझे रोज मैं लिखने लगा

लगी मुझको कैसी ये तेरी लगन
ख़यालों में तेरे ही रहता मगन
ये चन्दन सी काया कमल से अधर
कि खुशबू से तेरी महकता बदन
तेरी गलियों से मैं गुजरने लगा
अफ़साने तुझे रोज मैं लिखने लगा
अफ़साने तुझे रोज मैं लिखने लगा

ये कैसा भी जादू चलाया तूने
मुझ बुद्धू को शायर बनाया तूने
तमन्ना में तेरी मैं पागल हुआ
ये रास्ता नया क्या दिखाया तूने
तुझे दुनिया क्यों मैं समझने लगा
अफ़साने तुझे रोज मैं लिखने लगा
अफ़साने तुझे रोज मैं लिखने लगा

ज़माने को कैसे ख़बर हो गयी
तेरी और मेरी नज़र लड़ गयी
अन्जाने ही क्या ये खिड़की खुली
मचलती जवानी सितम कर गयी
पिये बिन ही मैं बहकने लगा
अफ़साने तुझे रोज मैं लिखने लगा
अफ़साने तुझे रोज मैं लिखने लगा

कजरारे मेरे नयनों का
(Base-Chale Aana pipal neeche...)

कजरारे...कजरारे मेरे नयनों का तू देख तो असर
कजरारे मेरे नयनों का तू देख तो असर
कर दूँगी मैं घायल...
कर दूँगी मैं घायल तेरा दिलोजिगर...2
कर दूँगी मैं घायल...

लड़की मैं जवान,छोरा तू है रे नादान
मेरे पास आना न
बिखरे मेरे बाल,यौवन मेरा है क़माल
मुझे आज़माना न
मतवाले तेरी बातों का न होगा असर...2
कर दूँगी मैं घायल...
कर दूँगी मैं घायल तेरा दिलोजिगर...2
कर दूँगी मैं घायल...

छेड़ेगा पुरजोर,मेरा दिल पे नहीं है जोर
मेरी नींदें उड़ायेगा
अलबेली मैं नार, तू है बिनपैंदे का यार
मेरा चैन चुरायेगा
अन्जाने से मिलाऊँ न मैं यूँ ही नज़र...2
कर दूँगी मैं घायल...
कर दूँगी मैं घायल तेरा दिलोजिगर...2
कर दूँगी मैं घायल...

चिड़िया मैं हसीन, लगे हैं पँख मेरे रंगीन
तेरे हाथ न आऊँगी
अनपढ़ मैं गंवार, गाँव की मैं हूँ सरकार
तेरे काम न आऊँगी
कभी भूले से भी आना न मेरे गाँव में इधर...2
कर दूँगी मैं घायल...
कर दूँगी मैं घायल तेरा दिलोजिगर...2
कर दूँगी मैं घायल...

कजरारे नयनों का दीवाना हूँ सनम
(Base-Aankhon hi aankhon mein...)

M- कजरारे नयनों का दीवाना हूँ सनम
गोरे-गोरे गालों का दीवाना हूँ सनम
कजरारे नयनों का दीवाना हूँ सनम
गोरे-गोरे गालों का दीवाना हूँ सनम

F- कुछ तुमने है कहा फिर जरा आवाज दो
करते हो शरारतें कैसे तुम हमराज़ हो
गलियों में घूमे आवारा तू सनम
M- कजरारे नयनों का दीवाना हूँ सनम
गोरे-गोरे गालों का दीवाना हूँ सनम
कजरारे नयनों का दीवाना हूँ सनम
गोरे-गोरे गालों का दीवाना हूँ सनम

F- ठण्डी है ये हवा उसपे भीगा समां
मैं भी तो हसीन हूँ तुम भी तो हो जवां
हर लब पे अपना तराना है सनम
M- कजरारे नयनों का दीवाना हूँ सनम
गोरे-गोरे गालों का दीवाना हूँ सनम
कजरारे नयनों का दीवाना हूँ सनम
गोरे-गोरे गालों का दीवाना हूँ सनम

F- जानेमन आ मिलो यूँ कभी तन्हाई में
शब भर ही जागती लेती हूँ अँगड़ाई मैं
तुझ बिन नहीं अब गुजारा है सनम
M- कजरारे नयनों का दीवाना हूँ सनम
गोरे-गोरे गालों का दीवाना हूँ सनम
कजरारे नयनों का दीवाना हूँ सनम
गोरे-गोरे गालों का दीवाना हूँ सनम

कजरारे नैनों वाली जानम
(Base-Choori nahi ye mera...)

कजरारे नैनों वाली...कजरारे नैनों वाली
जा... नम...कभी इधर..आ भी जा
कजरारे नैनों वाली जानम कभी इधर आ भी जा
कजरारे नैनों वाली ....

गोरे-गोरे मुखड़े वाली,जन्नत की तू हूर
मरते तुझपे हैं दिलवाले
आगे-पीछे डेरा डाले... ख़ुद में तू मग़रूर
सौंधी-सौंधी खुशबू तेरी, मन मेरा ललचाये
कब तक दिल में संभालूँ
आ तुझको अंग लगा लूँ... क्यों इतना शरमाये
जानेमन... दिलरूबा...कभी इधर..आ भी जा
कजरारे नैनों वाली...कजरारे नैनों वाली
जा... नम...कभी इधर..आ भी जा
कजरारे नैनों वाली ....

पकड़े से तू हाथ न आये, जैसे कटी पतंग
छोड़ूंगा न पीछा तेरा
जीना है अब साथ तेरे... मरना तेरे संग
कैसे तुझको मैं बतलाऊँ ऐ-मेरे मनमीत
सीने की तू धड़कन मेरे
गीतों की तू सरगम मेरे... जीवन का संगीत
चाहिए... तेरा प्यार ...कभी इधर..आ भी जा
कजरारे नैनों वाली...कजरारे नैनों वाली
जा... नम...कभी इधर..आ भी जा
कजरारे नैनों वाली ....

F- चन्द लफ़्ज़ों का ये अफ़साना, तू क्यों न समझे
डोली ले के आना घर पे
ले जाना तू बाबुल से... नादां ओ लड़के
दुल्हन तेरी बन जाऊँगी, कुछ दिन की है बात
इतनी जल्दी क्या है तुझको
संग तेरे ही जाना मुझको... मन्जिल अपनी पास
M- कल का... क्या पता... अभी इधर..आ भी जा
कजरारे नैनों वाली...कजरारे नैनों वाली
जा... नम...कभी इधर..आ भी जा

कमसिन अदायें पतली कमरिया
(Base-Teri jawani tapta ....)

कमसिन अदायें~पतली कमरिया~बाली उमरिया
कमसिन अदायें~पतली कमरिया~बाली उमरिया
गुल सा चेहरा~नशीली आँखें-तिरछी नज़रिया
कमसिन अदायें~~~~~~~~~~~~~~

करती मेरा दिल बेकाबू मस्त ग़ज़ल तू
अंगों में तेरे मस्ती के ढेरे खिलता कमल तू
शीशे सा यौवन~हिरनी सा चलना~हुई तू बाबरिया
गुल सा चेहरा~नशीली आँखें-तिरछी नज़रिया
कमसिन अदायें~~~~~~~~~~~~~~

तमन्ना है दिल की तुझे छेड़ने की जो दे गर इज़ाज़त
अकेले में आ मिल तेरे संग कर लूँ मैं जी भर शरारत
दहकती जवानी संभले न ऐसे अरे ओ गुजरिया
गुल सा चेहरा~नशीली आँखें-तिरछी नज़रिया
कमसिन अदायें~~~~~~~~~~~~~~

पलकों में तू बन्द, इरादों में तू है, है सांसों में तू ही
तू ही तू है जहां भी मैं देखूँ, है ख़्वावों में तू ही
ख़बर ये ज़हां को होने लगी है जाने नगरिया
गुल सा चेहरा~नशीली आँखें-तिरछी नज़रिया
कमसिन अदायें~~~~~~~~~~~~~~

कमर तेरी लचकी

(Base-Jhuke jo tere naina...)

M- कमर तेरी लचकी F--~~~~~~~~~

M- कमर तेरी लचकी...
कि गेसू तेरे बिखरे...जवानी तेरी निखरी
चुनर तेरी...चुनर तेरी उड़ी-उड़ी जाये हवा में
चुनर तेरी...चुनर तेरी उड़ी-उड़ी जाये हवा में

M- कमर तेरी लचकी F--~~~~~~~~~

M- बढ़ेगी मुहब्बत...बढ़ेगी मुहब्बत तो होंगे फ़साने
गूजेंगे सभी के लबों पर तराने
खुशियों से रंगी होगी अपनी दुनिया
करेंगे हम अपनी हुये हम सयाने F--~~~

M- ये लब तेरे कोमल.... F......
ये लब तेरे कोमल कि गेसू तेरे बिखरे...
जवानी तेरी निखरी चुनर तेरी...
चुनर तेरी उड़ी-उड़ी जाये हवा में
चुनर तेरी...चुनर तेरी उड़ी-उड़ी जाये हवा में

M- कमर तेरी लचकी F--~~~~~~~~~

M- दिलों को लुभाती...
दिलों को लुभाती हुई शाम आई
कहीं मार डाले न तेरी अँगड़ाई
आ नज़दीक़ मेरे उल्फ़त सिखाऊँ
अरे आग कैसी ये तूने लगाई F--~~~

M- नशीला ये यौवन... F..........
नशीला ये यौवन कि गेसू तेरे बिखरे...
जवानी तेरी निखरी चुनर तेरी...
चुनर तेरी उड़ी-उड़ी जाये हवा में
चुनर तेरी...चुनर तेरी उड़ी-उड़ी जाये हवा में

M- कमर तेरी लचकी F--~~~~~~~~~

करके तुम्हारी तमन्ना हम तो फ़ना
(Base-chura liya hai tumne...)

F- करके तुम्हारी तमन्ना...हम तो फ़ना हो गये
छेड़ा भी हमने यूँही जो...तुम तो ख़फ़ा हो गये
साथिया रे...जाने जां ना
बिन बातों हो गये सौ अफ़साने
करके तुम्हारी तमन्ना...हम तो फ़ना हो गये
छेड़ा भी हमने यूँही जो...तुम तो ख़फ़ा हो गये

सनम तेरी चाहत की हर अदा निराली है
रफ़्ता-रफ़्ता दिल में तूने जगह बना ली है
तड़पती मैं रातों को तेरी वज़ह से ही
दी है मुझे बैचेनी तूने नींद उड़ा ली है
इन लबों पे...नाम तेरा है
दिल की लगी जानम तू क्या जाने
करके तुम्हारी तमन्ना...हम तो फ़ना हो गये
छेड़ा भी हमने यूँही जो...तुम तो ख़फ़ा हो गये

M- दिल 'ओ' जिगर जानेमन अब तेरी अमानत है
छोड़ दिया जग सारा मुझे तेरी जरूरत है
सारी उमर कदमों में तेरे सज़दे करूँगा मैं
जानेजिगर दीवानी मुझे तुझसे मुहब्बत है
धड़कनों में...तू बसी है
बात ये सुनकर लगी क्यों शरमाने
करके तुम्हारी तमन्ना...हम तो फ़ना हो गये
छेड़ा भी हमने यूँही जो...तुम तो ख़फ़ा हो गये
साथिया रे...जाने जां ना
बिन बातों हो गये सौ अफ़साने
करके तुम्हारी तमन्ना...हम तो फ़ना हो गये
छेड़ा भी हमने यूँही जो...तुम तो ख़फ़ा हो गये

करीब अगर आओगे तुम
(Base-Dhal gaya din...)

F- करीब अगर आओगे तुम दिल का राज़ बता देंगे
M- तुमसे हमें मुहब्बत है सीने से लगा लेंगे
F- करीब अगर आओगे तुम दिल का राज़ बता देंगे

M- न भूलूँ लब से तेरा मैं नाम,
लगा ले चाहे जो इल्ज़ाम
न भूलूँ लब से तेरा मैं नाम,लगा ले चाहे जो इल्ज़ाम
F- तुम दीवाने...होंगे अफ़साने
अगर न माने...तुम्हें सजा देंगे
करीब अगर आओगे तुम दिल का राज़ बता देंगे

F- जवानी नाम तेरे लिख दी है
दीवानी तेरी रात-रात तड़पी है
जवानी नाम तेरे लिख दी है दीवानी तेरी रात-रात...
M- रूठी अगर जो...जानेतमन्ना
किसी तरह भी...तुम्हें मना लेंगे
करीब अगर आओगे तुम दिल का राज़ बता देंगे

M- करूँगा इन्तज़ार तेरा जानम
रखूँगा दिल के पास तुझे हमदम
करूँगा इन्तज़ार तेरा जानम रखूँगा दिल के पास...
F- आशिक अलबेला... छैलछबीला
तेरी वफ़ा का...हम सिला देंगे
करीब अगर आओगे तुम दिल का राज़ बता देंगे
M- तुमसे हमें मुहब्बत है सीने से लगा लेंगे

करीब और आओ मेरे जाने जांना
(Base-Mujhe dekhiye mein koi...)

करीब और आओ मेरे जाने जांना
करीब और आओ मेरे जाने जांना
कि देंगे तुम्हें हम ये दिल नजराना
करीब और आओ मेरे जाने जांना
करीब और~~~~~~~~~~~

लगी है जो दिल में बुझाने मैं आयी
छिपे राज़ दिल के बताने मैं आयी
गिले और शिकवे मिटाने मैं आयी
मिटाने मैं आयी...मिटाने मैं आयी
न नज़रें चुराओ मेरे जाने जांना
करीब और आओ मेरे जाने जांना
करीब और~~~~~~~~~~~

अगर दो इज़ाज़त चूमूँ लबों को
कि मैं हूँ तुम्हारी बता दो सभी को
नाचीज़ को अब बाहों में ले लो
बाहों में ले लो...बाहों में ले लो
लिखेंगे तुम्हें हम यूँ ही अफ़साना
करीब और आओ मेरे जाने जांना
करीब और~~~~~~~~~~~

भुलाना भी चाहो भुला न सकोगे
तन्हाई में हम बिन तड़पते रहोगे
हमीं जो न होंगे किस से कहोगे
किस से कहोगे...किस से कहोगे
नहीं चाहते हम दिल को दुःखाना
करीब और आओ मेरे जाने जांना
करीब और~~~~~~~~~~~

क़यामत मुझपे कर वो गयी
(Base-Deewana mujhko log kahen...)

क़यामत मुझपे कर वो गयी
एक लड़की भोली-भाली...एक लड़की भोली-भाली
क़यामत मुझपे कर वो गयी
एक लड़की भोली-भाली...एक लड़की भोली-भाली
क़यामत मुझपे कर वो गयी~~~~~~~~

जल्वे क्या उसकी आँखों में, मिस्री थी उसकी बातों में
लब छलके-छलके पैमाने,खुशब थी उसकी सांसों में
जब लेती थी वो अँगड़ाई मेरी जान पे बन आयी
क़यामत मुझपे कर वो गयी
एक लड़की भोली-भाली...एक लड़की भोली-भाली
क़यामत मुझपे कर वो गयी~~~~~~~~

दिल जाने कब मैं खो बैठा, अफ़साना दिल लिख बैठा
फिर बात बढ़ी हलके-हलके,तन्हाई में दो पल संग बैठा
बाहों में मेरी वो जब आई मदहोश सी ऋतु आयी
क़यामत मुझपे कर वो गयी
एक लड़की भोली-भाली...एक लड़की भोली-भाली
क़यामत मुझपे कर वो गयी~~~~~~~~

इक़रार नहीं वो करती थी,इन्कार से भी डरती थी
था दूजा नहीं कोई दिल में,मुझ पर ही वो मरती थी
जब होने लगी रुसबाई अन्जाम से घबरायी
क़यामत मुझपे कर वो गयी
एक लड़की भोली-भाली...एक लड़की भोली-भाली
क़यामत मुझपे कर वो गयी~~~~~~~~

क़यामत ले के आयी है
(Base-Jara si aahat hoti...)

क़यामत ले के आयी है यूंही बेखुदी में
तेरी वो पहली नज़र...तेरी वो पहली नज़र...
तेरी वो पहली नज़र...
क़यामत ले के आयी है यूंही बेखुदी में
तेरी वो पहली नज़र...तेरी वो पहली नज़र...तेरी...

खोया रहता हूँ....
खोया रहता हूँ उसकी ही तमन्नाओं में
हर समय रहती तस्वीर वो निग़ाहों में
ए-मेरी जानेवफ़ा क्या यही है सिला
तेरी वो पहली नज़र...तेरी वो पहली नज़र...तेरी...

सारी शब मुझको...
सारी शब मुझको आते हैं तेरे सपने क्यों
दिलरूबा मेरी भाते हैं तेरे जल्वे क्यों
बन्दगी में है झुका सिर मेरा ये तो सदा
तेरी वो पहली नज़र...तेरी वो पहली नज़र...तेरी...

याद में तेरी....
याद में तेरी नग़में मैं लिखे जाऊँगा
यूँही बस ऐसे नज़राने दिये जाऊँगा
न मिटेगा ये गुमां न रुकेगी ये जुवां
तेरी वो पहली नज़र...तेरी वो पहली नज़र...तेरी...

क़यामत ले के आयी है यूंही बेखुदी में
तेरी वो पहली नज़र...तेरी वो पहली नज़र...
तेरी वो पहली नज़र...

क़ातिल हैं तेरी अँगड़ाईयाँ
(Base-Aane se uske aaye...)

क़ातिल हैं तेरी अँगड़ाईयाँ
मार ही न डालें तन्हाईयाँ
आशिक़ मैं दीवाना हूँ ...जानेमन तेरा
शायर अलबेला हूँ ...जानेमन तेरा

चाँदनीं सा गोरा हुस्न तेरा है कोई नगीना
इस भरे ज़हां में तेरे जैसी नहीं कोई हसीना
जुल्फें हैं जैसे घटा
बादल मैं आवारा हूँ ...जानेमन तेरा
शायर अलबेला हूँ ...जानेमन तेरा

चाहता है जी ये तेरी नज़रों से नज़रें मिलाऊँ
है रंगीला सावन तुझे बाहों में अपनी झुलाऊँ
कैसी भी ये दूरियाँ
अधूरा अफ़साना हूँ ...जानेमन तेरा
शायर अलबेला हूँ ...जानेमन तेरा

हमसफ़र तू बन जा तेरे कदमों में सज़दे करूँगा
उम्र सारी जानम तुझे पलकों पे अपनी रखूँगा
ख़त्म कभी होगा नहीं
ऐसा मैं तराना हूँ ...जानेमन तेरा
शायर अलबेला हूँ ...जानेमन तेरा

क़ातिल तेरी जवानी
(Base-a dil mujhe bata de...)

क़ातिल तेरी जवानी... क्या मस्त हैं अदायें
कैसे भी चैन आये... मय से भरी निग़ाहें
क़ातिल तेरी जवानी... क्या मस्त हैं अदायें
कैसे भी चैन आये... मय से भरी निग़ाहें

बिखरी तेरी ये ज़ुल्फ़ें... बदरी हो जैसे पगली
निकले गली से जब तू... चलती हो जैसे हिरनी
देखूँ तुझे जब मैं... बढ़ती है मेरी धड़कन
खुशबू बदन की ऐसी... महका हो जैसे चन्दन
हालात ऐसे हैं भी... कैसे न हों ख़तायें
कैसे भी चैन आये... मय से भरी निग़ाहें
क़ातिल तेरी जवानी... क्या मस्त हैं अदायें
कैसे भी चैन आये... मय से भरी निग़ाहें

जो ख़त्म न कभी हो... ऐसा है तू ख़ज़ाना
दिलकश तू रागनी है... मदमस्त है तराना
इस बेक़रार दिल को... थोड़ा क़रार दे दे
इस दिल की दास्तां को... कोई तो नाम दे दे
संगीत में रवानी... तुझे देख देख आये
कैसे भी चैन आये... मय से भरी निग़ाहें
क़ातिल तेरी जवानी... क्या मस्त हैं अदायें
कैसे भी चैन आये... मय से भरी निग़ाहें

इस उजले चाँद को मैं... पलकों में बन्द कर लूँ
गर दे मुझे इज़ाज़त... बाहों में अपनी भर लूँ
मनमीत तू है मेरी... तू ही तो बन्दगी है
सदियों का है ये बंधन... तू ही तो ज़िंदगी है
करता तेरी तमन्ना... हरदम ही ये सदायें
कैसे भी चैन आये... मय से भरी निग़ाहें
क़ातिल तेरी जवानी... क्या मस्त हैं अदायें
कैसे भी चैन आये... मय से भरी निग़ाहें

किस घड़ी याद तेरी आ के
(Base-Aap se pyar hua...)

किस घड़ी याद तेरी आ के तड़पा जाये
दिल ये ग़मगीन मेरा आ के... आ के बहला जाये
किस घड़ी याद तेरी आ के तड़पा जाये
दिल ये ग़मगीन मेरा आ के... आ के बहला जाये
किस घड़ी याद तेरी

जब मचलती है तू फ़िज़ा ने रंग बदले हैं
जब मचलती है तू फ़िज़ा ने रंग बदले हैं
बन संवरती है पत्थर से जिगर पिघले हैं
पत्थर से जिगर पिघले हैं, बिजलियाँ गिरने लगें...
बिजलियाँ गिरने लगें गर जो शरमा जाये
दिल ये ग़मगीन मेरा आ के... आ के बहला जाये
किस घड़ी याद तेरी

जाने क्या सोच तेरा अरमां मैं कर बैठा
जाने क्या सोच तेरा अरमां मैं कर बैठा
बेवजह जानम मैं तुझको जिगर दे बैठा
मैं तुझको जिगर दे बैठा, जां पे बन आये मेरी...
जां पे बन आये मेरी गर कमर बलखाये
दिल ये ग़मगीन मेरा आ के... आ के बहला जाये
किस घड़ी याद तेरी

दिलरूबा मेरे सनम तोड़ना न दिल ये कभी
दिलरूबा मेरे सनम तोड़ना न दिल ये कभी
तू है तक़दीर मेरी कर भी ले मुझपे यकीं
कर भी ले मुझपे यकीं, प्रेम का रोग बुरा...
प्रेम का रोग बुरा रोज ही बढ़ता जाये
दिल ये ग़मगीन मेरा आ के... आ के बहला जाये
किस घड़ी याद तेरी

कितनी ज़ालिम है बाली उमरिया
(Base-Tu Jahan bhi Chalega...)

कितनी ज़ालिम है बाली उमरिया....2
उड़ी जाये है सिर से चुनरिया
ख़्वाब आने लगे रंगरंगीले,ख़्वाब आने लगे रंगरंगीले
हुई जाती मैं कैसी बाबरिया-बाबरिया
कितनी ज़ालिम है बाली उमरिया,उड़ी जाये है........

तमन्ना में बैठे हजारे दिलवाले
है दिल एक किसको करूँ मैं हवाले
तमन्ना में बैठे हजारे दिलवाले
है दिल एक किसको करूँ मैं हवाले
ज़ुल्फ़ बिखरी मेरी... मरने आशिक़ लगे
चाँद सा मुख मेरा...लिखने शायर लगे
ताकें लुक-छिप मुझे आहें भरने लगे
ख़्वाब आने... ख़्वाव आने लगे रंगरंगीले
हुई जाती मैं कैसी बाबरिया-बाबरिया
कितनी ज़ालिम है बाली उमरिया,उड़ी जाये है........

शोलों से ज्यादा गरम ये जवानी
कुँवारों के मन में आये बेईमानी
शोलों से ज्यादा गरम ये जवानी
कुँवारों के मन में आये बेईमानी
कैसे मैं जिऊँ... ज़िन्दगानी बड़ी
दौराहे पर मैं.... आज कैसे खड़ी
हुस्न शबनम मेरा जादू की छड़ी
ख़्वाब आने... ख़्वाव आने लगे रंगरंगीले
हुई जाती मैं कैसी बाबरिया-बाबरिया
कितनी ज़ालिम है बाली उमरिया,उड़ी जाये है........

कुछ न कुछ है खास*
(Base-Chori ho gayi raat...)

F- कुछ न कुछ है खास यार तेरी अंखियों में
कुछ न कुछ है खास यार तेरी अंखियों में
दिल अपना खो बैठी आज तेरी गलियों में
M- कुछ न कुछ है खास यार तेरी अंखियों में
कुछ न कुछ है खास यार तेरी अंखियों में
दिल अपना खो बैठा आज तेरी गलियों में
F- कुछ न कुछ है खास यार तेरी अंखियों में

F- देख तुझे मन... मेरा डोला
चिंगारी एक... बन गई शोला
लेने लगी... मैं अँगड़ाई,
कलियों ने भी...घूँघट खोला
होने लगा चर्चा तेरा-मेरा गलियों में
M- कुछ न कुछ है खास यार तेरी अंखियों में
कुछ न कुछ है खास यार तेरी अंखियों में

M- बालों में गजरा...नैनों में काजल
छम-छम बजती...पैरों की पायल
कानों में झूमे...मदमाती बाली
माथे की बिन्दिया...चमके चम-चम
देखा तुझे हंसते हुए मैंने परियों में
F- कुछ न कुछ है खास यार तेरी अंखियों में
कुछ न कुछ है खास यार तेरी अंखियों में

F- मन को भाया... रूप ये सादा
तू ही है ख़्वाबों का...मेरे शहजादा
अँग लगा ले... जी भर साजन
और न चाहूँ... इस से ज्यादा
आने लगा मज़ा मुझे तेरी बतियों में
M- कुछ न कुछ है खास यार तेरी अंखियों में
कुछ न कुछ है खास यार तेरी अंखियों में

कुछ तो फरमाईए जानेजां

कुछ तो फरमाईए~जानेजां कुछ तो फरमाईए
दिलकश समां ढल जाये न~आकर कोई छल जाये न
बाहों में आ जाईए
कुछ तो फरमाईए~जानेजां कुछ तो फरमाईए
दिलकश समां ढल जाये न~आकर कोई छल जाये न
बाहों में आ जाईए

चुम्मा दे-दे मुझे~गोरे-गोरे गालों का
है तुझसे रिश्ता कोई~दिलबर जन्मों का
दिल की लगी तड़पाये है~काहे को तू घबराये है
तेवर न दिखलाईए
कुछ तो फरमाईए~जानेजां कुछ तो फरमाईए
दिलकश समां ढल जाये न~आकर कोई छल जाये न
बाहों में आ जाईए

तू है जान 'ओ' जिगर~मिला आ मुझसे नज़र
मस्ती में आ डूब जा~नहीं मुझे अपनी ख़बर
अरमां दिल के कर ले पूरे~धरती को देख अंबर झूमे
ऐसे न शरमाईए
कुछ तो फरमाईए~जानेजां कुछ तो फरमाईए
दिलकश समां ढल जाये न~आकर कोई छल जाये न
बाहों में आ जाईए

हर ग़म की तू दवा~कदमों में सज़दे करूँ
बैचेन दिल है मेरा~किससे मैं दिल की कहूँ
ले न डूबे दीवानापन~तेरी ही बस मुझको लगन
मसला क्या बतलाईए
कुछ तो फरमाईए~जानेजां कुछ तो फरमाईए
दिलकश समां ढल जाये न~आकर कोई छल जाये न
बाहों में आ जाईए

कैसी ज़ालिम आग लगाये
(Base-Mera babu Chhail...)

कैसी ज़ालिम आग लगाये मुआं सावन ये
दिनोरात चैन न आये ऐसे मौसम में
होने लगी मैं उसकी दीवानी ऐसे आलम में
कैसी ज़ालिम आग लगाये मुआं सावन ये
दिनोरात चैन न आये ऐसे मौसम में

याद मुझे कोई करता आये बराबर हिचकी...2
जब से उसको है देखा हो गयी मैं तो उसकी
जादू ये कैसा उसने चलाया मेरे तन-मन में
कैसी ज़ालिम आग लगाये मुआं सावन ये
दिनोरात चैन न आये ऐसे मौसम में
होने लगी मैं उसकी दीवानी ऐसे आलम में
कैसी ज़ालिम आग लगाये मुआं सावन ये
दिनोरात चैन न आये ऐसे मौसम में

नींद जो मुझको आये देखूँ मैं उसके ही सपने...2
रंगीन मेरा साँवरिया रंगी मैं उसके ही रंग में
सजने लगी उसके लिये देखूँ दरपन मैं
कैसी ज़ालिम आग लगाये मुआं सावन ये
दिनोरात चैन न आये ऐसे मौसम में
होने लगी मैं उसकी दीवानी ऐसे आलम में
कैसी ज़ालिम आग लगाये मुआं सावन ये
दिनोरात चैन न आये ऐसे मौसम में

प्यार भरा अफ़साना चाहा उसको लिख दूँ...2
कमसिन अपनी जवानी अरपन उसको कर दूँ
तस्वीर मैंने उसकी छिपायी अपनी पलकों में
कैसी ज़ालिम आग लगाये मुआं सावन ये
दिनोरात चैन न आये ऐसे मौसम में
होने लगी मैं उसकी दीवानी ऐसे आलम में
कैसी ज़ालिम आग लगाये मुआं सावन ये
दिनोरात चैन न आये ऐसे मौसम में

कैसी ऋतु ये आई सुहानी

कैसी ऋतु ये आई सुहानी-2
आग लगी है तन-मन में-2
कैसी ऋतु ये आई सुहानी-2
आग लगी है तन-मन में-2

आंखों में कजरा बालों में गजरा
आंखों में कजरा बालों में गजरा
यौवन महका कानों में झुमका
ख़ुद ही को मैं....ख़ुद ही को मैं पहचान न पाऊँ
जब-जब देखूँ मैं दरपन में-2
कैसी ऋतु ये आई सुहानी,आग लगी है तन-मन में

बाली उमरिया अठरह की हो ली
बाली उमरिया अठरह की हो ली
किस संग खेलूँ मैं प्रेम की होली
जाकर किसको...जाकर किसको दुःखड़ा सुनाऊँ
फूल खिले मेरे आँगन में-2
कैसी ऋतु ये आई सुहानी,आग लगी है तन-मन में

मनवा चंचल ले हिचकोले
मनवा चंचल ले हिचकोले
कलियों ने घूँघट बगिया में खोले
दिल मैं अपना...दिल मैं अपना कैसे बहलाऊँ
नाचे राधिका मधुबन में-2
कैसी ऋतु ये आई सुहानी,आग लगी है तन-मन में

कैसी ये उल्फ़त सनम
(Base-Masti bhara hai Sama...)

M- कैसी ये उल्फ़त सनम,किया कोई वादा नहीं
अँखियाँ लड़ी हैं जानम तुझसे बैचेन रहने लगा
F- कैसी ये उल्फ़त सनम,किया कोई वादा नहीं
अँखियाँ लड़ी हैं जानम तुझसे बैचेन रहने लगी
M+F- कैसी ये उल्फ़त सनम~~~~~~~~~~

F- दिल का ये अफ़साना, तुमको आज सुनाना है
जानेजां दीवानों का,दुश्मन ये ज़माना है
M- की है तुझसे मुहब्बत जब,कैसे तुझको भुलाऊँगा
रूठ अगर तू जायेगी,तुझको मैं मनाऊँगा
जनम-जनम तक तेरा रहूँगा
दिल मेरा कहने लगा
F- कैसी ये उल्फ़त सनम,किया कोई वादा नहीं
अँखियाँ लड़ी हैं जानम तुझसे
बैचेन रहने लगी
M+F- कैसी ये उल्फ़त सनम~~~~~~~~~~

M- बिन तेरे ए-जानेमन,हरसू ही तन्हाई है
दिल में आग लगाने को,काफी तेरी अँगड़ाई है
F- वक़्त की इस धारा में,क्यों न हम बह जायें भी
कब तलक ये दूरियाँ,क्यों न एक हो जायें भी
बिरहा ही हमदम अग्नि में मैं
दिन-रात जलने लगी
M- कैसी ये उल्फ़त सनम,किया कोई वादा नहीं
अँखियाँ लड़ी हैं जानम तुझसे बैचेन रहने लगा
M+F- कैसी ये उल्फ़त सनम~~~~~~~~~~

कैसे भी भूल जाऊँ
(Base-Jahan aaj hum mile...)

कैसे भी भूल जाऊँ...जानम मैं तेरी यादें
कैसे भी भूल जाऊँ...जानम मैं तेरी यादें
तन्हाई में किये थे...मुझसे वो कसमें-वादे
कैसे भी भूल जाऊँ~~~~~~~~~~~

नयनों में मेरी बन्द हैं...तेरे बेशुमार जल्वे
गलियों में गूँजते हैं...अभी भी हमारे चरचे
शब कैसे-कैसे गुजरी...तेरा इन्तज़ार करके
कैसे भी मैं सुनाऊँ...जानम वे तेरी बातें
तन्हाई में किये थे...मुझसे वो कसमें-वादे
कैसे भी भूल जाऊँ~~~~~~~~~~~

बलखा के तेरा चलना... मदहोश वो अदायें
बाहों में बाहें डाले... मदमस्त वो फ़िज़ायें
राहों में करने लगता... मनमोर ये ख़तायें
कैसे भी मैं गिनाऊँ... जानम मुलाक़ातें
तन्हाई में किये थे...मुझसे वो कसमें-वादे
कैसे भी भूल जाऊँ~~~~~~~~~~~

अब भी मौजूद है... सीने में तेरी धड़कन
लबों का चूमना वो... पलकों का तेरी चुम्बन
सज-धज के तेरा आना... महका हो जैसे चन्दन
तन-मन भिगो देती... जानम वे बरसातें
तन्हाई में किये थे...मुझसे वो कसमें-वादे
कैसे भी भूल जाऊँ~~~~~~~~~~~

कैसे मैं संभलूं रहा दिल मचल
(Base-Humse to achhi teri...)

M- कैसे मैं संभलूं रहा दिल मचल
(संग मेरे जानम तन्हाई में चल)~~~2

F- हमदम तू झूठा आवारा बादल
(जाने दे मुझको मिलूँगी मैं कल)~~~2

M- कैसे मैं संभलूं रहा दिल मचल
(संग मेरे जानम तन्हाई में चल)~~~2

F- जाने न प्यार तू बिल्कुल अनाड़ी
जाने न प्यार तू बिल्कुल अनाड़ी
नादां तू अभी नहीं खिलाड़ी

M- हुई भी क्या मुझसे ख़ता पास इधर आये न
जानेजिगर बाली उमर यूँही ढल जाये न

F- नैना मयख़ाना अधर हैं कमल
(जाने दे मुझको मिलूँगी मैं कल)~~~2

M- कैसे मैं संभलूं रहा दिल मचल
(संग मेरे जानम तन्हाई में चल)~~~2

M- शोलों सी तेरी मस्त जवानी
शोलों सी तेरी मस्त जवानी
आग है तू गर मैं हूँ पानी

F- उम्र भर साथ देगा खा ये कसम बार-बार
बीच डगर छोड़ेगा न तेरा क्या है ऐतबार

M- वादा तो कर दूँ गया दिन है ढल
(संग मेरे जानम तन्हाई में चल)~~~2

F- हमदम तू झूठा आवारा बादल
(जाने दे मुझको मिलूँगी मैं कल)~~~2

कोई क्या करेगा भी तुझसे

M- कोई क्या करेगा भी तुझसे जितना मैं प्यार करता हूँ
मुद्दत हुई है मेरे हमदम तेरा इंतज़ार करता हूँ
F- कोई क्या करेगा भी तुझसे जितना मैं प्यार करती हूँ
मुद्दत हुई है मेरे हमदम तेरा इंतज़ार करती हूँ

M- बाहों में खुल के आ मेरी ए-जानेमन दीवानी
दुनिया को हम भुलाकर करें शुरू नयी कहानी
F- जुल्फ़ों की शाम तेरी अधरों के जाम तेरे
यौवन का हर नज़ारा लिखा है नाम अब तेरे
M- कोई क्या करेगा भी तुझसे जितना मैं प्यार करता हूँ
मुद्दत हुई है मेरे हमदम तेरा इंतज़ार करता हूँ

F- मुझको दीवाना करते ठण्डी हवा के झोंके
रह गई मैं लम्हा-लम्हा हूँ बेक़रार हो के
M- भीगा-भीगा समां ये तुझको बुला रहा है
दिन-रात ही मिलन के दिल नग़में गा रहा है
F- कोई क्या करेगा भी तुझसे जितना मैं प्यार करती हूँ
मुद्दत हुई है मेरे हमदम तेरा इंतज़ार करती हूँ

M- तेरे हुस्न का ये जादू मुझ पर चला कुछ ऐसा
क्यों दूर भागती तू मुझसे गिला है कैसा
F- पलकों में बन्द तू है तेरे गीत मेरा जीवन
अँखियों में तेरे जलवे लब पे तेरी है सरगम
M- कोई क्या करेगा भी तुझसे जितना मैं प्यार करता हूँ
मुद्दत हुई है मेरे हमदम तेरा इंतज़ार करता हूँ
M+F- कोई क्या करेगा भी तुझसे जितना मैं...

ख़्वाब तो तुझको भी हर रोज
(Base-Justju jiski thi...)

ख़्वाब तो तुमको भी हर रोज आते होंगे
ख़्वाब तो तुझको भी हर रोज आते होंगे
नग़में ये प्यार भरे लब रोज गाते होंगे
ख़्वाब तो तुमको भी..........

मैंने अफ़साने लिखे ग़म तेरा भुलाने को
मैंने अफ़साने लिखे ग़म तेरा भुलाने को
गलियों-गलियों भटका सिलसिले बढ़ाने को
राज़ वो दिल में सभी संजो रखे होंगे
नग़में ये प्यार भरे लब रोज गाते होंगे
ख़्वाब तो तुमको भी..........

कैसा उलझा हूँ अभी मैं तेरी अदालत में
कैसा उलझा हूँ अभी मैं तेरी अदालत में
बना इन्सां से क़ाफ़िर तेरी ही बदौलत मैं
कर्ज़ ये और अभी कितने चुकाने होंगे
नग़में ये प्यार भरे लब रोज गाते होंगे
ख़्वाब तो तुमको भी..........

हुई धक-धक दिल में तन-बदन डोल गया
हुई धक-धक दिल में तन-बदन डोल गया
आया एक झोंका हवा मुझे झकझोर गया
पिछले जनमों के भी तुझसे नाते होंगे
नग़में ये प्यार भरे लब रोज गाते होंगे
ख़्वाब तो तुमको भी..........

ख़्वाबों में तुम ही तुम
(Base-Dil beqarar sa hai...)

ख़्वाबों में तुम ही तुम... नग़मों में तुम ही तुम
जानेजिगर क्या लिखें
ख़्वाबों में तुम ही तुम... नग़मों में तुम ही तुम
जानेजिगर क्या लिखें
ख़्वाबों में तुम ही तुम............

कितनी हंसी तुम सनम...अब न गिराओ बिजलियाँ
कब तक हैं ये फ़ासले... नज़दीक़ आओ मेहरबां
कमसिन तुम्हारी ये अदायें...दिल पे क़ाबू क्या रखें
ख़्वाबों में तुम ही तुम... नग़मों में तुम ही तुम
जानेजिगर क्या लिखें
ख़्वाबों में तुम ही तुम............

हमदम तुमसा चाहिए...जानम हमको हर जनम
कैसे कटेंगे अब ये दिन...कर दो न हमपे कुछ करम
लिख दो भी अपना तुम ठिकाना...ये बता दो कब मिलें
ख़्वाबों में तुम ही तुम... नग़मों में तुम ही तुम
जानेजिगर क्या लिखें
ख़्वाबों में तुम ही तुम............

टूटें कभी न सिलसिले... करना खुशी से तुम गिले
दो दिल एक हो गये... दीये अँधेरों में जले
सपना ये देखा जानेजांना...फिर दोबारा न बुझें
ख़्वाबों में तुम ही तुम... नग़मों में तुम ही तुम
जानेजिगर क्या लिखें
ख़्वाबों में तुम ही तुम............

ख़ुदा कसम है जो एक दिल
(Base-woh jindgi jo thi...)

ख़ुदा कसम है जो एक दिल, तेरी अमानत है
ख़ुदा कसम है जो एक दिल, तेरी अमानत है
मिलन के साथ जुदाई...यही हक़ीक़त है
ख़ुदा कसम है जो एक दिल, तेरी अमानत है

चुरा के तुम तो चले गये, मिला के मुझसे नज़र
दबी-दबी रही हसरत, हुआ ये मुझपे असर
मेरे सनम है जो ये ग़म, तेरी बदौलत है
मेरे सनम है जो ये ग़म, तेरी बदौलत है
ख़ुदा कसम है जो एक दिल, तेरी अमानत है

क़रार करना नहीं था, किया था प्यार ही क्यों
कहाँ से आयी ये हिचकी, किया है याद भी क्यों
मेरा हमदम हुआ संगदिल, हुई क़यामत है
मेरा हमदम हुआ संगदिल, हुई क़यामत है
ख़ुदा कसम है जो एक दिल, तेरी अमानत है

भुलायी जा न सकेंगी, जो बातें तुम संग हुई
गुजारी मिल के जो हमने, वो रातें दुश्मन हुई
नहीं भी हल मुझे अब तक, तेरी जो आदत है
नहीं भी हल मुझे अब तक, तेरी जो आदत है
ख़ुदा कसम है जो एक दिल, तेरी अमानत है

नये भी रंग सजेंगे, न अब फ़साने में
भरेंगे जख़्म कभी न, दिये ज़माने ने
गली से तेरी गुजरना, नयी मुसीबत है
गली से तेरी गुजरना, नयी मुसीबत है
ख़ुदा कसम है जो एक दिल, तेरी अमानत है

लब पे तेरा फ़साना
(Base-Dil beqarar sa hai)

लब पे तेरा फ़साना दिल है ये आशिक़ाना
जानेजिगर दिलरूबा
जितना मैं पास आऊँ उतना तू दूर जाये
जानेजिगर दिलरूबा~लब पे तेरा फ़साना~~~~

तू मुस्कुराये गुल खिले~खुशबू से नहाया है बदन
सूरत को तेरी देख-देख~झूम-झूम जाता मेरा मन
तू ही तो है मेरी ज़िंदगानी सच्ची मेरी है अलग
लब पे तेरा फ़साना दिल है ये आशिक़ाना
जानेजिगर दिलरूबा
जितना मैं पास आऊँ उतना तू दूर जाये
जानेजिगर दिलरूबा~लब पे तेरा फ़साना~~~~

चलने दे अब ये सिलसिला~मिल के न हों हम जुदा
करना न अब ये दिल्लगी~हो जाऊँगा मैं गमज़दा
तुझसे हंसी है ये सफ़र नादां तू है रे पतंग
लब पे तेरा फ़साना दिल है ये आशिक़ाना
जानेजिगर दिलरूबा
जितना मैं पास आऊँ उतना तू दूर जाये
जानेजिगर दिलरूबा~लब पे तेरा फ़साना~~~~

गिराती है क्यों बिजलियाँ~दीवाना हुआ मैं जानेजां
जगह दिल में दे तू मुझे~बेगाना नहीं मैं जानेजां
दिल तोड़ न तू इस तरह मुझपे तेरा ही है रंग
लब पे तेरा फ़साना दिल है ये आशिक़ाना
जानेजिगर दिलरूबा
जितना मैं पास आऊँ उतना तू दूर जाये
जानेजिगर दिलरूबा~लब पे तेरा फ़साना~~~~

लबों के पास वो फिर भी...
(Base-Mile na phool to...)

लबों के पास वो फिर भी दिल मिले न थे
लबों के पास वो फिर भी दिल मिले न थे
हुआ था ऐसा भी क्या...
हुआ था ऐसा भी क्या क्यों भी वो पशेमां थे
लबों के पास वो फिर भी दिल मिले न थे

बाहों के साये फिर भी उदासियाँ कैसी
मचलती शाम दिल में बैचेनियाँ कैसी
थिरके साथ में वो ...
थिरके साथ में वो फिर भी बन्द खुले न थे
लबों के पास वो फिर भी दिल मिले न थे

सहम से वो गये एक हवा के झोंके से
दबा था दर्देजिगर धड़कनों में रोते से
खुली उनकी जुवां...
खुली उनकी जुवां फिर भी सुर मिले न थे
लबों के पास वो फिर भी दिल मिले न थे

क़रार हमसे किया और किसी के हो बैठे
जो पाया उम्र गंवा लम्हों में वो खो बैठे
हुये जो मेरे नहीं...
हुये जो मेरे नहीं उनके भी हुये न थे
लबों के पास वो फिर भी दिल मिले न थे

सजाये बैठे महफ़िल को जिनकी ख़िदमत में
करूँ गिला क्या लिखे नहीं हैं किस्मत में
कि खुश थे पहले...
कि खुश थे पहले उनसे जब मिले न थे
लबों के पास वो फिर भी दिल मिले न थे

लड़की मैं एक शोला
(Base-A dil mujhe bata de...)

लड़की मैं एक शोला...मदहोश है जवानी
बाहों में आ उठा ले... शुरू कर कोई कहानी
लड़की मैं एक शोला...मदहोश है जवानी
बाहों में आ उठा ले... शुरू कर कोई कहानी

गेसू मेरे हैं बिखरे...हैं होंठ ये गुलाबी
देखे मुझे जो भी... हो जाये वो शराबी
मुखड़ा है मेरा गोरा... हूँ हुस्न की मल्लिका
नज़दीक आ दीवाने... मुझमें है क्या खराबी
नयनों से कर दूँ जादू... मय हूँ बड़ी पुरानी
बाहों में आ उठा ले... शुरू कर कोई कहानी
लड़की मैं एक शोला...मदहोश है जवानी
बाहों में आ उठा ले...शुरू कर कोई कहानी

तन पे नहीं है काबू... मनवा मचल रहा है
बस्ती में मेरी आकर... तू क्यों बदल रहा है
देखे हजारों छोरे... हुई तुझसे है मुहब्बत
मस्ती में आ खो जा... तू क्यों बहक रहा है
हिरनी हूँ मैं तो जंगली... नस-नस में है रवानी
बाहों में आ उठा ले... शुरू कर कोई कहानी
लड़की मैं एक शोला...मदहोश है जवानी
बाहों में आ उठा ले...शुरू कर कोई कहानी

तेरे वास्ते सजकर... मैंने लगाई बिन्दिया
बाली उमर आयी... सटने लगी अंगिया
छलका मेरा यौवन... बनने लगा फ़साना
रंगीन ऋतु आई... उड़ने लगी निन्दिया
परदेसी चलते-चलते... दे जा मुझे निशानी
बाहों में आ उठा ले... शुरू कर कोई कहानी
लड़की मैं एक शोला...मदहोश है जवानी
बाहों में आ उठा ले...शुरू कर कोई कहानी

लड़की कैसी प्यार न जाने
(Base-Humdam Mere Maan..)

लड़की कैसी...प्यार न जाने...करती है नादानियाँ
बात-बात पर...शरमा जाये... करती है बेईमानियाँ
लड़की कैसी...प्यार न जाने...करती है नादानियाँ
बात-बात पर...शरमा जाये... करती है बेईमानियाँ

कितने मैंने लिख दिये उसको अफ़साने
मिलने को हर बार वो करती बहाने
कितने मैंने लिख दिये उसको अफ़साने
मिलने को हर बार वो करती बहाने
कि शिकवा क्या करूँ...वो मेरी आरज़ू
लगेंगी कितनी सदियाँ और...अभी उसको मनाने में
लड़की कैसी...प्यार न जाने...करती है नादानियाँ
बात-बात पर...शरमा जाये... करती है बेईमानियाँ

मार ही डाले न मुझे क़ातिल अँगड़ाई
सहमे-सहमे दिल में वो जाने कब आई
मार ही डाले न मुझे क़ातिल अँगड़ाई
सहमे-सहमे दिल में वो जाने कब आई
मिलन कैसे भी हो... बड़ी मग़रूर वो
कहीं यूँही न मर जाऊँ लगी दिल की बुझाने में
लड़की कैसी...प्यार न जाने...करती है नादानियाँ
बात-बात पर...शरमा जाये... करती है बेईमानियाँ

हिरनी जैसी चाल 'ओ' चंचल अदायें
अन्जाने में हो न जायें दिलकश ख़तायें
हिरनी जैसी चाल 'ओ' चंचल अदायें
अन्जाने में हो न जायें दिलकश ख़तायें
मुहब्बत उससे है... बताऊँ कैसे ये
बड़ी है बड़बोली वो लगा अब हूँ घबराने मैं
लड़की कैसी...प्यार न जाने...करती है नादानियाँ
बात-बात पर...शरमा जाये... करती है बेईमानियाँ

लाख कर ले कोशिशें
(Base-Kashmir ki kali hun...)

लाख कर ले कोशिशें मुझको न ढूँढ़ पायेगा
तन्हाई में आहें भरेगा करता है मुझसे क्या दिल्लगी
लाख कर ले कोशिशें मुझको न ढूँढ़ पायेगा
तन्हाई में आहें भरेगा करता है मुझसे क्या दिल्लगी

ना कर मुझसे उल्फ़त तू लड़की मैं पराई हूँ
मतवाला हुस्न मैं ये जन्नत से लाई हूँ
बेताबी न इतनी कर दिल पे अपने काबू रख
दीवाने ओ दिलवाले निग़ाहें न मुझपे रख
लाख कर ले कोशिशें मुझको न ढूँढ़ पायेगा
तन्हाई में आहें भरेगा करता है मुझसे क्या दिल्लगी

दिल मैं तुझे ये न दूँगी ऐसी तुझे सजा दूँगी
रखेगा तू याद सदा शोलों पर चलवा दूँगी
फ़र्क़ भी देख कितना है तुझमें मुझमें बातों का
मैं आसाम की छोरी हूँ तू छोरा उत्तरांचल का
लाख कर ले कोशिशें मुझको न ढूँढ़ पायेगा
तन्हाई में आहें भरेगा करता है मुझसे क्या दिल्लगी

जिस्म मेरा है शबनम महके ऐसे हो चन्दन
मय है मेरी आँखों में बोल जैसे हो सरगम
जब-जब लूँ मैं अंगड़ाई आलम सारा झूम उठे
मन में छूटें फुलझड़ियाँ दिल में ऐसी हूक उठे
लाख कर ले कोशिशें मुझको न ढूँढ़ पायेगा
तन्हाई में आहें भरेगा करता है मुझसे क्या दिल्लगी

लाखों ही हैं मुश्किलें
(Base-Chota sa fasana hai...)

F- लाखों ही हैं मुश्किलें...(ज़िंदगी की राह में)...2
लाखों ही हैं मुश्किलें...(ज़िंदगी की राह में)...2
क्यों न फिर प्यार कर..(मर किसी की याद में)..2
M- लाखों ही हैं मुश्किलें...(ज़िंदगी की राह में)...2
क्यों न फिर प्यार कर..(मर किसी की याद में)..2
F+M- लाखों ही हैं मुश्किलें..(ज़िंदगी की राह में)..2

M- है प्यार से ही जानेजां, खुशगवार ज़िंदगी
F- है डर-डर के जीना क्या, इम्तिहान ज़िंदगी
M- है प्यार से ही जानेजां, खुशगवार ज़िंदगी
F- है डर-डर के जीना क्या, इम्तिहान ज़िंदगी
M- सिर कभी ये झुके...(न किसी के सामने)...2
F+M- लाखों ही हैं मुश्किलें..(ज़िंदगी की राह में)..2

F- सोचता क्या सनम क्यों खड़ा मजबूर है
एक मेरा ये फैसला क्या तुझे मन्जूर है
सोचता क्या सनम क्यों खड़ा मजबूर है
एक मेरा ये फैसला क्या तुझे मन्जूर है
M- जां भी ये लुटाऊँगा...(मैं तो तेरी चाह में)...2
F+M- लाखों ही हैं मुश्किलें..(ज़िंदगी की राह में)..2

M- सह लूँगा हंसते-हंसते जो भी ग़म दे मुझे
जानेजां दूँगा मैं खुशियों के रंग तुझे
सह लूँगा हंसते-हंसते जो भी ग़म दे मुझे
जानेजां दूँगा मैं खुशियों के रंग तुझे
F- आयें कितने जलजले...(न छोड़ूंगी साथ मैं)...2
F+M- लाखों ही हैं मुश्किलें..(ज़िंदगी की राह में)..2

लिख मैं तुझे न पाऊँ
(Base-A dil mujhe bata de...)

लिख मैं तुझे न पाऊँ उल्फ़त का ये फ़साना
लिख मैं तुझे न पाऊँ उल्फ़त का ये फ़साना
सीने में तेरी धड़कन जाने है ये ज़माना
लिख मैं तुझे न पाऊँ उल्फ़त का ये फ़साना

आँखों में ख़्वाब तेरे होंठों पे तेरे नग़मे
पलकों में बन्द तू है सांसों में तेरी किरणें
समझा जिसे न कोई है राग ये पुराना
लिख मैं तुझे न पाऊँ उल्फ़त का ये फ़साना
सीने में तेरी धड़कन जाने है ये ज़माना
लिख मैं तुझे न पाऊँ उल्फ़त का ये फ़साना

तेरी शायरी को पढ़कर मैंने शामों को सजाया
तस्वीर सामने रख मैंने रस्मों को निभाया
तुझसा न दूजा कोई तुझको ही रब है माना
लिख मैं तुझे न पाऊँ उल्फ़त का ये फ़साना
सीने में तेरी धड़कन जाने है ये ज़माना
लिख मैं तुझे न पाऊँ उल्फ़त का ये फ़साना

कैसा अजीब नाता दिल बेक़रार कब से
जानेबहार दिलबर तेरा इन्तज़ार कब से
क्या खूब है बनाया तूने मुझे निशाना
लिख मैं तुझे न पाऊँ उल्फ़त का ये फ़साना
सीने में तेरी धड़कन जाने है ये ज़माना
लिख मैं तुझे न पाऊँ उल्फ़त का ये फ़साना

दिन-रात बंदिशों से घुटने लगा है दम अब
तुझसे जुदा होकर डसने लगा है ग़म अब
कहीं जान ही न ले-ले हरदम का ये वीराना
लिख मैं तुझे न पाऊँ उल्फ़त का ये फ़साना
सीने में तेरी धड़कन जाने है ये ज़माना
लिख मैं तुझे न पाऊँ उल्फ़त का ये फ़साना

लिखना मुश्किल है

लिखना मुश्किल है इस ग़म का फ़साना
लिखना मुश्किल है इस ग़म का फ़साना
उजड़ी महफ़िल संगदिल है ज़माना
लिखना मुश्किल है~~~~~~~~~~

दर्द है भी ये ऐसा कि जाता नहीं
चन्द लम्हों में भूलूँ वो नाता नहीं
कर न पाये तुम अब तक इशारा नहीं
कहना मुश्किल है इस जिद का बताना
उजड़ी महफ़िल संगदिल है ज़माना
लिखना मुश्किल है~~~~~~~~~~

हसरतें अपने दिल की गिनाऊँ किसे
उलझनों की ये लड़ियाँ दिखाऊँ किसे
राज-ए-उल्फ़त के लम्हें बताऊँ किसे
खोयी मन्जिल है उजड़ा आशियाना
उजड़ी महफ़िल संगदिल है ज़माना
लिखना मुश्किल है~~~~~~~~~~

बुझ सकेगी कभी न ये दिल की लगी
हर कदम पे है दुश्मन तेरी दिल्लगी
जीने देती नहीं अब मुझे बेबसी
नज़रें क़ातिल हैं मैं उसका दीवाना
उजड़ी महफ़िल संगदिल है ज़माना
लिखना मुश्किल है~~~~~~~~~~

सारी बस्ती में रुसवा मैं हो गया
चन्द लम्हों में क्या से क्या हो गया
प्यार करना ही जग में गुनाह हो गया
गैरमुमकिन है हमदम को भुलाना
उजड़ी महफ़िल संगदिल है ज़माना
लिखना मुश्किल है~~~~~~~~~~

लिखा है मैंने फ़साना तुझे मुहब्बत का
(Base-Tumhara chahne wala...)

लिखा है मैंने फ़साना तुझे मुहब्बत का
ये दर्द-ए-दिल ए-सनम तू मुझे और भी दे
लिखा है मैंने फ़साना तुझे मुहब्बत का

ये बात जानम जान ले जानम तू भी अच्छी तरह
क़रार तुझसे है मेरा सदा-सदा के लिये
कि कर ले कोशिशें यूँ लाख भूल जाने की
यह राज़ सबसे छिपा है सदा-सदा के लिये
सिला तू दे या न दे भी मुझे इनायत का
ये दर्द-ए-दिल ए-सनम तू मुझे और भी दे
लिखा है मैंने फ़साना तुझे मुहब्बत का

करीब आने को तड़पें हजारों दीवाने
तू किसका है नसीब ये तो तू ही जाने
तुझे मैं दूँगा सभी मस्तियाँ ज़माने की
दीवाना चाहे तुझे क्यों न तू ये माने
गाया है मैंने तराना तेरी हर हालत का
ये दर्द-ए-दिल ए-सनम तू मुझे और भी दे
लिखा है मैंने फ़साना तुझे मुहब्बत का

अजीब दास्तां ये प्यार की दिलक़श है
जवां है दोनों तरफ कैसी भी ये उल्फ़त है
क़रार दे के मुझे बेक़रार कर गये तुम
हुआ जो हस्र ये सब तेरी ही बदौलत है
जिया है मैंने जमाना कभी शरारत का
ये दर्द-ए-दिल ए-सनम तू मुझे और भी दे
लिखा है मैंने फ़साना तुझे मुहब्बत का

लिखा है तुझे मैंने ये ख़त
(Base-kya kya na sahe humne...)

M- लिखा है तुझे मैंने ये ख़त दिल की कलम से~2
मर्जी है तेरी जानेजिगर समझे न समझे~~~~2
F- कहना है कुछ मैंने भी तो अपने सनम से~~~2
मंजिल है तू ही जानेजिगर समझे न समझे~~2

M- मैं कैसे सुनाऊँ तुझे ग़म का फ़साना
मैं कैसे सुनाऊँ तुझे ग़म का फ़साना
इन प्यार की राहों में दुश्मन है ज़माना
इन्तज़ार तेरा मैंने किया कितने जनम से
F- मंजिल है तू ही जानेजिगर समझे न समझे

F- तुझ जैसा जवां कोई और ज़माने में नहीं है
तुझ जैसा जवां कोई और ज़माने में नहीं है
बतलाऊँ तुझे कैसे मुझे तुझपे यकीं है
आबाद है मेरा ये चमन तेरे करम से
M- मर्जी है तेरी जानेजिगर समझे न समझे

M- गर तू जो कहे सिर मैं सज़दों में झुका दूँ
गर तू जो कहे सिर मैं सज़दों में झुका दूँ
नज़दीक जो आये इस दिल में बसा लूँ
अब कैसी हया कैसी शर्म अपने बलम से
F- मंजिल है तू ही जानेजिगर समझे न समझे

लिखूँ फ़ुरसत में ख़त तुझे
191(Base-Meri payaliya geet tere...)

लिखूँ फ़ुरसत में ख़त तुझे मैं यार
लिखूँ फ़ुरसत में ख़त तुझे मैं यार
जागूँ रातों में जाने न मेरा प्यार
लिखूँ फ़ुरसत में ख़त तुझे मैं यार
जागूँ रातों में जाने न मेरा प्यार... लिखूँ फ़ुरसत में...

आयेंगे कब साजन इधर-उधर मैं देखूँ
चैन आये दिल को गर एक नज़र मैं देखूँ
बैठी हूँ कब से पलकें बिछाये
न ही संदेशा न आये कोई तार
लिखूँ फ़ुरसत में ख़त तुझे मैं यार
जागूँ रातों में जाने न मेरा प्यार... लिखूँ फ़ुरसत में...

जीने न देगी मुझे ज़ालिम तन्हाई
कहते हैं लोग मेरी क़ातिल अँगड़ाई
जानू न क्या है, दिल की लगी मैं
करता है मुझको क्यों बेक़रार
लिखूँ फ़ुरसत में ख़त तुझे मैं यार
जागूँ रातों में जाने न मेरा प्यार... लिखूँ फ़ुरसत में...

बड़ा तड़पायें मुझे काली-काली रतियाँ
जियरा को चैन नहीं दुःखें मेरी अँखियाँ
कैसा बेदर्दी है तू दीवाना
मिलने को करता बहाने हज़ार
लिखूँ फ़ुरसत में ख़त तुझे मैं यार
जागूँ रातों में जाने न मेरा प्यार... लिखूँ फ़ुरसत में...

लिखूँगा तुझे अफ़साने
(Base-Kahdo Kahdo Jahan se...)

M- लिखूँगा तुझे अफ़साने यूँही दिन-रात सनम...2
हुई है जब मुहब्बत तुझसे रहूँगा कैसे दूर सनम
F- लिखूँगी तुझे अफ़साने यूँही दिन-रात सनम
हुई है जब मुहब्बत तुझसे रहूँगी कैसे दूर सनम
M+F- लिखूँगा/गी तुझे अफ़साने यूँही दिन-रात...

F- दिल की लगी है ये बढ़ती ही जाये
सिर से चुनरिया उड़ी-उड़ी जाये
रातों को आते हैं तेरे ही तो ख़्वाब
मुझको सताये तू सारी-सारी रात
तुझे देखा लगी शरमाने हुई क्या है बात सनम...2
हुई है जब मुहब्बत तुझसे रहूँगी कैसे दूर सनम
M+F- लिखूँगा/गी तुझे अफ़साने यूँही दिन-रात...

M- खींचती है मुझको प्रीत की ये डोर
मैं हूँ तेरा दिलबर तू मेरी चितचोर
छोड़ इस ज़हां को तू पास मेरे आ
दिल को चुराकर तू चली है कहाँ
गुजरे हैं कई ज़माने हुई मुलाकात सनम...2
हुई है जब मुहब्बत तुझसे रहूँगा कैसे दूर सनम
M+F- लिखूँगा/गी तुझे अफ़साने यूँही दिन-रात...

F- ले ये ज़िंदगानी लिखी तेरे नाम
जो भी कुछ होगा इसका अन्जाम
चैन नहीं तुझ बिन ए-मेरे दिलदार
कर भी ले मुझसे सदा को ये क़रार
करता है तू मुझसे बहाने यूँही हर बार सनम...2
हुई है जब मुहब्बत तुझसे रहूँगी कैसे दूर सनम
M+F- लिखूँगा/गी तुझे अफ़साने यूँही दिन-रात...

लोफर है... है दीवाना
(Base-Sun Champa sun Tara...)

F- लोफर है... है दीवाना, इसको कोई समझाना
मुझे बिना ही बातों के करता है तंग
बुद्धू... जोकर ये लड़का मलंग
लोफर है... है दीवाना, इसको कोई समझाना
मुझे बिना ही बातों के करता है तंग
बुद्धू...जोकर ये लड़का मलंग,लोफर है-है दीवाना

लड़की मैं शहर की अलबेली
शबनम 'ओ' राधा सहेली....२
सावन भादो...मेरे नैना
सावन भादो... मेरे नैना,लिखती मैं अफ़साना
लोफर है... है दीवाना, इसको कोई समझाना
मुझे बिना ही बातों के करता है तंग
बुद्धू...जोकर ये लड़का मलंग,लोफर है-है दीवाना

M- करती मदहोश तेरी पायल
क़ातिल अँगड़ाई करे घायल...२
लोफर हूँ... हूँ दीवाना,
लोफर हूँ... हूँ दीवाना इसको कोई समझाना
लोफर हूँ... हूँ दीवाना
F- इसको कोई समझाना
M- मुझे बिना ही बातों के करती ये तंग
भागे इधर-उधर उड़ती पतंग F--लोफर है... है दीवाना

F- मतलब तू प्यार का न जाने
करता बेकार के बहाने....२
M- मैं गलियों का हूँ बंजारा...मैं गलियों का हूँ बंजारा
इतना है अफ़साना,लोफर हूँ... हूँ दीवाना
F- इसको कोई समझाना
M- मुझे बिना ही बातों के करती ये तंग
भागे इधर-उधर उड़ती पतंग F--लोफर है... है दीवाना...

महकी-महकी शाम चली पुरबाई

महकी-महकी शाम चली पुरबाई
साजन नहीं आये... साजन नहीं आये
महकी-महकी शाम चली पुरबाई
साजन नहीं आये... साजन नहीं आये

वो बेरहम वो बेवफ़ा~वो बेरहम वो बेवफ़ा
दे गया मुझको ये सजा
रब भी अब सुनता नहीं~दूजा कोई जंचता नहीं
न जाने की क्या मैंने ख़ता
महकी-महकी शाम चली पुरबाई
साजन नहीं आये... साजन नहीं आये

दे के गया दर्द-ए-जिगर~दे के गया दर्द-ए-जिगर
उसको नहीं इसकी ख़बर
कैसी उसकी दिल्लगी~जां पे मेरी आ पड़ी
होता नहीं क्यों उसपे असर
महकी-महकी शाम चली पुरबाई
साजन नहीं आये... साजन नहीं आये

आता नहीं ख़त का जबाब~आता नहीं ख़त का जबाब
पढ़ूं मैं क्या यह किताब
तन्हाई...आहें भरूँ~धड़के दिल अब क्या करूँ
लेता नहीं वो क्यों मेरा इम्तिहां
महकी-महकी शाम चली पुरबाई
साजन नहीं आये... साजन नहीं आये

मजा है जो तेरी अँगड़ाई में
(Base-ye wada karo chand...)

M- मजा है जो तेरी अँगड़ाई में..मजा है जो तेरी अँगड़ाई में
लगे न जियरवा तन्हाई में
F- न इतना खुश हो मुझे देख के,न इतना खुश हो मुझे देख के
जा...तेरी नहीं .. हूँ पराई मैं
M- मजा है जो तेरी अँगड़ाई में

M- रेशम का कुर्ता गठीला बदन,कुछ ख़ास तेरे चलने का ढंग
रेशम का कुर्ता गठीला बदन,कुछ ख़ास तेरे चलने का ढंग
F- क्या भी तू जाने कटी मैं पतंग
क्या भी तू जाने कटी मैं पतंग
तू है बाज़ीगर परदेसिया,तू है बाज़ीगर परदेसिया
जा तेरी नहीं परछाईं मैं M-मजा है जो तेरी अँगड़ाई में

M- नज़ाक़त पे तेरी मैं मर गया,जो करना नहीं था वो कर गया
नज़ाक़त पे तेरी मैं मर गया,जो करना नहीं था वो कर गया
F- बनूँगी कभी न मैं तेरी दुल्हन
बनूँगी कभी न मैं तेरी दुल्हन
तन्हाई पा छेड़ेगा मुझे...तन्हाई पा छेड़ेगा मुझे
ये होगी ख़बर कि लुट आई मैं
M- मजा है जो तेरी अँगड़ाई में लगे न जियरवा तन्हाई में
F- न इतना खुश हो मुझे देख के
जा..तेरी नहीं..हूँ पराई मैं

मरते दम तक हद से ज्यादा

M- मरते दम तक हद से ज्यादा... हद से ज्यादा
प्यार तुझे मैं दूँगा...प्यार तुझे मैं दूँगा
F- जगवालों ने पूछ लिया गर...पूछ लिया गर
नाम तेरा मैं लूँगी...नाम तेरा मैं लूँगी
M- मरते दम तक हद से ज्यादा... हद से ज्यादा
M- प्यार तुझे मैं दूँगा... F--नाम तेरा मैं लूँगी

M- जानेजिगर तुझे बाहों में ले लूँ
होने भी दे रुसवाई...होने भी दे रुसवाई
F- तेरे बिना मुझे
शब भर नींद न आई...शब भर नींद न आई
M- देख तुझे...देख तुझे मन मेरा डोला जानेजां ना..
F- साथ तेरा मैं दूँगी
जगवालों ने पूछ लिया गर...पूछ लिया गर
नाम तेरा मैं लूँगी...नाम तेरा मैं लूँगी

F- रात 'ओ' दिन तुझको ही चाहूँ
बन्द तू है पलकों में...बन्द तू है पलकों में
M- छोड़ूंगा न दिलबर तेरा
साथ सभी जन्मों में...साथ सभी जन्मों में
F- तेरे बिना जब डर लागेगा घबराऊँगी
M- मरते दम तक हद से ज्यादा... हद से ज्यादा
प्यार तुझे मैं दूँगा...प्यार तुझे मैं दूँगा
F- जगवालों ने पूछ लिया गर...पूछ लिया गर
नाम तेरा मैं लूँगी...नाम तेरा मैं लूँगी

माने न माने मैं हूँ दीवाना
(Base-Pani re pani tera rang...)

M- माने न माने...माने न माने मैं हूँ दीवाना
माने न माने मैं हूँ दीवाना
F- उल्फ़त है क्या ये समझाना
M- माने न माने मैं हूँ दीवाना
F- उल्फ़त है क्या ये समझाना
M- माने न माने.... F-माने न माने

M- लेकर आया तेरे लिये मैं दिल का ये नज़राना
सागर से मोती मैं लाया देख मेरी दिलजाना
F- तेरे लिये सजा रखी है मैंने ये फुलवारी
उतरे से न उतरेगी अब कैसी ये ख़ुमारी
M- लिखता तुझे मैं रोज़ अफ़साना
F- माने न माने मैं हूँ दीवानी
M- उल्फ़त है क्या ये समझाना F-माने न माने...

M- बाहों में तू बाहें डाले मौसम हो मनभावन
सांसों की सरगम तू छेड़े झूम उठे ये तन-मन
F- तन भी डोले मन भी डोले जब मैं लूँ अँगड़ाई
गोरे बदन में आग लगाती अलबेली ऋतु आई
M- अंग-अंग में तेरे है जादू चेहरा तेरा गुलाब
माने न माने मैं हूँ दीवाना
F- उल्फ़त है क्या ये समझाना
M- माने न माने मैं हूँ दीवाना F-माने न माने...

M- जानेजां संसार की हर शय है तेरे नाम
जानेजां संसार की हर शय है तेरे नाम
सब कुछ मेरा तू ही तू है तू सुबह तू शाम
F- मान गयी मैं तू दिलवाला है मेरा गुलफ़ाम
M- माने न माने मैं हूँ दीवाना
मुश्किल है यारों अब कह पाना
M- माने न माने... F-माने न माने...

मिलते हैं मगर वो मिलते नहीं
(Base-Aaya hai mujhe fir...)

मिलते हैं मगर वो मिलते नहीं कल थे मेरे दीवाने
वो भूल गये सारी ही बातें लिखते थे जो अफ़साने
मिलते हैं मगर वो मिलते नहीं~~~~~~

तुम खोल के रखते थे खिड़की
राहों में नज़रें थी बिछती
मालूम नहीं कब शाम ढली
हमें देख के दुनिया थी जलती
हँसते हैं मगर वो हंसते नहीं...
हँसते हैं मगर वो हंसते नहीं,मिल के पिये कभी पैमाने
मिलते हैं मगर वो मिलते नहीं~~~~~~

तन्हाई में मिलने को आते,चुपचाप मेरी तुम बाहों में
चंद लम्हों में टकराते लब,खो जाते मेरी तुम सांसों में
शिकवा है मगर क्यों शिकवा नहीं...
शिकवा है मगर क्यों शिकवा नहीं क्योंकर हुए बेगाने
मिलते हैं मगर वो मिलते नहीं~~~~~~

बेदर्द ज़माना क्या जाने,जकड़ा हमें जंजीरों में
दीवानों को दो जुदा किया,मारा हमें शमशीरों नें
ज़िंदा हैं मगर क्यों ज़िंदा नहीं...
ज़िंदा हैं मगर क्यों ज़िंदा नहीं
अन्जाम इसका रब जाने
मिलते हैं मगर वो मिलते नहीं~~~~~~

मिलेंगे न हम-तुम संसार में
(Base-Tere Sang pyar mein...)

F- मिलेंगे न हम-तुम संसार में
मिलेंगे न हम-तुम संसार में...
सारी उम्र गुजरेगी इन्तज़ार में
M- लिखूँगा मैं नग़में तेरी याद में

M- बस गई है तू धड़कन में इस तरह
चाह कर भी जुदा कर न पाऊँ
बस गई है तू धड़कन में इस तरह चाह कर भी~~
तुझे सज़दे करूँगा बनाकर मैं बुत
चाहकर भी तुझे भूल न पाऊँ-तुझे भूल न पाऊँ
डूबे भले क़श्ती मझधार में लिखूँगा मैं नग़में तेरी...
मिलेंगे न हम-तुम संसार में F--मिलेंगे न हम-तुम...

M- है अनोखा ये बन्धन मेरे सनम
लाख कोशिश से भी न ये टूटे
है अनोखा ये बन्धन मेरे सनम लाख कोशिश से~~
रूठ जाये ज़माना भले ही तो क्या
जानेजां ना न तू मुझसे रूठे-न तू मुझसे रूठे
छपेगी ख़बर ये अखबार में लिखूँगा मैं नग़में तेरी...
मिलेंगे न हम-तुम संसार में F--मिलेंगे न हम-तुम...

M- रह जायेंगे चिनकर दीवारों में हम
ढूंढ़ेगा ज़हां ये निशानियाँ
रह जायेंगे चिनकर दीवारों में हम ढूंढ़ेगा ज़हां ये...
ख़त्म कितनी भी कर लें पहचान को
पर मिटेंगी न अपनी कहानियाँ,न अपनी कहानियाँ
रह भी तू उस पार इस पार मैं लिखूँगा मैं नग़में...
मिलेंगे न हम-तुम संसार में F--मिलेंगे न हम-तुम...
F+M- सारी उम्र गुजरेगी इन्तज़ार में

मुहब्बत है तुझे मुझसे
(Base-Tujhe dekha tujhe chaha...)

M- मुहब्बत है तुझे मुझसे ये मैं कैसे जानूं
पर कैसे ऐतबार ये हो ए-दिलरूबा
मुहब्बत है तुझे मुझसे ये मैं कैसे जानूं
पर कैसे ऐतबार ये हो ए-दिलरूबा

मंजिल-ए-मक़सूद है तू... तू ही जीने की वज़ह
बन गयी तक़दीर मेरी... तू ही दिल की है सदा
दिन हुए मेरे बन्जारे...रातें हुई बैरन मेरी
तुझको न देखूँ अगर तो...ग़मजदा आँखें मेरी
मुहब्बत है तुझे मुझसे ये मैं कैसे जानूं
पर कैसे ऐतबार ये हो ए-दिलरूबा
F- मुहब्बत है तुझे मुझसे ये मैं कैसे जानूं
पर कैसे ऐतबार ये हो ए-दिलरूबा

दिल की हर धड़कन पे मेरी...लिखा है तेरा ही नाम
तुझसे ही सुबह है मेरी...तुझसे ही मेरी शाम
राहों में पलकें बिछाये...कब से जानम मैं खड़ी
हर जगह तेरी ही खुशबू ...जुड़ती यादों की लड़ी
मुहब्बत है तुझे मुझसे ये मैं कैसे जानूं
पर कैसे ऐतबार ये हो ए-दिलरूबा
M- मुहब्बत है तुझे मुझसे ये मैं कैसे जानूं
पर कैसे ऐतबार ये हो ए-दिलरूबा

मुहब्बत है तुमसे जिगर में
(Base-Tumhen pa ke humne...)

मुहब्बत है तुमसे जिगर में तुम्हीं हो
मुहब्बत है तुमसे जिगर में तुम्हीं हो
मेरे हमसफ़र हर सफ़र में तुम्हीं हो
मुहब्बत है तुमसे जिगर में तुम्हीं हो
मुहब्बत है तुमसे~~~~~~~~~~~~

रहेंगे अमर ये हमारे फ़साने
कि गायेंगे हम-तुम मिल के तराने
उठेगी नज़र हर नज़र में तुम्हीं हो
मुहब्बत है तुमसे जिगर में तुम्हीं हो
मेरे हमसफ़र हर सफ़र में तुम्हीं हो
मुहब्बत है तुमसे जिगर में तुम्हीं हो
मुहब्बत है तुमसे~~~~~~~~~~~~

M- गिले बेसबब जानेजां अब न होंगे
गिले बेसबब जानेजां अब न होंगे
यूँही बेवज़ह फ़ासले अब न होंगे
यूँही बेवज़ह फ़ासले अब न होंगे
जो चाही रब से दुनिया तुम्हीं हो
मुहब्बत है तुमसे जिगर में तुम्हीं हो
मेरे हमसफ़र हर सफ़र गें तुम्हीं हो
मुहब्बत है तुमसे जिगर में तुम्हीं हो
मुहब्बत है तुमसे~~~~~~~~~~~~

F- कदम लड़खड़ायें न अब बेख़ुदी में
M- न छोड़ेंगे दामन हम अब बेबसी में
(F+M)- इधर भी तुम्हीं तुम उधर भी तुम्हीं हो
मुहब्बत है तुमसे जिगर में तुम्हीं हो
मेरे हमसफ़र हर सफ़र में तुम्हीं हो
मुहब्बत है तुमसे जिगर में तुम्हीं हो
मुहब्बत है तुमसे~~~~~~~~~

मुहब्बत के लम्हें हैं दुनिया में कम
(Base-Jab koi tumhara hridya...)

मुहब्बत के लम्हें हैं दुनिया में कम
इसी बात का बस मुझको है ग़म
मुहब्बत है जिसकी तक़दीर में
उसे याद करता है सारा ज़माना ए-मेरे सनम
मुहब्बत के लम्हें हैं दुनिया में कम
इसी बात का बस मुझको है ग़म

मिलना किसी का इत्तिफ़ाक़ है
मिल के जुदाई भी इत्तिफ़ाक़ है
फ़साना है पल भर का ए-मेरे दोस्त
मिल जायें रूहें दो इत्तिफ़ाक़ है
बंधा हर कोई है जन्जीर में
कि ढाये सितम एक तस्वीर ने
मुहब्बत है जिसकी तक़दीर में
उसे याद करता है सारा ज़माना ए-मेरे सनम
मुहब्बत के लम्हें हैं दुनिया में कम
इसी बात का बस मुझको है ग़म

खिलौना ये दिल है टूटेगा जब
नयनों से अश्रु भी छलकेंगे तव
समझता है जिसको तू हमसफ़र
मौसम की तरह ये बदलें भी कब
तड़पना पड़ेगा तन्हाई में
नहीं आयेगा कोई सुनवाई में
मुहब्बत है जिसकी तक़दीर में
उसे याद करता है सारा ज़माना ए-मेरे सनम
मुहब्बत के लम्हें हैं दुनिया में कम
इसी बात का बस मुझको है ग़म

मुझे हो गयी मुहब्बत आपसे

मुझे हो गयी मुहब्बत आपसे
मुझे हो गयी मुहब्बत आपसे
राज-ए-दिल कुछ कहना आपसे
दिल मेरा बड़ा नाज़ुक है नाज़ुक संभलता नहीं
दिल मेरा बड़ा नाज़ुक है नाज़ुक संभलता नहीं
मुझे हो गयी मुहब्बत आपसे
राज-ए-दिल कुछ कहना आपसे
दिल मेरा बड़ा नाज़ुक है नाज़ुक संभलता नहीं

उम्र नादां है कमसिन जवानी
तेरे कदमों में है ज़िंदगानी
उम्र नादां है कमसिन जवानी,तेरे कदमों में है ~~~
उड़ती हैं फ़िज़ाओं में तितलियाँ
हर अदा से गिराऊँ मैं बिजलियाँ
दिल मेरा बड़ा नाज़ुक है नाज़ुक संभलता नहीं
मुझे हो गयी मुहब्बत आपसे
राज-ए-दिल कुछ कहना आपसे
दिल मेरा बड़ा नाज़ुक है नाज़ुक संभलता नहीं

कोयलिया कू-कू कूके पड़े सावन में पेड़ों पर झूले
चुनरिया लहराये लगे गलियों में रंग-रंग के मेले
दिल चुरा ले गया मेरा परदेसिया
आज बस में नहीं है रे मेरा जिया
दिल मेरा बड़ा नाज़ुक है नाज़ुक संभलता नहीं
मुझे हो गयी मुहब्बत आपसे
राज-ए-दिल कुछ कहना आपसे
दिल मेरा बड़ा नाज़ुक है नाज़ुक संभलता नहीं

मुझे प्यार सनम तेरा चाहिए
(Base-Chali chali re patang...)

M- मुझे प्यार सनम तेरा चाहिए
मुझे प्यार सनम तेरा चाहिए
सच्चा गर है नहीं झूठा-झूठा ही सही
इक़रार सनम तेरा चाहिए मुझे प्यार सनम तेरा चाहिए

ये भी जान ले ए-मेरी रानी,चन्द दिन की है ये जवानी
F- हर बात को तेरी मैं मानूँ,पर करने न दूँगी मनमानी
गोरा-गोरा ये बदन, तू तो छोरा है मलंग
ऐतबार सनम तेरा चाहिए
मुझे प्यार सनम तेरा चाहिए,मुझे प्यार सनम तेरा...
F&M- सच्चा गर है नहीं झूठा-झूठा ही सही
इक़रार सनम तेरा चाहिए...मुझे प्यार सनम तेरा...

तू तो आशिक़ है रंगीला, मनमौजी और जोशीला
M- ओ चाँद से मुखड़े वाली,अंग-अंग है तेरा नशीला
बाली-बाली है उमर, लचके पतली कमर
दीदार सनम तेरा चाहिए
मुझे प्यार सनम तेरा चाहिए,मुझे प्यार सनम तेरा...
F&M- सच्चा गर है नहीं झूठा-झूठा ही सही
इक़रार सनम तेरा चाहिए...मुझे प्यार सनम तेरा...

F- अच्छा चल मैंने माना,दूंगी तुझे दिल नज़राना
गालों का चुंबन ले-ले,कहीं और भटक मत जाना
M- ऐसी शर्तें न रख दीवानी तेरा प्यार
बेहिसाब सनम मुझे चाहिए
F&M- मुझे प्यार सनम तेरा चाहिए,मुझे प्यार...
सच्चा गर है नहीं झूठा-झूठा ही सही
इक़रार सनम तेरा चाहिए...मुझे प्यार सनम तेरा...

मुझे याद आने वाले
(Base-Jo guzar rahi hai...)

मुझे याद आने वाले कोई पैग़ाम दे भी
मुझे याद आने वाले कोई पैग़ाम दे भी
उल्फ़त का मेरी मुझको कोई ईनाम दे भी
उल्फ़त का मेरी मुझको कोई ईनाम दे भी
मुझे याद आने वाले कोई पैग़ाम दे भी

बरबादी का मैं अपनी इल्ज़ाम तुझको दूँगा
वादों पे तेरे अब मैं ऐतबार न करूंगा
इस ग़म की दास्तां को कोई तो नाम दे भी
उल्फ़त का मेरी मुझको कोई ईनाम दे भी
मुझे याद आने वाले कोई पैग़ाम दे भी

उजड़े इस आशियां में अब है नहीं गुजारा
टूटा हूँ इस तरह से मिलता नहीं किनारा
मेरा दिल दुःखाने वाले न इम्तिहान ले भी
उल्फ़त का मेरी मुझको कोई ईनाम दे भी
मुझे याद आने वाले कोई पैग़ाम दे भी

जाने क्यों ढूँढती हैं तुझे मेरी ये निग़ाहें
तन्हा में याद आयें मुझे तेरी वो अदायें
मुझे मय पिलाने वाले फिर से वो जाम दे भी
उल्फ़त का मेरी मुझको कोई ईनाम दे भी
मुझे याद आने वाले कोई पैग़ाम दे भी

मुलाक़ात की वो घड़ी फिर न आयी
(Base-Mujhe pyar ki zindgi...)

मुलाक़ात की वो घड़ी फिर न आयी
मुलाक़ात की वो घड़ी फिर न आयी
मुझे चाहती जो परी फिर न आयी
मुलाक़ात की वो घड़ी फिर न आयी

उसी से शुरू ये सफ़र आशिक़ी का
उसी पर ख़त्म हो सफ़र ज़िंदगी का
तमन्ना के रिश्ते जुड़े न जुड़े हों
उसी पर टिका है सफ़र हर खुशी का
न ही वो मिली फिर न ही परछाईं
मुलाक़ात की वो घड़ी फिर न आयी
मुझे चाहती जो परी फिर न आयी
मुलाक़ात की वो घड़ी फिर न आयी

जहां तक चले थे वो साथ मेरे
वहीं पर कदम अभी भी रुके हैं
न ही कोई मंजिल न ही है किनारा
बहुत चल चुका कि पाँव थके हैं
जज़्बातों की इन्तहा फिर न आयी
मुलाक़ात की वो घड़ी फिर न आयी
मुझे चाहती जो परी फिर न आयी
मुलाक़ात की वो घड़ी फिर न आयी

जो चलते थे कल तक मेरे हमसफ़र बन
नहीं वो हैं मिलते बदलने लगे रंग
न ही दूजा कोई अब ज़िन्दगी में
नहीं गुल खिलते उजड़ा गुलशन
बरसात की वो झड़ी फिर न आयी
मुलाक़ात की वो घड़ी फिर न आयी
मुझे चाहती जो परी फिर न आयी
मुलाक़ात की वो घड़ी फिर न आयी

मुश्किल है तुझको भूलना
(Base-Milte hi aankhen...)

M- मुश्किल है तुझको भूलना करूँ तेरा इन्तज़ार
F- मुश्किल है तुझको भूलना करूँ तेरा इन्तज़ार
M- कम होगी न ये दिल लगी दिल मेरा बेक़रार
F- कम होगी न ये दिल लगी दिल मेरा

M- उजड़ी है ये दुनिया मेरी (मारा हूँ ग़म का)-२
F- लिखा नहीं जाता अब (अफ़साना दिल का)-२
M- पल-पल ही तेरा रूठना करूँ कैसे ऐतबार
F- पल-पल ही तेरा रूठना करूँ कैसे ऐतबार
M- कम होगी न ये दिल लगी दिल मेरा बेक़रार
F- मुश्किल है तुझको भूलना करूँ तेरा इन्तज़ार

M- पिजड़े में है क़ैद पंछी (तड़पे अकेला)-२
F- बेदर्दी ये जग ही सारा (लगता झमेला)-२
M- मुमकिन है दिल टूटना अब जीना है बेकार
F- मुमकिन है दिल टूटना अब जीना है बेकार
M- कम होगी न ये दिल लगी दिल मेरा बेक़रार
F- मुश्किल है तुझको भूलना करूँ तेरा इन्तज़ार

M- लगता है पतझड़ जैसा (सावन का मौसम)-२
F- करता है क्यों भी तुझसे (मिलने को ये मन)-२
M- गलियों में संग-संग घूमना कैसा था चमत्कार
F- गलियों में संग-संग घूमना कैसा था चमत्कार
M- कम होगी न ये दिल लगी दिल मेरा बेक़रार
F- मुश्किल है तुझको भूलना करूँ तेरा इन्तज़ार

मेरी दिलरूबा दीवानी
(Base-Mujhe kitna pyar hai tumse...)

M- मेरी दिलरूबा दीवानी, इक़रार मुझसे तू कर ले
इंतज़ार कब तलक है, बेकरार दिल न कर ये
F- मेरे दिलरूबा दीवाने, इक़रार मुझसे तू कर ले
इंतज़ार कब तलक है, बेकरार दिल न कर ये

M- उल्फ़त ये मेरी मुझको, बरबाद कर न डाले
मजनूं बना के मुझको, तेरी नज़रों से न गिरा दे
F- जहाँ भी तू चलेगा, तेरे साथ ही चलूँगी
कहीं भी सही करा ले, तुझको दगा न दूँगी
M- मेरी दिलरूबा दीवानी, इक़रार मुझसे तू कर ले
इंतज़ार कब तलक है, बेकरार दिल न कर ये

M- रखे संभाले कब से, मैंने जुल्फ़ों के ये साये
दिये तोहफ़े जो भी तूने, मैंने दिल से हैं लगाये
F- तू ही इब्तिदा है मेरी, तू ही सांसों की धड़कन
तू ही ज़िंदगी है मेरी, तू ही सुरमई है सरगम
F- मेरे दिलरूबा दीवाने, इक़रार मुझसे तू कर ले
इंतज़ार कब तलक है, बेकरार दिल न कर ये

M- गुजरेंगे प्यार में हम, हर एक इम्तिहाँ से
ये क़ायदे-तरीके, बदलेंगे इस जहाँ के
F- इतना तो जानेजांना, तुझ पर मुझे यकीं है
जन्मों साथ तू देगा, ये कहती दिल लगी है
M- मेरी दिलरूबा दीवानी, इक़रार मुझसे तू कर ले
इंतज़ार कब तलक है, बेकरार दिल न कर ये

मेरी जानेजां जानेमन याद करेगी
(Base-Tujhe Jeevan ki dor se...)

M- मेरी जानेजां जानेमन याद करेगी...याद करेगी
ऐसा अफ़साना मैं...लिख जाऊँगा
F- मुझे जानेजां उम्र भर याद करेगा..याद करेगा
तेरी धड़कन में मैं... बस जाऊँगी
M- मेरी जानेजां जानेमन याद करेगी...याद करेगी
ऐसा अफ़साना मैं...लिख जाऊँगा

M- तीर नज़रों के जब से ये चलने लगे...
दिल के अरमां हद से गुजरने लगे~~~2
जुल्फ़ बिखरी तेरी तो घटा बन गयी~~~2
ऐसे नज़राने मैं... दिये जाऊँगा
F- मुझे जानेजां उम्र भर याद करेगा..याद करेगा
तेरी धड़कन में मैं...बस जाऊँगी

F- जिस्म तेरा ये जानम है जां भी तेरी...
कितने जन्मों से मैं हूँ अमानत तेरी~~~2
मुझे अपना बना ले सदा के लिये~~~2
तेरी नस-नस में मैं... समा जाऊँगी
M- मेरी जानेजां जानेमन याद करेगी...याद करेगी
ऐसा अफ़साना मैं...लिख जाऊँगा

M- मैं दीवाना बना हूँ मैं शायर सनम...
कब तू देगी सिला मुझे इसका सनम~~~2
मुझ पर कब करेगी मेहरबानियाँ~~~2
जो न सोचा है वो... कर जाऊँगा
F- मुझे जानेजां उम्र भर याद करेगा..याद करेगा
तेरी धड़कन में मैं... बस जाऊँगी

मेरी मस्त नज़र तू न पहचाने
(Base-Jara dekh Sanam...)

मेरी मस्त नज़र तू न पहचाने,तू है कौन गली का बन्जारा
मेरी मस्त नज़र तू न पहचाने,तू है कौन गली का बन्जारा
तेरी राह में पलकें बिछाये मै हूँ,करे हमरी बातें जग सारा
मेरी मस्त नज़र तू न पहचाने,तू है कौन गली का बन्जारा

ऋतु आयी है घिर के सावन की,आग लगी है तन-मन में
मन झूम उठा तेरी आहट सुन
तस्वीर तेरी बसी चितवन में,तस्वीर तेरी बसी चितवन में
तुझे ढूँढूँ कहाँ लगी घबराने,तुझ पर अपना मैंने सब वारा
मेरी मस्त नज़र तू न पहचाने,तू है कौन गली का बन्जारा

तू क्यों है हुआ बेदर्दी,आ पूरी कर अपनी मरजी
मैं गर्दिश में भी जी लूँगी,
न बन भी तू ख़ुदगर्जी,न बन भी तू ख़ुदगर्जी
पिलाऊँगी लब से मैं पैमाने,बहने दे खुशियों की धारा
मेरी मस्त नज़र तू न पहचाने,तू है कौन गली का बन्जारा

सांसों में मेरी तेरी सरगम,आग़ाज़ है तू और तू परचम
सजती और संवरती तेरे लिये
संसार मेरा तू है प्रियतम,संसार मेरा तू है प्रियतम
तुझे रोज लिखूँ मैं अफ़साने,नयनों में कजरा है डारा
मेरी मस्त नज़र तू न पहचाने,तू है कौन गली का बन्जारा
तेरी राह में पलकें बिछाये मै हूँ,करे हमरी बातें जग सारा

मेरे तलबगार हैं न ऐसे जायेंगे
(Base-Kiya Hai jo pyar to...)

M- तेरे तलबगार हैं न ऐसे जायेंगे
इम्तिहां जो ले, हम देकर जायेगे...हम देकर जायेगे
F- तेरे तलबगार हैं न ऐसे जायेंगे
इम्तिहां जो ले, हम देकर जायेगे...हम देकर जायेंगे

F- मैं हूँ अभी कमसिन उमर है बाली
चढ़ती जवानी बनेंगे अफ़साने
M- हुई तू सयानी पता नहीं तुझको
उड़ी है चुनारिया छेड़ेंगे दीवाने
F- तेरी झूठी बातों में न हम आयेंगे
इम्तिहां जो ले, हम देकर जायेगे...हम देकर जायेंगे

M- मय को बरसाते नैना कजरारे
कैसा है जादू ये दिल बेकाबू
F- नशीला यौवन है अँग-अँग महका
रुख़ से जो चिलमन जरा भी उठा दूँ
M- मय कितनी पिला दे पिये जायेंगे
इम्तिहां जो ले, हम देकर जायेगे...हम देकर जायेंगे

F- चैन मेरे दिल का क़रार मेरा लेगा
दीवाने दिल न कभी तुझे दूँगी
M- ऋतु अलबेली है भीगा-भीगा मौसम
दीवानी उल्फ़त ईनाम तुझे दूँगा
F- चलते हैं आज कल फिर आयेंगे
इम्तिहां जो ले, हम देकर जायेगे...हम देकर जायेंगे
M&F- तेरे तलबगार हैं न ऐसे जायेंगे
इम्तिहां जो ले, हम देकर जायेगे...हम देकर जायेगे

मैं अलबेली... मैं अलबेली
(Base-Hey Abdullah Nagin...)

मैं अलबेली,मैं अलबेली,कमसिन-कमसिन हूँ कुड़ी
छत के ऊपर मैं खड़ी... सूझी है आवारगी
मैं अलबेली,मैं अलबेली,कमसिन-कमसिन हूँ कुड़ी
छत के ऊपर मैं खड़ी... सूझी है आवारगी

गोरा मेरा मुखड़ा~बिखरे मेरे गेसू
चन्दन मेरी काया~नयना करें जादू
कर मुझपे आ शायरी~जिस्म में मस्तियाँ भरी
चीज मैं हूँ काम की ... ...
मैं अलबेली,मैं अलबेली,कमसिन-कमसिन हूँ कुड़ी
छत के ऊपर मैं खड़ी... सूझी है आवारगी

शमा मैं दीवानी~चंचल हैं अदायें
निकलूँ मैं जिधर से~महकी हैं फ़िज़ायें
गुल मुझको देख के खिले~मिलने को क़ाफ़िले चले
राधा मैं हूँ श्याम की ... ...
मैं अलबेली,मैं अलबेली,कमसिन-कमसिन हूँ कुड़ी
छत के ऊपर मैं खड़ी... सूझी है आवारगी

यौवन मेरा शबनम~क़ातिल अंगड़ाई
खनके मेरी पायल~सावन ऋतु आई
किस पर मैं हो जाऊँ फ़िदा~कैसे मैं यह दूँ बता
थोड़ी हूँ बदनाम सी ... ...
मैं अलबेली,मैं अलबेली,कमसिन-कमसिन हूँ कुड़ी
छत के ऊपर मैं खड़ी... सूझी है आवारगी

मैं अलबेली नार उमरिया कमसिन

F- मैं अलबेली नार~उमरिया कमसिन हूँ नादान
नयनों में है जादू
M- दिल मेरा बैचेन~कटे न तुझ बिन अब ये रैन
रात भर मैं जागूँ

M- आशिक़ मैं हूँ तेरा~शीशे सा जिगर मेरा
कुछ एहसान कर
F- दीवाना तू सरफिरा~लगता है चुलबुला
न ये अरमान कर
M- आयें तेरे ख़्वाब~ख़्वाबों में तू मेरी हमराज
रात भर मैं जागूँ
F- मैं अलबेली नार~उमरिया कमसिन हूँ नादान
नयनों में है जादू

F- नाम मेरा चाँदनीं~हुस्न की मैं कली
छुई-मुई है बदन
M- पहली बरसात में~अरे धुल जायेगा
चार दिन का है ये रंग
F- जा रे जा गुस्ताख़~पहले बात मेरी मान
नयनों का है जादू
M- दिल मेरा बैचेन~कटे न तुझ बिन अब ये रैन
रात भर मैं जागूँ

M- फ़साना ये प्यार का~बड़ा मशहूर है
सुन मेरी जाने जां
F- दुल्हन ले बना~सदा-सदा के लिये
चुन मुझे जाने जां
M- हरदम दूँगा साथ~चाहे दिन हो या फिर रात
रात भर मैं जागूँ
F- मैं अलबेली नार~उमरिया कमसिन हूँ नादान
नयनों में है जादू

मैं ग़म सभी भुलाकर

मैं ग़म सभी भुलाकर बड़े शान से चलता हूँ
खुले आसमां के नीचे संसार से मिलता हूँ
मैं ग़म सभी भुलाकर~~~~~~~~~~~

शहर भर में हैं ये चर्चे दीवानें वो नहीं डरते
जो जिद वे ठान लेते हैं उसे फिर पूरा ही करते
रब की बड़ी है नेमत भगवान से डरता हूँ
मैं ग़म सभी भुलाकर बड़े शान से चलता हूँ
खुले आसमां के नीचे संसार से मिलता हूँ
मैं ग़म सभी भुलाकर~~~~~~~~~~~

मुहब्बत चीज है ऐसी कभी पाना कभी खोना
मिला जो वो मुकद्दर नहीं पाया तो क्या रोना
नग़में मैं गुनगुनाकर गलियों से गुजरता हूँ
मैं ग़म सभी भुलाकर बड़े शान से चलता हूँ
खुले आसमां के नीचे संसार से मिलता हूँ
मैं ग़म सभी भुलाकर~~~~~~~~~~~

संजोये मैंने जो सपने वो बाजी जीतनी ही है
लगे हैं दाँव पर मोहरे खुशी वो लूटनी ही है
अब और करीब आकर दिलदार से मिलता हूँ
मैं ग़म सभी भुलाकर बड़े शान से चलता हूँ
खुले आसमां के नीचे संसार से मिलता हूँ
मैं ग़म सभी भुलाकर~~~~~~~~~~~

न यूँ मजबूर कर मुझको तमन्ना तेरी कर बैठा
कि लूटा चैन जिसने है उसी पर मैं मर बैठा
रस्में सभी निभाकर इतिहास ये लिखता हूँ
मैं ग़म सभी भुलाकर बड़े शान से चलता हूँ
खुले आसमां के नीचे संसार से मिलता हूँ
मैं ग़म सभी भुलाकर~~~~~~~~~~~

मैं जिसपे छिड़कता जानोजिगर
(Base-Unki pahli nazar kya...)

मैं जिसपे छिड़कता जानोजिगर
देखते-देखते बेवफ़ा हो गयी
मैं जिसपे छिड़कता जानोजिगर देखते-देखते~~~
अफ़साने लिखे जिसे रातोदिन देखते-देखते~~~
मैं जिसपे छिड़कता जानोजिगर देखते-देखते~~~
अफ़साने लिखे जिसे रातोदिन देखते-देखते~~~
मैं जिसपे छिड़कता जानोजिगर~~~~~~~~~

इम्तिहानों में उसके मैं लुटता रहा,
क्यों उसको पैग़ाम मैं लिखता रहा~~~2
चैन दिल का मेरे वो कब ले गयी~~~2
क्यों उसको मैं अपना समझता रहा
मैं जिसको समझा था हमसफर देखते-देखते~~~
अफ़साने लिखे जिसे रातोदिन देखते-देखते~~~
मैं जिसपे छिड़कता जानोजिगर~~~~~~~~~

वो सांसों में मेरी समा सी गयी,
मेरी पलकों में बन्द होती गयी~~~2
देख उसको मचलता था मन मेरा~~~2
मेरी दुनिया में वो जज़्ब हो सी गयी
प्यार माँगा मिला है मीठा ज़हर देखते-देखते~~~
अफ़साने लिखे जिसे रातोदिन देखते-देखते~~~
मैं जिसपे छिड़कता जानोजिगर~~~~~~~~~

उसकी चाहत में मौसम बहलते रहे,
पैमाने लबों के छलकते रहे~~~2
आ बाहों में मेरी वो शरमायी थी~~~2
अरमान दिल के पिघलते रहे
बाहों में उसके ही होती सहर देखते-देखते~~~
अफ़साने लिखे जिसे रातोदिन देखते-देखते~~~
मैं जिसपे छिड़कता जानोजिगर~~~~~~~~~

मैं तेरी मुहब्बत में जानम
(Base- zulfon ko hata le...)

मैं तेरी मुहब्बत में जानम ख़ुद को ही फ़ना कर लूँगा
मैं तेरी मुहब्बत में जानम ख़ुद को ही फ़ना कर लूँगा
लिखूँगा तुझे मैं अफ़साने इतनी तो ख़ता कर लूँगा
मैं तेरी मुहब्बत में जानम~~~~~~~~~~~

मिली जब तुझसे नज़र~हुआ कुछ ऐसा असर
मिल गये दिल से दिल~हुई ज़हां को ये ख़बर
मिली जब तुझसे नज़र~हुआ कुछ ऐसा असर
मिल गये दिल से दिल~हुई ज़हां को ये ख़बर
तेरे रुख़सार पे में लिखूँगा ग़ज़ल
भीगे-भीगे लबों को लिखूँगा कमल
इतना तो गुनाह कर लूँगा
मैं तेरी मुहब्बत में जानम ख़ुद को ही फ़ना कर लूँगा
लिखूँगा तुझे मैं अफ़साने इतनी तो ख़ता कर लूँगा
मैं तेरी मुहब्बत में जानम~~~~~~~~~~~

चाँद सा गोरा बदन~हुस्न सांचे में ढला
बड़ी फुरसत से तुझे~उस क़ुदरत ने रचा
चाँद सा गोरा बदन~हुस्न सांचे में ढला
बड़ी फुरसत से तुझे~उस क़ुदरत ने रचा
अब अन्जाम उल्फ़त का जो भी हो
मेरे सपनों की मन्जिल तुम्ही तो हो
फिर कैसे जुदा कर दूँगा
मैं तेरी मुहब्बत में जानम ख़ुद को ही फ़ना कर लूँगा
लिखूँगा तुझे मैं अफ़साने इतनी तो ख़ता कर लूँगा
मैं तेरी मुहब्बत में जानम~~~~~~~~~~~

मैंने अपना ये दिल अन्जाने में ही
(Base-Teri duniya se dur...)

M- मैंने अपना ये दिल
अन्जाने में ही तेरे नाम लिख दिया
मैंने अपना ये दिल अन्जाने में ही तेरे नाम...
F- आयी याद जब तेरी
जाने क्या भी हुआ तुझे ख़त लिख दिया
आयी याद जब तेरी जाने क्या भी हुआ तुझे...
M- मैंने अपना ये दिल ~~~~~~~~~~

M- सोचा न समझा इशारों पर तेरे मैं चल दिया
दुनिया में यारा होती क्या मुहब्बत क्या ग़म लिया
F- ओ दिलवाले की तूने जो इनायत तेरा शुक्रिया
तेरा शुक्रिया...ओ अलबेलिया
M- बड़ी मुश्किल डगर
ए-मेरे हमसफर पैग़ाम लिख दिया
F- आयी याद जब तेरी
जाने क्या भी हुआ तुझे ख़त लिख दिया
M- मैंने अपना ये दिल ~~~~~~~~~~

F- नैना लड़ते ही दीवानों के जग में फ़साने हो गये
भीगा-भीगा मौसम चली पुरबाई याराने हो गये
M- पता न चला ये कि कब हम दोनों सयाने हो गये
सयाने हो गये... कहीं पे खो गये
F- मीठा-मीठा सा दर्द
इस जिगर में हुआ तुझे ख़त लिख दिया
M- मैंने अपना ये दिल
अन्जाने में ही तेरे नाम लिख दिया
F- आयी याद जब तेरी
जाने क्या भी हुआ तुझे ख़त लिख दिया
M- मैंने अपना ये दिल ~~~~~~~~~~

मैंने दिल की धड़कनों में
(Base-woh haseen dard...)

मैंने दिल की धड़कनों में... तेरा नाम लिख लिया है
मैंने दिल की धड़कनों में... तेरा नाम लिख लिया है
मैंने हमसफ़र सफ़र में...तुझे आज चुन लिया है
मैंने दिल की धड़कनों में... तेरा नाम लिख लिया है

जब एक हो गये हम...फिर क्यों ये फ़ासला है
सुलझाये से न सुलझे...कैसा ये मामला है
आग़ाज़ तुझसे करके...अन्जाम लिख दिया है
मैंने दिल की धड़कनों में... तेरा नाम लिख लिया है
मैंने हमसफ़र सफ़र में...तुझे आज चुन लिया है
मैंने दिल की धड़कनों में... तेरा नाम लिख लिया है

दिल के सिवाय तुझसे...कुछ और मैं न माँगूँ
दर्दे-ए-जिगर मैं यूँ...तुझे किस तरह सुनाऊँ
रातों को मैं तड़पती...सुबहोशाम लिख दिया है
मैंने दिल की धड़कनों में... तेरा नाम लिख लिया है
मैंने हमसफ़र सफ़र में...तुझे आज चुन लिया है
मैंने दिल की धड़कनों में... तेरा नाम लिख लिया है

फ़ुरसत में बैठकर मैं...सुनूँ बेशुमार नग़में
गर साथ दे मेरा...तोड़ूं जग की मैं ये रस्में
तुझे किस तरह भुलाऊँ...एहसान जो किया है
मैंने दिल की धड़कनों में... तेरा नाम लिख लिया है
मैंने हमसफ़र सफ़र में...तुझे आज चुन लिया है
मैंने दिल की धड़कनों में... तेरा नाम लिख लिया है

मैंने कैसे गुजारी सारी रात
(Base-Gali-gali mein kiya re...)

मैंने कैसे गुजारी सारी रात...
मैंने कैसे गुजारी सारी रात...
पिया जाने न...तू है हरजाई
पिया जाने न...तू है हरजाई
मैंने कैसे गुजारी सारी रात...मैंने कैसे गुजारी~~~
पिया जाने न...तू है हरजाई...पिया जाने न~~~~

बाली उमरिया...हुई मैं सयानी...
बाली उमरिया...हुई मैं सयानी...
बेकाबू हुई मेरी चढ़ती जवानी
अधरों के मेरे छलके पैमाने
दिलवाले कैसा तू क़द्र न जाने
तू बेदर्दी...तू बेदर्दी...तू बेदर्दी...
मेरे यार... झूठा... तेरा प्यार
मैंने कैसे गुजारी सारी रात...मैंने कैसे गुजारी~~~
पिया जाने न...तू है हरजाई...पिया जाने न~~~~

कैसा दीवाना... समझ न आये
कैसा दीवाना... समझ न आये
खिड़की पे आ के मेरी सीटी बजाये
रंगी नज़ारे ये अलबेला मौसम
बिल्कुल अनाड़ी बुद्धू लड़की पटाये
तू निर्मोही...तू निर्मोही...तू निर्मोही...
नादान...अन्जान...शैतान
मैंने कैसे गुजारी सारी रात...मैंने कैसे गुजारी~~~
पिया जाने न...तू है हरजाई...पिया जाने न~~~~

मौसम भीगा-भीगा है पास आ भी

F- मौसम भीगा-भीगा है पास आ भी साथिया
साथिया... साथिया... साथिया
मौसम भीगा-भीगा है पास आ भी साथिया
साथिया... साथिया... साथिया

M- समझे न तू मेरे इरादे यूँ ही दिल से खेले
चार दिनों की है जवानी चंद दिनों के मेले
दिलकश हैं अंदाज तेरे अँखियों में है जादू
जब से देखी तेरी सूरत दिल हुआ बेकाबू
तन-मन प्यासा-प्यासा है पास आ भी जानेमन
जानेमन... जानेमन... जानेमन
F- मौसम भीगा-भीगा है पास आ भी साथिया
साथिया... साथिया... साथिया

F- मंजिल है कदमों में तेरे कैसे ये बतलाऊँ
महका यौवन तेरे लिये है कैसे तुझे समझाऊँ
सीधा-सादा रूप ये तेरा प्यारी तेरी बातें
तन्हा-तन्हा हमने की कई-कई मुलाक़ातें
सांसें बहकी बहकी हैं पास आ भी साथिया
साथिया... साथिया... साथिया
M- दिल झूम के गाता है पास आ भी जानेमन
जानेमन... जानेमन... जानेमन

M- साथ अगर जो तेरा हो तो खुशियों की हो बारिस
जीवन भर तू साथ मुझे दे इतनी है गुजारिस
F- जैसा भी तू चाहेगा मैं साथ तेरे चल दूँगी
अपनी सारी ज़िंदगानी नाम तेरे लिख दूँगी
M- संग जनम-जनम का है पास आ भी जानेमन
जानेमन... जानेमन... जानेमन
F- वादा किया ये पक्का है पास आ भी साथिया
साथिया... साथिया... साथिया

न जाने क्या कहती हैं ठंडी हवाऐं
(Base-Likha hai teri aankhon...)

F- न जाने क्या कहती हैं ठंडी हवाऐं
न जाने क्या कहती हैं ठंडी हवाऐं
M- सनम मेरे करीब आ दिलों को बहलाऐं
F- न जाने क्या कहती हैं ठंडी हवाऐं

F- जानेजिगर तुझे मैं जानूँ
नीयत को तेरी पहचानूँ
जानेजिगर तुझे मैं जानूँ,नीयत को तेरी पहचानूँ
M- दीवाने दो मिलकर रहेंगे ये जग को कैसे समझाऐं
F- न जाने क्या कहती हैं ठंडी हवाऐं
M- सनम मेरे करीब आ दिलों को बहलाऐं
F- न जाने क्या कहती हैं ठंडी हवाऐं

F- बसा तू ही तो है निगाहों में
माँगा तुझे मैंने सदाओं में
बसा तू ही तो है निगाहों में,माँगा तुझे मैंने सदाओं में
M- आग़ाज़ तू अंजाम मैं हूँ राह में कैसे रुक जाएं
F- न जाने क्या कहती हैं ठंडी हवाऐं
M- सनम मेरे करीब आ दिलों को बहलाऐं
F- न जाने क्या कहती हैं ठंडी हवाऐं

M- मुझपे किया तूने कैसा जादू
दिल आज मेरा है बेकाबू
मुझपे किया तूने कैसा जादू,दिल आज मेरा है बेकाबू
F- ऐसे कैसे तुझको इज़ाज़त दे दूँ
दूर ही से दिल बहलाऐं
न जाने क्या कहती हैं ठंडी हवाऐं
M- सनम मेरे करीब आ दिलों को बहलाऐं
F- न जाने क्या कहती हैं ठंडी हवाऐं

न जाने तेरी याद कब आये
(Base-Mein rahi anjan rahon ka...)

न जाने तेरी याद कब आये
न जाने तेरी याद कब आये, आये जो मेरा दिल तड़पाये
न जाने तेरी याद कब आये, आये जो मेरा दिल तड़पाये
आये जो मेरा दिल तड़पाये, तराने मेरा दिल तब गाये
न जाने तेरी याद कब आये

आयी है ये शाम मस्तानी
आयी है ये शाम मस्तानी, दिल बेक़रार मेरी रानी
तेरी वो अँगड़ाई... क्या क़यामत लाई
तेरी वो अँगड़ाई... क्या क़यामत लाई
न जाने ये जान कब जाये
न जाने ये जान कब जाये
न जाने तेरी याद कब आये, आये जो मेरा दिल तड़पाये
न जाने तेरी याद कब आये

आये तू हर रोज ख़्वाबों में
आये तू हर रोज ख़्वाबों में, ढूँढूँ तुझे मैं किताबों में
गुजरे हैं ज़माने... नित नये फ़साने
गुजरे हैं ज़माने... नित नये फ़साने
न जाने वो पैग़ाम कब आये
न जाने वो पैग़ाम कब आये
न जाने तेरी याद कब आये, आये जो मेरा दिल तड़पाये
न जाने तेरी याद कब आये

न मैं ये जानूं न तू ये जाने
(Base-Bhula nahin dena ji...)

F- न मैं ये जानूं...न तू ये जाने
कि गुल ये बाग में किसने खिलाये...किसने खिलाये
F&M- न मैं ये जानूं...न तू ये जाने
कि गुल ये बाग में किसने खिलाये...किसने खिलाये

F- दिल बेकाबू बस में नहीं है
दिल बेकाबू बस में नहीं है
भीगा मौसम तेरी कमी है
रास्ते ये प्यार के किसने दिखाये
F&M- कि गुल ये बाग में किसने खिलाये...किसने खिलाये
न मैं ये जानूं...न तू ये जाने
कि गुल ये बाग में किसने खिलाये...किसने खिलाये

M- चलने लगे हैं हमारे फ़साने
चलने लगे हैं हमारे फ़साने
हुई ख़बर है हुए हम सयाने
गलियाँ-चौबारे ये किसने सजाये
F&M- कि गुल ये बाग में किसने खिलाये...किसने खिलाये
न मैं ये जानूं...न तू ये जाने
कि गुल ये बाग में किसने खिलाये...किसने खिलाये

F- दिल दीवाने मिल के रहेंगे
दिल दीवाने मिल के रहेंगे
ग़म-खुशी मिल के सहेंगे
किये हैं जो वादे न जाते भुलाये
F&M- कि गुल ये बाग में किसने खिलाये...किसने खिलाये
न मैं ये जानूं...न तू ये जाने
कि गुल ये बाग में किसने खिलाये...किसने खिलाये

नज़र मिलाकर करूँ मैं घायल
(Base-Nazar bachakar chale...)

नज़र मिलाकर करूँ मैं घायल क़ातिल मेरी अंगड़ाई
मय के जैसे कजरारे नैना ज़ुल्फ़ घटा सी लहराई
क़ातिल मेरी अंगड़ाई

बेक़रार दिल क्यों ये हुआ मैं लगी घबराने
पास आये कोई ले मस्तियाँ आये दिल बहलाने
बेक़रार दिल क्यों ये हुआ मैं लगी घबराने
पास आये कोई ले मस्तियाँ आये दिल बहलाने
डाला जो मैंने नैंनों में काजल सावन की ऋतु आई
मय के जैसे कजरारे नैना ज़ुल्फ़ घटा सी लहराई
क़ातिल मेरी अंगड़ाई

इन्तज़ार में कब से मैं खड़ी नग़मे गा-गा बुलाती
है नादां अभी मेरा बालमा छा उसपे मैं जाती
इन्तज़ार में कब से मैं खड़ी नग़मे गा-गा बुलाती
है नादां अभी मेरा बालमा छा उसपे मैं जाती
उड़ा जो मेरा हवा में आँचल ख़ुद से ही मैं शरमाई
मय के जैसे कजरारे नैना ज़ुल्फ़ घटा सी लहराई
क़ातिल मेरी अंगड़ाई

कली आज एक जवां हो गई शोला बनी चिंगारी
बदन ये मेरा खिला चाँद सा खिली मेरी फुलवारी
कली आज एक जवां हो गई शोला बनी चिंगारी
बदन ये मेरा खिला चाँद सा खिली मेरी फुलवारी
बजी भी मेरे पैरों की पायल तितली सी मैं शरमाई
मय के जैसे कजरारे नैना ज़ुल्फ़ घटा सी लहराई
क़ातिल मेरी अंगड़ाई

नहीं है बात ये झूठी
(Base-Tumhare pyar mein...)

नहीं है बात ये झूठी कि दिल में तुम ही बसे
रे चैन खोया है मैंने कि जब से नयना लड़े
नहीं है बात ये झूठी कि दिल में तुम ही बसे
रे चैन खोया है मैंने कि जब से नयना लड़े

सदा ही सांसों में रहता सनम नाम तेरा
सकून दिल को दिलाता मुझे पैग़ाम तेरा
सकून दिल को दिलाता मुझे पैग़ाम तेरा
ये ज़िंदगी है अधूरी ये तुमसे कैसे कहें
रे चैन खोया है मैंने कि जब से नयना लड़े
नहीं है बात ये झूठी कि दिल में तुम ही बसे
रे चैन खोया है मैंने कि जब से नयना लड़े

तेरी ही याद क्यों आई मुझे तन्हाई में
पहनाये तुमने ये कँगन मेरी कलाई में
पहनाये तुमने ये कँगन मेरी कलाई में
है यार मिलना जरूरी तन्हा यूँ कैसे रहें
रे चैन खोया है मैंने कि जब से नयना लड़े
नहीं है बात ये झूठी कि दिल में तुम ही बसे
रे चैन खोया है मैंने कि जब से नयना लड़े

ये आँधियाँ ग़म की गुजर ही जायेंगी
नशीली मस्त हवायें नहीं फिर आयेंगी
नशीली मस्त हवायें नहीं फिर आयेंगी
बुझाओ प्यास लबों की सदा यूँ मिल के रहें
रे चैन खोया है मैंने कि जब से नयना लड़े
नहीं है बात ये झूठी कि दिल में तुम ही बसे
रे चैन खोया है मैंने कि जब से नयना लड़े

नहीं मिलता ज़माने में
(Base-Humain Kho Kar Bohat...)

नहीं मिलता ज़माने में अब हमसफ़र अपना
नहीं मिलता ज़माने में अब हमसफ़र अपना
हुए हम दम से बेदम हैं अब ख़त्म सफ़र अपना
नहीं मिलता ज़माने में~~~~~~~~~~

फना होना ही था यारो किसी के वास्ते एक दिन
फना होना ही था यारो किसी के वास्ते एक दिन
इनायत करके हैं बदले उसी ने रास्ते एक दिन
नहीं लगता फ़साने में अब दिलोजिगर अपना
हुए हम दम से बेदम हैं अब ख़त्म सफ़र अपना
नहीं मिलता ज़माने में~~~~~~~~~~

चले बाहों में बाहें डाल महकती आज वो गलियाँ
चले बाहों में बाहें डाल महकती आज वो गलियाँ
तराना ग़म सुनायें क्या चहकती आज भी कलियाँ
नहीं मिलता वीराने में अब चश्म-ए-तर अपना
हुए हम दम से बेदम हैं अब ख़त्म सफ़र अपना
नहीं मिलता ज़माने में~~~~~~~~~~

मिला करते थे ये नैना हुई है बन्द वो खिड़की
मिला करते थे ये नैना हुई है बन्द वो खिड़की
हुआ ऐसा भला क्या उड़ी पंख बिन वो तितली
नहीं करता तन्हाई में अब कोई फ़िकर अपना
हुए हम दम से बेदम हैं अब ख़त्म सफ़र अपना
नहीं मिलता ज़माने में~~~~~~~~~~

नैना दो तेरे कजरारे
(Base-Itna na mujhse tu...)

M- नैना दो तेरे कजरारे, अधर हैं जैसे कोई कमल
हुस्न की तू है चन्दनियां, बोल हैं जैसे कोई ग़ज़ल
F- प्रीत का तू एक सागर है, तेरे लिये ये जान मैं दूँ
बातों में तेरी जादू सा, क्यों न तेरा अरमान करूँ
M- नैना दो तेरे कजरारे, अधर हैं जैसे कोई कमल
F- प्रीत का तू एक सागर है, तेरे लिये ये जान मैं दूँ

M- आग़ाज़ सी तू है भोर मेरी
अंजाम सी तू है शाम मेरी
आग़ाज़ सी तू है भोर मेरी,अंजाम सी तू है शाम मेरी
मैं ये जान गया मेरे हमदम, प्रश्नों का मेरे तू ही हल
नैना दो तेरे कजरारे, अधर हैं जैसे कोई कमल
हुस्न की तू है चन्दनियां, बोल हैं जैसे कोई ग़ज़ल
F- प्रीत का तू एक सागर है, तेरे लिये ये जान मैं दूँ
बातों में तेरी जादू सा, क्यों न तेरा अरमान करूँ

F- आहें मैं शब भर भरती हूँ
एक तुझही पर तो मरती हूँ
आहें मैं शब भर भरती हूँ,एक तुझही पर तो मरती हूँ
तुझे मान लिया मैंने रब है, मनवा में हुई है हलचल
प्रीत का तू एक सागर है, तेरे लिये ये जान मैं दूँ
बातों में तेरी जादू सा, क्यों न तेरा अरमान करूँ
M- नैना दो तेरे कजरारे, अधर हैं जैसे कोई कमल
हुस्न की तू है चन्दनियां, बोल हैं जैसे कोई ग़ज़ल

M- दिल चीर के कैसे दिखलाऊँ
कितनी भी तुझसे चाहत है
दिल चीर के कैसे दिखलाऊँ,कितनी भी तुझसे चाहत है
F- भगवान से कुछ गर माँगूँगी,
तेरी याद में गुजरे एक-एक पल
M- नैना दो तेरे कजरारे, अधर हैं जैसे कोई कमल
F- बातों में तेरी जादू सा, क्यों न तेरा अरमान करूँ

नैना कजरारे गेसू घुंघराले
(Base-Kali kali chume...)

नैना कजरारे... गेसू घुंघराले
नैना कजरारे... गेसू घुंघराले
चेहरा जैसे चाँद...चेहरा जैसे चाँद
(तू है लड़की क़माल...तू है लड़की क़माल)...2
नैना कजरारे... गेसू घुंघराले
चेहरा जैसे चाँद...चेहरा जैसे चाँद
(तू है लड़की क़माल...तू है लड़की क़माल)...2

लिखा रोज करता मैं तुझको अफ़साने
मनाने में लगेंगे तुझको ज़माने
लिखा रोज करता मैं तुझको अफ़साने
मनाने में लगेंगे तुझको ज़माने
मेरे सपनों की तू ...है मल्लिका
(तू है दिलकश गुलाब...तू है जन्नत सा ख़्वाब)...2
नैना कजरारे... गेसू घुंघराले
चेहरा जैसे चाँद...चेहरा जैसे चाँद
(तू है लड़की क़माल...तू है लड़की क़माल)...2

दे गर इज़ाज़त अधर चूम लूँ मैं
चन्दन सा महका बदन चूम लूँ मैं
दे गर इज़ाज़त अधर चूम लूँ मैं
चन्दन सा महका बदन चूम लूँ मैं
संग मेरे तू कर... न दिल्लगी
(खूबसूरत तेरे... है कजरे की धार)...2
नैना कजरारे... गेसू घुंघराले
चेहरा जैसे चाँद...चेहरा जैसे चाँद
(तू है लड़की क़माल...तू है लड़की क़माल)...2

नैना उससे लड़ गये
(Base-Dinwa dinwa mein ginu...)

नैना उससे लड़ गये...नैना उससे लड़ गये
नैना उससे लड़ गये... पहली मुलाकात में
नैना उससे लड़ गये...
पहली मुलाकात में...पहली मुलाकात में
नैना उससे लड़ गये पहली मुलाकात में

सावन का था मस्त महीना उसपे चली पुरबाई...2
कुछ मुझमें हलचल हुई लेने लगी अंगड़ाई
हम दोनों ही थे अंजाने, फिर लगते थे पहचाने
कैसा हुआ इक़रार उससे कैसा हुआ इक़रार
नैना उससे लड़ गये... पहली मुलाकात में
नैना उससे लड़ गये...(पहली मुलाकात में...)-2
नैना उससे लड़ गये पहली मुलाकात में...2

संग-संग उसके मैं तो चल दी करने गाँव की सैर..2
बीत गया था दिन ही सारा सांझ ढली हुई देर
फुर्सत में छत पर जा बैठे,हालेदिल हम सब कह बैठे
होने लगा ऐतबार उसपे होने लगा ऐतबार
नैना उससे लड़ गये... पहली मुलाकात में
नैना उससे लड़ गये...(पहली मुलाकात में...)-2
नैना उससे लड़ गये पहली मुलाकात में

चंद लम्हों में जुड़ गया उससे जनम-2 का नाता..2
मनवा मेरा पागल होकर गीत मिलन के गाता
बढ़ती जाती दिल की धड़कन
खुशबू मैं और वो था चंदन
देखूँ मैं बार-बार उसको देखूँ मैं बार-बार
नैना उससे लड़ गये... पहली मुलाकात में
नैना उससे लड़ गये...(पहली मुलाकात में...)-2
नैना उससे लड़ गये पहली मुलाकात में

प्यार भरी तेरी पहली नज़र

M- प्यार भरी तेरी पहली नज़र~~~~~2
कर गयी मुझपे कैसा असर
ऐसी लगी मुझे दिल की लगी~~~~~2
ख़ुद की रही न मुझको ख़बर
प्यार भरी तेरी पहली नज़र
कर गयी मुझपे कैसा असर

हुई है जब से तुझसे मुहब्बत
दिल ये दीवाना माने न
मैं हूँ मुसाफ़िर तेरी मंजिल का
ग़म का फ़साना जाने न
दो पल बाहों में आ इधर~~~~~2
घायल हुआ मेरा दिलोजिगर

F- प्यार भरी तेरी पहली नज़र~~~~~2
कर गयी मुझपे कैसा असर

जग को भुलाये बैठी हूँ मैं
कब आओगे जब आओगे
हर सू देखूँ मैं तेरी सूरत
कब तुम मुझे अपनाओगे
धक-धक धड़के दिल रात भर~~~~~2
तन्हा मैं तड़पूँ न होती सहर
प्यार भरी तेरी पहली नज़र
कर गयी मुझपे कैसा असर

M- ऐसी लगी मुझे दिल की लगी~~~~~2 ख़ुद की रही न...

प्यार करेगा मुझसे भला क्या
(Base-Neend nighahon ki kho...)

प्यार करेगा...मुझसे भला क्या
होती है उल्फ़त...तुझको पता क्या
दीवाना तू शायर जाने ये ज़माना
दीवाना तू शायर जाने ये ज़माना
नये ज़माने की..मैं हूँ लड़की रंगबिरंगी..मैं हूँ तितली
दीवाना तू शायर जाने ये ज़माना,दीवाना तू शायर...

मिलाना न जाने तू अँखियाँ.....2
बनाता है बेवक़्त बतियाँ
मतलब की करे कोई बात नहीं
न ही दिल के कहे जज़्बात कभी
कैसा बुद्धू ...बिल्कुल अनाड़ी
प्रेम जगत का...नहीं तू खिलाड़ी
दीवाना तू शायर जाने ये ज़माना,दीवाना तू शायर...

सुहाना ये कितना है मौसम.....2
लगी दिल की बढ़ाता है सावन
बता कैसे तेरा अरमां मैं करूँ
तन्हा रातें मेरी आहें मैं भरूँ
मुश्किल भरी...कैसी घड़ी है
फिर भी आस ...तुझसे लगी है
दीवाना तू शायर जाने ये ज़माना,दीवाना तू शायर...

बहारों से हुस्न मैं लाई.....2
क़ातिल है मेरी अँगड़ाई
खुशबू से भरा महका है बदन
अज़ब है नशा मेरा अँग-अँग
बिजली गिरा दूँ... मैं हूँ वो बाला
खोल भी अपनी... अक्ल का ताला
दीवाना तू शायर जाने ये ज़माना,दीवाना तू शायर...

प्यार का तू आग़ाज़
(Base-Chand ko kya maloom...)

प्यार का तू आग़ाज़ प्यार का तू ही है अन्जाम
प्यार का तू आग़ाज़ प्यार का तू ही है अन्जाम
प्यार भरे ये अफ़साने...प्यार भरे ये अफ़साने
लिखूँ मैं सुबह 'ओ' शाम
प्यार का तू आग़ाज़ प्यार का तू ही है अन्जाम

रूप का सागर हुस्न तेरा
मय से लवालब तेरी आँखें...तेरी आँखें
रूप का सागर हुस्न तेरा,मय से लवालब तेरी आँखें
मुझको क्या दे जानेतमन्ना उल्फत में ईनाम
प्यार का तू आग़ाज़ प्यार का तू ही है अन्जाम
प्यार भरे ये अफ़साने...प्यार भरे ये अफ़साने
लिखूँ मैं सुबह 'ओ' शाम
प्यार का तू आग़ाज़ प्यार का तू ही है अन्जाम

रंग गया मैं रंग में तेरे
चल दिया ले संग मैं तेरे...संग मैं तेरे
रंग गया मैं रंग में तेरे,चल दिया ले संग मैं तेरे
आ इस लगी को मिलकर दे दें अच्छा सा कोई नाम
प्यार का तू आग़ाज़ प्यार का तू ही है अन्जाम
प्यार भरे ये अफ़साने...प्यार भरे ये अफ़साने
लिखूँ मैं सुबह 'ओ' शाम
प्यार का तू आग़ाज़ प्यार का तू ही है अन्जाम

प्यार में ऐसे भी यूँ दगा न दे
(Base-Yaad kiya dil ne...)

M- प्यार में ऐसे भी यूँ दगा न दे
बे-वज़ह इस आग को हवा न दे
F- बेख़ुदी का राज़ ये सुना भी दे
बे-वज़ह इस आग को हवा न दे
M- प्यार में ऐसे भी यूँ दगा न दे,बे-वज़ह इस...
F- बेख़ुदी का राज़ ये सुना भी दे,बे-वज़ह इस...

M- इम्तिहां है ज़िन्दगी ये हर घड़ी
F- हो गया है तुझ पे मुझे यकीं
M- आशिक़ी में ग़म मुझे क्या मिला
F- अब नहीं तुझसे मुझे गिला
ग़म के इस दौर में भुला न दे
M- बे-वज़ह इस आग को हवा न दे
F- बेख़ुदी का राज़ ये सुना भी दे,बे-वज़ह इस...

M- पा के भी न पा सका तुझको मैं
F- किस तरह संभाल रही दिल को मैं
M- बुझ सकी बुझाये से न दिल लगी
F- ऐसा भी न कहना फिर कभी
फिर से चमन महका आ दें
M- बे-वज़ह इस आग को हवा न दे
F- बेख़ुदी का राज़ ये सुना भी दे,बे-वज़ह इस...

M- आ गयी किस मोड़ पर आशिक़ी
F- तुझसे ही है जानेजां हर ख़ुशी
M- कर रही बेताब मुझे धड़कनें
F- चाहती हर साँस ही अब तुम्हें
बेख़बर इतनी भी सजा न दे
M- बे-वज़ह इस आग को हवा न दे
F- बेख़ुदी का राज़ ये सुना भी दे,बे-वज़ह इस...

पता चला न हमें सनम
(Base-Mile kisi se nazar to...)

पता चला न हमें सनम कब बदल गये
पता चला न हमें सनम कब बदल गये
पिये बिना ही कदम अब तो...
पिये बिना ही कदम अब तो बहक गये
पता चला न हमें सनम कब बदल गये

जन्म-जन्म के वो तोड़ बंधन यूँ चल दिये
हमें ग़मों के वो देकर सागर निकल लिये
जन्म-जन्म के वो तोड़ बंधन यूँ चल दिये
हमें ग़मों के वो देकर सागर निकल लिये
चलाया दिल पे तीर नज़र हम संभल गये~~~2
पिये बिना ही कदम अब तो बहक गये
पता चला न हमें सनम कब बदल गये

दीवानेपन की मेरे सनम को ख़बर नहीं
भुला सकें वो वे गुजरे लम्हें जिगर नहीं
दीवानेपन की मेरे सनम को ख़बर नहीं
भुला सकें वो वे गुजरे लम्हें जिगर नहीं
हुआ फ़साना मिज़ाज़-ए-यारा बिगड़ गये~~~2
पिये बिना ही कदम अब तो बहक गये
पता चला न हमें सनम कब बदल गये

बनी है उलझन बिना तुम्हारे ये ज़िन्दगी
उदास जीवन कोई तमन्ना है अब नहीं
बनी है उलझन बिना तुम्हारे ये ज़िन्दगी
उदास जीवन कोई तमन्ना है अब नहीं
ये प्रेम धागे मेरे सनम कब उलझ गये~~~2
पिये बिना ही कदम अब तो बहक गये
पता चला न हमें सनम कब बदल गये

पाने को तुझको आज
(Base-Bhanware ne khilaya...)

M- पाने को तुझको आज..आज मेरी बाहें रही मचल..2
खुलने दे दिल का ये राज़... यार करने दे मुझे पहल
पाने को तुझको आज..आज मेरी बाहें रही मचल

F- पाने को तुझको आज..आज मेरी बाहें रही मचल..2
खुलने दे दिल का ये राज़...यार करने दे मुझे पहल
पाने को तुझको आज..आज मेरी बाहें रही मचल

M- मनवा क्यों न माने...माने~मनवा क्यों न माने
शोला बन गयी एक चिंगारी मिल गये दो अन्जाने
मनवा क्यों न माने...
जब-जब भी ले तू अँगड़ाई किसपे न शामत आई
ख़ुद भी भूला होश मैं अपने कैसी ख़ुमारी छाई
मनवा क्यों न माने....
मिलन की आयी ऋतु...ऋतु ये यूँ ही रही निकल
पाने को तुझको आज..आज मेरी बाहें रही मचल

F- बन के तितली मस्त हवा में
उड़-उड़ उड़-उड़ उड़-उड़ जाऊँ
मैं हाथ किसी के न आऊँ...मैं हाथ किसी के न आऊँ

M- मैं दीवाना नाम का तेरे...बात ये कैसे बताऊँ
मस्त मैं नग़में सुनाऊँ

F- मैं हाथ किसी के न आऊँ
पाकर तुझको हमराज़ आज मेरी दुनिय गई बदल

M- पाने को तुझको आज..आज मेरी बाहें रही मचल

F- पाने को तुझको आज..आज मेरी बाहें रही मचल..2

पास आ जानेजां ले जीने का मजा
(Base-Shokhiyon mein ghola...)

M- पास आ जानेजां ले जीने का मजा
बहकी तेरी चाल दीवानी दिलरूबा
हुस्न तेरा बेमिसाल ए-जानेमन
पास आ जानेजां ले जीने का मजा

F- दिल का ये नज़राना ऐसे क्यों मैं दे दूँ
लोफर तू अनाड़ी सच्चा कैसे कह दूँ
ऐसे भी वैसे भी मिलूँगी न कैसे भी
छोड़ मेरा ख़्वाब बेक़रार ए-जानेमन
पास आ जानेजां ले जीने का मजा
बहकी मेरी चाल दीवाने दिलरूबा
M- हुस्न तेरा बेमिसाल ए-जानेमन
पास आ जानेजां ले जीने का मजा

M- खो जाने दे मुझको झील सी आँखों में
शबनम तेरा यौवन मखमली बाहों में
बात ये मान ले दिल से लगाऊँगा
तुझ पे मेरा है इख़्तियार ए-जानेमन
पास आ जानेजां ले जीने का मजा
बहकी तेरी चाल दीवानी दिलरूबा
F- हुस्न मेरा बेमिसाल M-ए-जाने...

F- बन्द तू ही पलकों में सांसों में तू ही तू है
सागर नदिया झरना दिखता तू हरसू है
M- बन्द तू ही पलकों में सांसों में तू ही तू है
सागर नदिया झरना दिखती तू हरसू है
M&F- वादा ये कर के हमें न भुलाना है
कर लें आ ये इक़रार ए-जानेमन
पास आ जानेजां ले जीने का मजा

रानी तू गर है रंगी महलों की
(Base-Meri muhabbat teri jawani...)

रानी तू गर है रंगी महलों की
तेरी गलियों का मैं भी हूँ राजा...
जानेतमन्ना मेरी दुनिया में आ-जा
जानेतमन्ना मेरी दुनिया में आ-जा
रानी तू गर है रंगी महलों की
तेरी गलियों का मैं भी हूँ राजा...
जानेतमन्ना मेरी दुनिया में आ-जा...जानेतमन्ना.....

रात 'ओ' दिन याद में तेरी नग़मे लिखता हूँ
मुहब्बत तुझसे करता हूँ, हाँ-हाँ तुझपे मरता हूँ
मिलती जब-जब राह में तू मुझसे शरमाई
कि जब तू लेती अँगड़ाई जां पर मेरी बन आई
माना तू बुलबुल अपनी सखियों की
अपने भी दिल का मैं शहजादा...
जानेतमन्ना मेरी दुनिया में आ-जा...जानेतमन्ना.....

छोड़ूँगा न साथ मैं तेरा जो तू करवा ले
कहीं पर तू लिखवा ले कहीं सही तू करवा ले
राजी गर न हुई सनम तो कैसे घर जाऊँ
रात भर जैसे तड़पा हूँ कुँवारा मैं न मर जाऊँ
यही जो जानम जिद है तेरी
रोग ये प्रेम का मुझे है लागा...
जानेतमन्ना मेरी दुनिया में आ-जा...जानेतमन्ना.....

साथ अगर जो तेरे मैं हूँ फिर काहे का ग़म
कि लब पे तेरी है सरगम आज होने दे संगम
चार दिनों का है ये मेला जाने कब आये
तमन्ना बाकी रह जाये जवानी यूँ ही ढल जाये
कह भी दे जानम क्या तू है राजी
बजने दे साथी ये बैण्ड-बाजा...
जानेतमन्ना मेरी दुनिया में आ-जा...जानेतमन्ना.....

रातों अँगड़ाई मैं लेने लगी
(Base-Kahe ko bulaya...)

F- रातों अँगड़ाई मैं लेने लगी...2
जानेजां जानेमन...जानेजां जानेमन
रातों अँगड़ाई मैं लेने लगी
जानेजां जानेमन...जानेजां जानेमन
M- ख़्वाबों में तू मेरे आने लगी
जाने जां गुलबदन...जाने जां गुलबदन

F- जनमों से आरजू....जनमों से आरजू
कर मुझसे प्यार तू पलकों में बन्द कर भी ले
जनमों से आरजू ....
कर मुझसे प्यार तू पलकों में बन्द कर भी ले
M- जब ये मुहब्बत हो जाती है
ख़ुमारी सी छा जाती है
सुबहोशाम याद तू आने लगी
जाने जां गुलबदन...जाने जां गुलबदन
F- रातों अँगड़ाई मैं लेने लगी
जानेजां जानेमन...जानेजां जानेमन

M- आँखों से काम ले...जिगर थाम ले
होने भी दे आज संगम
आँखों से काम ले...जिगर थाम ले...होने भी दे....
F- माना मिलने से डरती हूँ
कह दे जहां तू संग चलती हूँ
बाहों में तेरी समाने लगी
जानेजां जानेमन...जानेजां जानेमन
M- ख़्वाबों में तू मेरे आने लगी
जाने जां गुलबदन...जाने जां गुलबदन

रूठे-रूठे हैं मेरे पिया

रूठे-रूठे हैं मेरे पिया~रूठे-रूठे हैं मेरे पिया
कब से बेकल हूँ मैं~लगे न जिया
रूठे-रूठे हैं मेरे पिया ~~~~~~~~~~~~

तुझसे शुरू है तुझ ही पर ख़त्म हो कहानी ये मेरी
कर दिया ख़ुद को तेरे हवाले जवानी ये तेरी
रखी है मैंने कब से संभाले निशानी हर तेरी
शब भर तुझे मैंने याद किया लगे न जिया
रूठे-रूठे हैं मेरे पिया~रूठे-रूठे हैं मेरे पिया
कब से बेकल हूँ मैं~लगे न जिया
रूठे-रूठे हैं मेरे पिया ~~~~~~~~~~~~

सुर्ख़े लबों की मस्त ये लाली है तेरे ही लिये
मेघों के जैसे जुल्फ़ों के साये हैं तेरे ही लिये
यौवन का एक-एक मस्त नज़ारा है तेरे ही लिये
तुझ संग ही इक़रार किया लगे न जिया
रूठे-रूठे हैं गेरे पिया~रूठे-रूठे हैं मेरे पिया
कब से बेकल हूँ मैं~लगे न जिया
रूठे-रूठे हैं मेरे पिया ~~~~~~~~~~~~

जब से मिली तुझसे नज़र बेक़ाबू है ये दिल
दुनिया नयी लगने लगी एक तू ही मन्जिल
पास भी रहकर दूर तू मुझसे यही है मुश्किल
वादे पे तेरे ऐतवार किया लगे न जिया
रूठे-रूठे हैं मेरे पिया~रूठे-रूठे हैं मेरे पिया
कब से बेकल हूँ मैं~लगे न जिया
रूठे-रूठे हैं मेरे पिया ~~~~~~~~~~~~

रोज ही करते नये बहाने
(Base-Tum poochho aur mein...)

रोज ही करते नये बहाने मिलते थे हर हाल में हम
रोज ही करते नये बहाने मिलते थे हर हाल में हम
छत पे गुजरती शाम सुहानी
छत पे गुजरती शाम सुहानी डूबे तेरे प्यार में हम
रोज ही करते नये बहाने मिलते थे हर हाल में हम

चैन गंवाया हम दोनों ने रातोदिन एक ही काम
मेरे लब पे नाम उसका उसके लब पे मेरा नाम
दिन अपने... दिन अपने
दिन अपने...थे बन्जारे सजते थे हर हाल में हम
दिन अपने थे बन्जारे सजते थे हर हाल में हम
छत पे गुजरती शाम सुहानी डूबे तेरे प्यार में हम
रोज ही करते नये बहाने मिलते थे हर हाल में हम

जब भी मिलते तन्हाई में लब से लब टकराते
शर्म के सारे पर्दे हटा के दिल से दिल मिल जाते
अपनी बातें... अपनी बातें
अपनी बातें छिप-छिप कर लिखते थे हर हाल में हम
अपनी बातें छिप-छिप कर लिखते थे हर हाल में हम
छत पे गुजरती शाम सुहानी डूबे तेरे प्यार में हम
रोज ही करते नये बहाने मिलते थे हर हाल में हम

उड़ गये डाल से कब पंछी बस पिंजड़ा ही शेष रहा
खूब हंसे दुनिया वाले नामोनिशां न याद रहा
उनसे जुदा हो...उनसे जुदा हो
उनसे जुदा हो जैसे होगा जियेंगे हर हाल में हम
उनसे जुदा हो जैसे होगा जियेंगे हर हाल में हम
छत पे गुजरती शाम सुहानी डूबे तेरे प्यार में हम
रोज ही करते नये बहाने मिलते थे हर हाल में हम

ऋतु मस्तानी आई मन में मस्ती छाई
(Base-ABCD Chhodo...)

ऋतु मस्तानी आई...मन में मस्ती छाई
मैंने ली अँगड़ाई... तौबा रामदुहाई
ले मैं आई...ले मैं आई...ले मैं आई...ले मैं आई

नैना दो कजरारे...
नैना दो कजरारे...करूँ मस्त-मस्त मैं इशारे
दीवाने जब-जब मिलते हैं
जलते दुनिया वाले...जलते दुनिया वाले
किसने आग ये लगाई
ले मैं आई...ले मैं आई...ले मैं आई...ले मैं आई

एक तू ही नज़रों में...
एक तू ही नज़रों में...तुझे किया है बन्द पलकों में
टूटे से नहीं टूटे कभी
प्रीत के हैं ये धागे...प्रीत के हैं ये धागे
बीते न ये तन्हाई
ले मैं आई...ले मैं आई...ले मैं आई...ले मैं आई

सपनों में तेरे खोयी...
सपनों में तेरे खोयी...पिया सुध-बुध मैंने खोयी
लगी ये दिल की कैसी है
तुझसे जुदा हो रोयी...तुझसे जुदा हो रोयी
कर न तू बेवफ़ाई
ले मैं आई...ले मैं आई...ले मैं आई...ले मैं आई

ऋतु मस्तानी आई...मन में मस्ती छाई
मैंने ली अँगड़ाई... तौबा रामदुहाई
ले मैं आई...ले मैं आई...ले मैं आई...ले मैं आई

ऋतु पिया से मिलन की आई
(Base-Dhola azlan tou Reshma...)

ऋतु पिया से मिलन की आई 2
लागे जियरा न कैसी तन्हाई
चली रे कैसी पुरबाई...चली रे कैसी पुरबाई
दिल किस बेगाने को दे बैठी,ये रोग अंजाने मैं ले बैठी
चली रे कैसी पुरबाई...चली रे कैसी पुरबाई
ऋतु पिया से मिलन की आई

तेरे ही ख़्यालों में जान मेरी बसती है
देखे तुझे दूजा कोई जान मेरी जलती है
तेरे ही ख़्यालों में जान मेरी बसती है
देखे तुझे दूजा कोई जान मेरी जलती है
शब भर जागूँ मैं लूँ अंगड़ाई
लागे जियरा न कैसी तन्हाई
चली रे कैसी पुरबाई...चली रे कैसी पुरबाई
ऋतु पिया से मिलन की आई

दिलोजिगर जाने कब नाम तेरे लिख बैठी
मान लिया पिया तझे पास तेरे जब बैठी
दिलोजिगर जाने कब नाम तेरे लिख बैठी
मान लिया पिया तुझे पास तेरे जब बैठी
तेरे सूरत मन में समाई
लागे जियरा न कैसी तन्हाई
चली रे कैसी पुरबाई...चली रे कैसी पुरबाई

ऋतु पिया से मिलन की आई
लागे जियरा न कैसी तन्हाई
चली रे कैसी पुरबाई...चली रे कैसी पुरबाई
दिल किस बेगाने को दे बैठी,ये रोग अंजाने मैं ले बैठी
चली रे कैसी पुरबाई...चली रे कैसी पुरबाई
ऋतु पिया से मिलन की आई

सदा लब पे है नाम तेरा
(Base-Jab aati hogi yaad...)

M- सदा लब पे है नाम तेरा...
सदा लब पे है नाम तेरा, मुझसे रूठ के जाने वाले
सदा लब पे है नाम तेरा, मुझसे रूठ के जाने वाले
F- जरा बातें वो याद तो कर...
जरा बातें वो याद तो कर, मुझसे दूर यूँ जाने वाले
सदा लब पे है नाम तेरा...सदा लब पे है नाम तेरा

M- भूली तू मुहब्बत की दुनिया
भूली तू बहारों के सपने...भूली तू बहारों के सपने
कि भूली तू वादे 'ओ' कसम
कि भूली तू वादे 'ओ' कसम, रंग गई तू कैसे रंग में
F- शमा मैं तेरी परवाना तू, मेरी याद में जलने वाले
जरा बातें वो याद तो कर...जरा बातें वो याद तो कर

F- बलमा तू अनाड़ी है साजन
तेरे प्यार में हुई मैं घायल...तेरे प्यार में हुई मैं घायल
अब तुझसे मैं उल्फ़त क्या करूँ
अब तुझसे मैं उल्फ़त क्या करूँ, तूने किया मुझे है घायल
M- ख़ता ये हुई है मुझसे, गिला करते नहीं दिलवाले
सदा लब पे है नाम तेरा, सदा लब पे है नाम तेरा
मुझसे रूठ के जाने वाले
F- जरा बातें वो याद तो कर...
जरा बातें वो याद तो कर, मुझसे दूर यूँ जाने वाले
M&F- सदा लब पे है नाम तेरा...सदा लब पे है नाम तेरा

सदियाँ गुजरी मिले उनसे
(Base-Saath Chhootega Kaise...)

सदियाँ गुजरी मिले उनसे तन्हाई में
सदियाँ गुजरी मिले उनसे तन्हाई में
कभी ढाया था क़हर उनकी अँगड़ाई ने
सदियाँ गुजरी मिले उनसे तन्हाई में
कभी ढाया था क़हर उनकी अँगड़ाई ने
सदियाँ गुजरी मिले उनसे तन्हाई में

टकराते लबों से लब पूरी शब
टकराते लबों से लब पूरी शब
हम भूले न लम्हें वो आज तक
गुल कई थे खिले खामख्वाह ही में
गुल कई थे खिले खामख्वाह ही में
कभी ढाया था क़हर उनकी अँगड़ाई ने
सदियाँ गुजरी मिले उनसे तन्हाई में

हो रहा था सितारों का मिलन
हो रहा था सितारों का मिलन
शमा जलती रही मिल गये दो बदन
जुड़े कई सिलसिले आवाजाही में
जुड़े कई सिलसिले आवाजाही में
कभी ढाया था क़हर उनकी अँगड़ाई ने
सदियाँ गुजरी मिले उनसे तन्हाई में

लौट आते नहीं अब क्यों वे पल
लौट आते नहीं अब क्यों वे पल
ज़िन्दगी है फ़ना दिल है बेकल
लुटे हम बेवज़ह इन्तज़ार ही में
लुटे हम बेवज़ह इन्तज़ार ही में
कभी ढाया था क़हर उनकी अँगड़ाई ने
सदियाँ गुजरी मिले उनसे तन्हाई में

समां क्या सुहाना रंगीला है ये
(Base-Musafir hun yaaro...)

समां क्या सुहाना रंगीला है ये मौसम
समां क्या सुहाना रंगीला है ये मौसम
चली आ बाहों में नशीला है ये आलम
समां क्या सुहाना रंगीला है ये मौसम
चली आ बाहों में नशीला है ये आलम

बेक़रार दिल मेरा चाहता तुझे
हर घड़ी सदाओं में माँगता तुझे
बेक़रार दिल मेरा चाहता तुझे
हर घड़ी सदाओं में माँगता तुझे
तुझे तो देखकर मचलता सावन
समां क्या सुहाना रंगीला है ये मौसम
चली आ बाहों में नशीला है ये आलम

परी जैसा हुस्न तेरा क्या खूब है
साँचे में ढला-ढला तेरा रूप है
परी जैसा हुस्न तेरा क्या खूब है
साँचे में ढला-ढला तेरा रूप है
कि तेरे घर आने से महकता ऑंगन
समां क्या सुहाना रंगीला है ये मौसम
चली आ बाहों में नशीला है ये आलम

बेसबब ये ज़िंदगी मुझे चिढ़ा रही
सदा-सदा को नामोनिशां मिटा ये रही
बेसबब ये ज़िंदगी चिढ़ा मुझे रही
सदा-सदा को नामोनिशां मिटा ये रही
मिले न तू अगर पसरता मातम
समां क्या सुहाना रंगीला है ये मौसम
चली आ बाहों में नशीला है ये आलम

समझे न ग़म का वो अफ़साना
(Base-Milo na tum to hum...)

समझे न ग़म का वो अफ़साना मुश्किल दिल बहलाना
है संगदिल जानेमन...है संगदिल जानेमन...
रोग प्रेम का मुझे लगाया जाने ये सारा ज़माना
है संगदिल जानेमन...है संगदिल जानेमन...

अच्छी दिल्लगी....राह में चलकर धोखा दिया
अच्छी दिल्लगी....राह में चलकर धोखा दिया
सोचा न समझा भी बीच बाजार रुसवा किया
भूली तू एक-एक नज़राना क़ातिल है मुस्काना
है संगदिल जानेमन...है संगदिल जानेमन...
समझे न ग़म का वो अफ़साना मुश्किल दिल बहलाना
है संगदिल जानेमन...है संगदिल जानेमन...

बैचेन कर रही... याद तेरी तन्हाई में
बैचेन कर रही... याद तेरी तन्हाई में
हैं भी उदासियाँ आज मेरी अँगनाई में
झूठा किया तूने हर बहाना मुझको नहीं पहचाना
है संगदिल जानेमन...है संगदिल जानेमन...
समझे न ग़म का वो अफ़साना मुश्किल दिल बहलाना
है संगदिल जानेमन...है संगदिल जानेमन...

चेहरे की सादगी... देगी भी ऐसे ग़म मुझे
चेहरे की सादगी... देगी भी ऐसे ग़म मुझे
मुझको ये ज़िंदगी देगी भी ऐसे पल मुझे
मेहमां ऐसा घर में बुलाना शायर ये न जाना
है संगदिल जानेमन...है संगदिल जानेमन...
समझे न ग़म का वो अफ़साना मुश्किल दिल बहलाना
है संगदिल जानेमन...है संगदिल जानेमन...

सावन ऋतु आई है
(Base-ye julf kaisi hai...)

सावन ऋतु आई है...हरदम तन्हाई है
सावन ऋतु आई है...हरदम तन्हाई है
बेदर्दी जाने न सैंया हरजाई है
हर रोज ज़ालिम को...लिखती अफ़साने मैं
बेदर्दी माने न बलमा सौदाई है
सावन ऋतु आई है...हरदम तन्हाई है...

चेहरा मेरा हसीन है...गेसू मेरे खुले-खुले
अरमां मेरे जवां-जवां...लब हैं कि जैसे गुल खिले
बिन्दिया सितारों की...मैंने सजाई है
बिन्दिया सितारों की...मैंने सजाई है
बेदर्दी जाने न सैंया हरजाई है
हर रोज ज़ालिम को...लिखती अफ़साने मैं
बेदर्दी माने न बलमा सौदाई है

लड़की मैं हूँ नादां अभी...कलियों सी बाली उमर
शोले हैं अँग-अँग में...जगती मैं हूँ रात भर
यौवन है चाँदनीं... क़ातिल अँगड़ाई है
यौवन है चाँदनीं... क़ातिल अँगड़ाई है
बेदर्दी जाने न सैंया हरजाई है
हर रोज ज़ालिम को...लिखती अफ़साने मैं
बेदर्दी माने न बलमा सौदाई है

दिल तो मेरा चुरा लिया...और क्या चुरायेगा
हुई हूँ बेकरार मैं...कितना मुझे सतायेगा
कैसी ये मीलों सी...लम्बी जुदाई है
कैसी ये मीलों सी...लम्बी जुदाई है
बेदर्दी जाने न सैंया हरजाई है
हर रोज ज़ालिम को...लिखती अफ़साने मैं
बेदर्दी माने न बलमा सौदाई है

सारी रात जागूँ मैं लड़े जब से नयन
(Base-Kabhi aar kabhi paar...)

सारी रात जागूँ मैं लड़े जब से नयन
सारी रात जागूँ मैं लड़े जब से नयन
नहीं जाने भी तू प्रीत मेरे सजन

बाली उमरिया आयी मतवाली मैं हो गयी
मुझको पता न चला कब तेरी मैं हो गयी
जागते-सोते तेरे सपनों में खो गयी
ज़िंदगानी मेरी बदली-बदली हो गयी
बलखाये पतली कमरिया,उड़ने लगी सिर से चुनरिया
बलखाये पतली कमरिया,उड़ने लगी सिर से चुनरिया
तन्हा तड़पूँ भी मैं...
सारी रात जागूँ मैं लड़े जब से नयन
सारी रात जागूँ मैं लड़े जब से नयन
नहीं जाने भी तू प्रीत मेरे सजन

देर न कर अब बन्धन में बाँध ले
गुजरेगा वक़्त ये अक्ल से काम ले
बाबुल से जाकर मेरा हाथ तू माँग ले
कर ऐलान ये आज खुलेआम रे
चाहत है तेरी नज़रों में,कर मुझको बंद पलकों में
चाहत है तेरी नज़रों में,कर मुझको बंद पलकों में
वरना रो दूँगी मैं....
सारी रात जागूँ मैं लड़े जब से नयन
सारी रात जागूँ मैं लड़े जब से नयन
नहीं जाने भी तू प्रीत मेरे सजन

सिवा तेरे कोई और तमन्ना
(Base-Tujhe Pyar Karte Hain...)

M- सिवा तेरे कोई और तमन्ना नहीं है
किया है ये वादा झूठा नहीं है
F- तुझे ही नज़र भर के हम देखते हैं
तू ही तू है दिल में दूजा नहीं है
M- सिवा तेरे कोई और तमन्ना नहीं है...किया है ये...

M- दो मिलते दीवाने तो जलती है दुनिया
कि उल्फ़त का इज़हार करती हैं अँखियाँ
उठे हर कदम अब इनायत में तेरी
गले से लगा लूँ इज़ाज़त हो तेरी
इशारों से मौसम बदलता नहीं है
किया है ये वादा झूठा नहीं है
F- तुझे ही नज़र भर के हम देखते हैं...तू ही तू है...
M- सिवा तेरे कोई और तमन्ना नहीं है...किया है ये...

F- कभी ख़त्म न हो ये ऐसा फ़साना
तू ले चल जहाँ भी वहीं है ठिकाना
लगी कई सदियाँ तेरी जुस्तजू में
तो क्यों न करूँ तेरी आरजू मैं
तेरी याद में अब तड़पना नहीं है
तू ही तू है दिल में दूजा नहीं है
तुझे ही नज़र भर के हम देखते हैं...तू ही तू है...
M- सिवा तेरे कोई और तमन्ना नहीं है...किया है ये...

M- कि होकर रहेगा दिलों का ये संगम
कभी हौंसले न भी करना तुम कम
करेगी हमारा क्या बेदर्द दुनिया
मिलेंगी बहारों की रंगीन खुशियाँ
दीवाना इन बातों से डरता नहीं है
किया है ये वादा झूठा नहीं है
F- तुझे ही नज़र भर के हम देखते हैं...तू ही तू है...
M- सिवा तेरे कोई और तमन्ना नहीं है...किया है ये...

शाम ओ सहर तन्हाई है
(Base-ye hawa ye raat...)

शाम 'ओ' सहर तन्हाई है हुई गमजदा मेरी ज़िंदगी
नज़रें मिली और दिल गया मिली ख़ाक़ में मेरी आशिक़ी
शाम 'ओ' सहर तन्हाई है हुई गमजदा मेरी ज़िंदगी

तेरे गेसूओं के पेचों में मैं उलझ-उलझ कर रह गया
क़ातिल तेरी अंगड़ाईयाँ मैं हर सितम को सह गया
हरसू ही अब रुसवाई है हुई बेवफ़ा मेरी ज़िंदगी
नज़रें मिली और दिल गया मिली ख़ाक़ में मेरी आशिक़ी
शाम 'ओ' सहर तन्हाई है हुई गमजदा मेरी ज़िंदगी

छोड़ा जो तूने साथ तो मिलती गयी नाक़ामियाँ
मीलों से हुये फ़ासले हुई कदम-कदम मजबूरियाँ
क्यों याद तेरी आई है हुई फ़लसफ़ा मेरी ज़िंदगी
नज़रें मिली और दिल गया मिली ख़ाक़ में मेरी आशिक़ी
शाम 'ओ' सहर तन्हाई है हुई गमजदा मेरी ज़िंदगी

कैसी अजब ये जीत-हार रूठा है मुझसे राज़दार
अंजाना सा ग़म दे गया रोया हूँ मैं ज़ार-ज़ार
होती नहीं सुनवाई है हुई बेवज़ह मेरी ज़िंदगी
नज़रें मिली और दिल गया मिली ख़ाक़ में मेरी आशिक़ी
शाम 'ओ' सहर तन्हाई है हुई गमजदा मेरी ज़िंदगी

मेरी जानेजां मुझे ये बता दिल को दुःखाकर क्या मिला
अच्छी की तूने दिल्लगी मुझको भुलाकर क्या मिला
जिसकी नहीं भरपाई है हुई ख़ामोख़्वाह मेरी ज़िंदगी
नज़रें मिली और दिल गया मिली ख़ाक़ में मेरी आशिक़ी
शाम 'ओ' सहर तन्हाई है हुई गमजदा मेरी ज़िंदगी

शीशमहल मैं एक बनवाऊँगा
(Base-Jahan mein jati hun...)

M- शीशमहल मैं एक बनवाऊँगा
सैर तुझे जन्नत की कराऊँगा
ख़ुद को भुलाऊँगा मैं तेरी याद में
F- झूठी-झूठी तेरी बातों में न आऊँगी
न ही तेरे मैं नख़रे उठाऊँगी
यूँ न भी आऊँगी मैं तेरी बातों में

M- सजनी तू न ये जानेगी...तू न ये जानेगी
सजनी तू न ये जानेगी...
कितनी मुहब्बत तुझसे मैं करता हूँ
कितनी मुहब्बत तुझसे मैं करता हूँ
नगमें प्यार भरे तुझको सुनवाऊँगा
सज़दे में मैं सिर ये झुकाऊँगा
ख़ुद को भुलाऊँगा मैं तेरी याद में

F- सजना तू तो अनाड़ी है...तू तो अनाड़ी है
सजना तू तो अनाड़ी है...
अपनी ये बातें मन में ही रहने दे
अपनी ये बातें मन में ही रहने दे
जा भी जा न दिल से लगाऊँगी
शामोसुबह न नख़रे उठाऊँगी
यूँ न भी आऊँगी मैं तेरी बातों में

M- जानम कब तक ये दूरियाँ...कब तक ये दूरियाँ
जानम कब तक ये दूरियाँ...
F- साजन आ-जा अंग लगा ले आ
साजन आ-जा अंग लगा ले आ
M- शीशमहल मैं एक बनवाऊँगा
सैर तुझे जन्नत की कराऊँगा
ख़ुद को भुलाऊँगा मैं तेरी याद में
F- यूँ न भी आऊँगी मैं तेरी बातों में

तन्हा बैठी तन्हाई में
(Base-Pankh Hote to ud Aati...)

तन्हा बैठी तन्हाई में...पल-पल है बेख़ुदी
मेरा दिल दुःखाया हरजाई ने
तन्हा बैठी तन्हाई में...पल-पल है बेख़ुदी
मेरा दिल दुःखाया हरजाई ने

पल भर में हो गयी मैं तो पराई
ऐसी साँवरिया ने की है लड़ाई
इल्जाम मुझ पर ऐसे लगाये
हुई जगत में है रुसवाई
रब भी रूठा आंगन भी छूटा
रब भी रूठा आंगन भी छूटा
सब कुछ मेरा उसने लूटा...पल-पल है बेख़ुदी
मेरा दिल दुःखाया हरजाई ने
तन्हा बैठी तन्हाई में...पल-पल है बेख़ुदी
मेरा दिल दुःखाया हरजाई ने

ख़ाक़ में मिल गयी मेरी मुहब्बत
आयी मुझ पर ऐसी मुसीबत
बढ़ती गयी भी दूरियाँ ऐसी
ढायी वक़्त ने कैसी ये आफ़त
शमा का वो कैसा परवाना
शमा का वो कैसा परवाना
लाख मनाया फिर भी न माना...पल-पल है बेख़ुदी
मेरा दिल दुःखाया हरजाई ने
तन्हा बैठी तन्हाई में...पल-पल है बेख़ुदी
मेरा दिल दुःखाया हरजाई ने

तन्हा मैं हूँ तेरे बिन
(Base-Aaj to junli raat ma...)

F- तन्हा मैं हूँ तेरे बिन तन्हा तू है मेरे बिन
आ जा मिलकर पूरी कर लें दिल की ये दास्तां
हमदम मेरे साथिया!
M- तन्हा मैं हूँ तेरे बिन तन्हा तू है मेरे बिन
आ जा मिलकर पूरी कर लें दिल की ये दास्तां
F- हमदम मेरे साथिया!

F- ठंडी-ठंडी ये पुरबाई...ठंडी-ठंडी ये पुरबाई
लेती पल-पल मैं अंगड़ाई
भीगा मौसम जियरवा डोला
तन्हा मैं हूँ तेरे बिन तन्हा तू है मेरे बिन
आ जा मिलकर पूरी कर लें दिल की ये दास्तां
हमदम मेरे साथिया!! तन्हा मैं हूँ तेरे बिन

M- मिलन हमारा है अलबेला...मिलन हमारा है....
सागर नदिया की हो बेला,
घूँघट कलियों ने है खोला
तन्हा मैं हूँ तेरे बिन तन्हा तू है मेरे बिन
आ जा मिलकर पूरी कर लें दिल की ये दास्तां
F- हमदम मेरे साथिया! F+M-तन्हा मैं हूँ तेरे ...

F- कैसे-कैसे हमको मिलाया...कैसे-कैसे हमको...
ये तो सब रब की है माया
M- साथ तेरा मिला सब पाया
F&M- तन्हा मैं हूँ तेरे बिन तन्हा तू है मेरे बिन
आ जा मिलकर पूरी कर लें दिल की ये दास्तां
हमदम मेरे साथिया! तन्हा मैं हूँ तेरे ...

तन्हा-तन्हा ये ज़िंदगी
(Base-Pukarta chala hun mein...)

तन्हा-तन्हा ये ज़िंदगी खुली-खुली किताब है
बैचेनियों का सफर झुकी-झुकी निग़ाह है
तन्हा-तन्हा ये ज़िंदगी खुली-खुली किताब है
बैचेनियों का सफर झुकी-झुकी निग़ाह है
तन्हा-तन्हा ये ज़िंदगी~~~~~~~~~

कहाँ भी खो गये वो मस्तियों के दायरे
कितने बदल गये खुशियों के मायने
नहीं साथ देता कोई एक कदम
होंगे ख़त्म न कभी ये फ़ासले
तन्हा-तन्हा ये ज़िंदगी खुली-खुली किताब है
बैचेनियों का सफर झुकी-झुकी निग़ाह है
तन्हा-तन्हा ये ज़िंदगी~~~~~~~~~

पलकों में बन्द रह गया वो राज़ मैं
जीत कर भी हारा हूँ हर बार मैं
सब दिल से मेरे यूँही बस खेलते
यहाँ-वहाँ ही भागता संसार में
तन्हा-तन्हा ये ज़िंदगी खुली-खुली किताब है
बैचेनियों का सफर झुकी-झुकी निग़ाह है
तन्हा-तन्हा ये ज़िंदगी~~~~~~~~~

आज भी है ढूँढ़ती उसको नज़र
कोई देता है नहीं उसकी ख़बर
वो ही मेरी ज़िन्दगी का मीत है
है चुराया उसने ही दिलोजिगर
तन्हा-तन्हा ये ज़िंदगी खुली-खुली किताब है
बैचेनियों का सफर झुकी-झुकी निग़ाह है
तन्हा-तन्हा ये ज़िंदगी~~~~~~~~~

तन्हाई में जहां बैठे सनम
(Base-jo tumne dastan...)

तन्हाई में जहां बैठे सनम...याद तुम आये
तन्हाई में जहां बैठे सनम...याद तुम आये
कि उल्फ़त में लुटा बैठे सब हम...याद तुम आये
तन्हाई में जहां बैठे सनम...याद तुम आये

वीराने मेरे गुलशन में...आये तुम ज़िंदगी बनकर
तड़पते तन-बदन पर तुम...छाये हो कोई घटा बनकर
ख़ता क्या भी कर बैठे सनम...याद तुम आये
तन्हाई में जहां बैठे सनम...याद तुम आये

चमन में फूल खिलते हैं...अभी भी ठीक उसी तरह
मचलती शोख़ कलियों को...नहीं है कोई भी शिकवा
शरारत कैसी कर बैठे सनम...याद तुम आये
तन्हाई में जहां बैठे सनम...याद तुम आये

बदल डाला है तुमने आज...ख़ुदही को मौसमों जैसा
कभी मुड़कर नहीं देखा...हमारा हाल है कैसा
कि चैंन अपना गंवा बैठे सनम...याद तुम आये
तन्हाई में जहां बैठे सनम...याद तुम आये

रे रब का नाम भूले हैं...तुम्हारा नाम लब पर है
जफ़ाऐं तुमने की हैं और...ये इल्ज़ाम हम पर है
किसी से क्या भी कहते सनम...याद तुम आये
तन्हाई में जहां बैठे सनम...याद तुम आये

तन्हाईयों में आज भी वो नज़र
(Base-Uski gali mein fir mujhe...)

तन्हाईयों में आज भी वो नज़र मुझे आ रही
तन्हाईयों में आज भी वो नज़र मुझे आ रही
गयी बहुत वो दूर है फिर भी क्यों तड़पा रही
तन्हाईयों में आज भी वो नज़र मुझे आ रही

क्यों ये नज़र भटक रही उसकी तलाश में
चेहरे को ढक लिया है उसने हिज़ाब में
क्या भी वो घिर गयी है रस्म 'ओ' रिवाज़ में
ख़त लिख रख लिया है उसने किताब में
इन गर्दिशों की धुन्ध में वो कहीं शरमा रही
तन्हाईयों में आज भी वो नज़र मुझे आ रही

जाने क्यों भी मैंने उसपे ऐतबार कर लिया
जग को भुला के उसका इन्तख़ाब कर लिया
जलवों का उसके मैं दीवाना हो गया
बैठे बिठाये यारों ये फ़साना हो गया
जिन वादियों में झूमे हम वो याद दिला रही
तन्हाईयों में आज भी वो नज़र मुझे आ रही

इक़रार भी तो न किया इन्कार भी नहीं
बेवफ़ा कहूँ उसको समझा था पर नहीं
था भी किनारा सामने कदम ये बहक गये
मेरी प्रीत के धागे आकर के उलझ गये
दिखती नहीं छाया वो जो ये बरपा रही
तन्हाईयों में आज भी वो नज़र मुझे आ रही

तन गोरा मनवा चंचल

तन गोरा मनवा चंचल~सांसों में महकता चन्दन
गेसू मेरे जैसे घटा~दिलों में मचाऊँ मैं हलचल
तन गोरा मनवा चंचल~सांसों में महकता चन्दन
गेसू मेरे जैसे घटा~दिलों में मचाऊँ मैं हलचल
मैं हूँ रूप की रानी.....मैं हूँ रूप की रानी.....

हूँ मैं...अलबेली~बड़ी दूर देश से मैं आई
शीशा...मेरा यौवन~परियों के देश से मैं लाई
बातें...मेरी बातें~हो प्यार भरी कोई सरगम
आँखें...मेरी आँखें~हो जाम झूमता लब के संग
तन गोरा मनवा चंचल~सांसों में महकता चन्दन
गेसू मेरे जैसे घटा~दिलों में मचाऊँ मैं हलचल
मैं हूँ रूप की रानी.....मैं हूँ रूप की रानी.....

लड़की...मैं हूँ ऐसी~दुनिया में मुझ सी न पायेगा
तितली...मैं हूँ ऐसी~मुझको पकड़ तू न पायेगा
साजन...मेरे साजन~बेक़रार कर दूँ लूँ अँगड़ाई
प्रियतम...मेरे प्रियतम~इक़रार करने की ऋतु आई
तन गोरा मनवा चंचल~सांसों में महकता चन्दन
गेसू मेरे जैसे घटा~दिलों में मचाऊँ मैं हलचल
मैं हूँ रूप की रानी.....मैं हूँ रूप की रानी.....

जाने...क्या सोचा~तुझे आज यार दिल दे बैठी
माने...या न माने~पलकें बिछाये मैं हूँ बैठी
तेरी...ले हो गई~बाहों में तेरी ले मैं खो गयी
वादा...ये रहा भी~जन्मों को तेरी ले मैं हो गयी
तन गोरा मनवा चंचल~सांसों में महकता चन्दन
गेसू मेरे जैसे घटा~दिलों में मचाऊँ मैं हलचल
मैं हूँ रूप की रानी.....मैं हूँ रूप की रानी.....

तुम बहुत याद आये
(Base-Humne khud cher liya...)

F- तुम बहुत याद आये रात की तन्हाई में
तुम बहुत याद आये रात की तन्हाई में
मन मचलने लगा सर्दी की पुरबाई में
तुम बहुत याद आये रात की तन्हाई में

M- ख़ुद भी हैरां है वो तुझको बनाने वाला
ख़ुद भी हैरां है वो तुझको बनाने वाला
होगा खुशकिस्मत तुझे दिल से लगाने वाला
क्या-क्या जज़्बात आये रात की तन्हाई में
क्या-क्या जज़्बात आये रात की तन्हाई में
F- मन मचलने लगा सर्दी की पुरबाई में
M- तुम बहुत याद आये रात की तन्हाई में

F- मैं तेरी चाहत में खुद ही को भुला बैठी
मैं तेरी चाहत में खुद ही को भुला बैठी
चैन अपना मैं जानेजांना गंवा बैठी
वादे तुमने न निभाये रात की तन्हाई में
वादे तुमने न निभाये रात की तन्हाई में
M- मन मचलने लगा सर्दी की पुरबाई में
F- तुम बहुत याद आये रात की तन्हाई में

M- मेरी नस-नस में अभी तक है तेरी खुशबू
मेरी नस-नस में अभी तक है तेरी खुशबू
F- तुझे सांसों से कैसे भी जुदा मैं कर दूँ
M- तुमने लम्हें हैं चुराये रात की तन्हाई में
तुमने लम्हें हैं चुराये रात की तन्हाई में
F- मन मचलने लगा सर्दी की पुरबाई में
M- तुम बहुत याद आये रात की तन्हाई में

तुम्हारी मस्त अदाओं ने
(Base-Jara Nazron se ...)

तुम्हारी मस्त अदाओं ने~बनाया है मुझे शायर
तुम्हारी मस्त अदाओं ने~बनाया है मुझे शायर
तुम्हारी मस्त अदाओं ने
नशीली इन निगाहों ने~बनाया है मुझे शायर
तुम्हारी मस्त अदाओं ने~बनाया है मुझे शायर
तुम्हारी मस्त अदाओं ने ~~~~~~~~~~~

है निखरा रूप तेरा
है निखरा रूप तेरा~दिल दीवाना ये मचल जाये
मुझे मदहोश करते हैं~तेरी जुल्फ़ों के ये साये
है निखरा रूप तेरा~दिल दीवाना ये मचल जाये
मुझे मदहोश करते हैं~तेरी जुल्फ़ों के ये साये
सुरीली मस्त बातों ने-बनाया है मुझे शायर
तुम्हारी मस्त अदाओं ने~बनाया है मुझे शायर
तुम्हारी मस्त अदाओं ने ~~~~~~~~~~~

नज़र कैसे हटाऊँ
नज़र कैसे हटाऊँ~है कितना भी हंसी यौवन
अरे ये देखती है क्या~बना मजनू तेरे कारन
नज़र कैसे हटाऊँ~है कितना भी हंसी यौवन
अरे ये देखती है क्या~बना मजनू तेरे कारन
मचलती इन फ़ज़ाओं ने~बनाया है मुझे शायर
तुम्हारी मस्त अदाओं ने~बनाया है मुझे शायर
तुम्हारी मस्त अदाओं ने ~~~~~~~~~~~

कभी न हम जुदा हों
कभी न हम जुदा हों~आ इतना भी क़रीब मेरे
तुझे अपना बनाऊँगा~लिखा नसीब में मेरे
कभी न हम जुदा हों~आ इतना भी क़रीब मेरे
तुझे अपना बनाऊँगा~लिखा नसीब में मेरे
कि तेरी ही सदाओं ने~बनाया है मुझे शायर
तुम्हारी मस्त अदाओं ने~बनाया है मुझे शायर
तुम्हारी मस्त अदाओं ने ~~~~~~~~~~~

तुझ बिन साजन रैन न गुजरे
(Base-Humdam mere maan...)

तुझ बिन साजन रैन न गुजरे तड़पूँ सारी रात मैं
दिल का मैंने चैन गंवाया पहली मुलाक़ात में
तुझ बिन साजन रैन न गुजरे तड़पूँ सारी रात मैं
दिल का मैंने चैन गंवाया पहली मुलाक़ात में
तुझ बिन साजन~~~~~~~~~~~~

कुछ दिन देकर साथ तू हो गया परदेसी
दिलोजां मेरे सनम तुझपे लुटा बैठी
सतरंगी चुनर मेरी रंग कर तू गया
आया नहीं लौटकर तन्हा मैं बैठी
अज़ब तेरा ख़ुमार...ये दिल है बेक़रार
ये कैसे तुझको समझाऊँ तेरे बिन नैना बरसे हैं
तुझ बिन साजन रैन न गुजरे तड़पूँ सारी रात मैं
दिल का मैंने चैन गंवाया पहली मुलाक़ात में
तुझ बिन साजन~~~~~~~~~~~~

भीगा-भीगा है समां आहें भरती हूँ
यादें तेरी साथ मैं हरदम रखती हूँ
बेकल रहती मैं सदा तुझसे मिलने को
जानम तेरे प्यार में चिठियाँ लिखती हूँ
भुला न यूँ सनम... तू कर मुझपे करम
मैं कैसे दिल को बहलाऊँ क़यामत दुनिया करती है
तुझ बिन साजन रैन न गुजरे तड़पूँ सारी रात मैं
दिल का मैंने चैन गंवाया पहली मुलाक़ात में
तुझ बिन साजन~~~~~~~~~~~~

तुझपे मैं लुटाता जान 'ओ' तन
(Base-Tere husn ki kya tarif...)

M- तुझपे मैं लुटाता जान 'ओ' तन, तुझपे मैं...
तुझपे मैं लुटाता जान 'ओ' तन
तेरा नाम मुहब्बत अगर होता
बाहों में तुझे मैं भर लेता
अन्जाम उल्फ़त अमर होता

F- तुझपे मैं लुटाती जान 'ओ' तन, तुझपे मैं...
तुझपे मैं लुटाती जान 'ओ' तन
तेरा नाम मुहब्बत अगर होता
बाहों में मुझे तू भर लेता
अन्जाम उल्फ़त अमर होता

M- उस रब से तुझे मैं माँग भी लूँ...
पर कैसे मैं तेरी चाह करूँ~~~2
अरमानों में तेरे नख़रे बड़े...अरमानों में तेरे नख़रे बड़े
अब आगे मैं कैसे वो बात कहूँ
तुझको मैं ले जाता रंगमहल, तेरा नाम मुहब्बत अगर होता
बाहों में तुझे मैं भर लेता, अन्जाम उल्फ़त अमर होता

F- बेक़रार तू करता मेरा जिया...
तुझे मान भी लूँ मैं कैसे पिया~~~2
अन्दाज पे तेरे मरने लगी...अन्दाज पे तेरे मरने लगी
इस दिल को संभालूँ कैसे पिया
तुझको मैं बिठाती पलकों पर
तेरा नाम मुहब्बत अगर होता
बाहों में मुझे तू भर लेता, अन्जाम उल्फ़त अमर होता

M- तुझपे मैं लुटाता जान 'ओ' तन
तेरा नाम मुहब्बत अगर होता
बाहों में तुझे मैं भर लेता, अन्जाम उल्फ़त अमर होता

तुमसे बिछुड़े थे जहाँ वो जगह
(Base-Aapne yaad dilaya to...)

तुमसे बिछुड़े थे जहाँ वो जगह याद आई
तुमसे बिछुड़े थे जहाँ वो जगह याद आई
तीर नज़रों के चले वैसी ही रात आई
तुमसे बिछुड़े थे जहाँ ....

अपने इस दिल में छिपाये हैं मैंने राज़ कई
बेख़ुदी ऐसी बढ़ी दे गया मात कोई
मुझसे क्यों भी थे ख़फ़ा वो वज़ह याद आई
तीर नज़रों के चले वैसी ही रात आई
तुमसे बिछुड़े थे जहाँ ....

कब उलझने भी लगे थे प्रीत के ये धागे
इतने मग़रूर हुए छोड़ मैंदां भागे
तुम जो रूठे थे वहाँ लब पे वही बात आई
तीर नज़रों के चले वैसी ही रात आई
तुमसे बिछुड़े थे जहाँ ....

F- हालेदिल अपना कहा ख़त मैंने लिखकर
मिलने तुमसे आयी सारे ज़हां से छिपकर
कितना रंगी था समां वो...वो शमा याद आई
तुमसे बिछुड़े थे जहाँ वो जगह याद आई
M- तुमसे बिछुड़े थे जहाँ ....

तुझसे मुहब्बत करने लगी मैं
(Base-Ghum ka fasana...)

तुझसे मुहब्बत करने लगी मैं
कैसी शरारत करने लगी मैं
तेरे नाम की शोहरत मुझे खींच ले आयी
तुझसे मुहब्बत करने लगी मैं,कैसी शरारत करने...
तेरे नाम की शोहरत मुझे खींच ले आयी
तुझसे मुहब्बत करने लगी मैं

सताने लगी हैं पुरबाईयाँ...2
कि लेने लगी मैं अँगड़ाईयाँ
दिल क्यों माने न...लगी कैसी जाने न
ख़ुद से बग़ावत करने लगी मैं
तुझसे मुहब्बत करने लगी मैं
तेरे नाम की शोहरत मुझे खींच ले आयी
तुझसे मुहब्बत करने लगी मैं

बहारों का मौसम चिढ़ाने लगा ...2
मजा होले-होले आने लगा
पास मेरे आई के... बाहों में उठाई ले
तुझपे इनायत करने लगी में
तुझसे मुहब्बत करने लगी मैं
तेरे नाम की शोहरत मुझे खींच ले आयी
तुझसे मुहब्बत करने लगी मैं

साथी हाथ लेना मेरा हाथ में...2
उमर भर को तेरे हुई साथ मैं
मुझे आवाज दे...आज तेरे नाम ले
दिल की दौलत लिखने लगी मैं
तुझसे मुहब्बत करने लगी मैं
तेरे नाम की शोहरत मुझे खींच ले आयी
तुझसे मुहब्बत करने लगी मैं

तुझे इस दिल में बसाया
(Base-ek hasrat thi anchal ka...)

तुझे इस दिल में बसाया मेरा अपराध है क्या...2
क्यों तेरी याद है आयी हुई बरसात है क्या
बेख़बर ख़ुद से मैं ...
बेख़बर ख़ुद से मैं सुबह और शाम है क्या
तुझे इस दिल में बसाया मेरा अपराध है क्या
क्यों तेरी याद है आयी हुई बरसात है क्या

गरीब जान के तूने मुझे भुला ही दिया ...2
खिलौना दिल था मेरा यूँ ही तोड़ दिया
तुझे साहिल पे बिठाया यही वो राज़ है क्या
बेख़बर ख़ुद से मैं ...
बेख़बर ख़ुद से मैं सुबह और शाम है क्या
तुझे इस दिल में बसाया मेरा अपराध है क्या
क्यों तेरी याद है आयी हुई बरसात है क्या

वक़्त तन्हाई में कटना है कट जायेगा...2
ये गोरा तन 'ओ' बदन माटी में मिल जायेगा
मुझे तूने न बुलाया हुई वो बात है क्या
बेख़बर ख़ुद से मैं ...
बेख़बर ख़ुद से मैं सुबह और शाम है क्या
तुझे इस दिल में बसाया मेरा अपराध है क्या
क्यों तेरी याद है आयी हुई बरसात है क्या

पड़ी जंजीर है पैरों में न ये टूटेगी...2
मना न पाऊँगा तुझको दुनिया रूठेगी
जिसे पलकों पे बिठाया वो भी हमराज़ है क्या
बेख़बर ख़ुद से मैं ...
बेख़बर ख़ुद से मैं सुबह और शाम है क्या
तुझे इस दिल में बसाया मेरा अपराध है क्या
क्यों तेरी याद है आयी हुई बरसात है क्या

तुझे देखा 'ओ' मन डोला
(Base-Yeh Dil lekar nazrana...)

M- तुझे देखा 'ओ' मन डोला,कलियों ने घूँघट खोला
तुझे देखा 'ओ' मन डोला,कलियों ने घूँघट खोला
बैठा कब से...हूँ जानम...तेरी राह में सनम
बैठा कब से...हूँ जानम...तेरी राह में सनम

F- भीगा-भीगा ये मौसम,कैसी आग लगाये सावन
भीगा-भीगा ये मौसम,कैसी आग लगाये सावन
मैं तो हो गई...बाबरिया...तेरे प्यार में सनम
मैं तो हो गई...बाबरिया...तेरे प्यार में सनम

M- प्रीत ये तेरी-मेरी तो दुनिया जाने,दुनिया जाने...2
प्रेमी हम हैं पागल सौ अफ़साने,सौ अफ़साने...2
अंग-अंग तेरा चूम मैं लूँ जब तू ले अँगड़ाई
बैठा कब से...हूँ जानम...तेरी राह में सनम
बैठा कब से...हूँ जानम...तेरी राह में सनम

F- भीगा-भीगा ये मौसम,कैसी आग लगाये सावन
मैं तो हो गई...बाबरिया...तेरे प्यार में सनम
मैं तो हो गई...बाबरिया...तेरे प्यार में सनम

F- कजरारे नैनों में है मेरे काजल,मेरे काजल...2
नज़र उठा के यारा मैं कर दूँ घायल,कर दूँ घायल~2
बेक़रार दिल धक-धक बोले जब-जब मैं शरमाई
मैं तो हो गई...बाबरिया...तेरे प्यार में सनम
मैं तो हो गई...बाबरिया...तेरे प्यार में सनम

M- तुझे देखा 'ओ' मन डोला,कलियों ने घूँघट खोला
बैठा कब से...हूँ जानम...तेरी राह में सनम
बैठा कब से...हूँ जानम...तेरी राह में सनम

तुझे देखा है जब से दीवाना हुआ*
(Base-Meri aankhon ki nindiya chura...)

M- तुझे देखा है जब से दीवाना हुआ
बुरा है मेरा हाल ए-जानेजिगर......2
F- बेतहाशा ही तुझसे मुहब्बत हुई
है दिल बेक़रार ए-जानेजिगर......2

M- ख़्वाब तेरे ही मुझको अब आने लगे
बोल तेरे इस मन को लुभाने लगे
बोल तेरे इस मन को लुभाने लगे
तुझे चाहा है जब से फ़साना हुआ,
बुरा है मेरा हाल ए-जानेजिगर
F- बेतहाशा ही तुझसे मुहब्बत हुई,है दिल बेक़रार...
M- तुझे देखा है जब से दीवाना हुआ,बुरा है मेरा...

F- रूह से रूह का आ बन्धन लें जोड़
इस तन्हाई में मुझको तन्हा न छोड़
इस तन्हाई में मुझको तन्हा न छोड़
कुछ माँगा है तुझसे शरारत हुई
है दिल बेक़रार ए-जानेजिगर
M- तुझे देखा है जब से दीवाना हुआ,बुरा है मेरा...
F- बेतहाशा ही तुझसे मुहब्बत हुई,है दिल बेक़रार...

M- इश्क़ तेरा ये कैसा मैं जानूँ नहीं
कभी करती मुझे तू इशारा नहीं
कभी करती मुझे तू इशारा नहीं
आशिक़ी का रोग अब पुराना हुआ
बुरा है मेरा हाल ए-जानेजिगर
F- बेतहाशा ही तुझसे मुहब्बत हुई,है दिल बेक़रार...
M- तुझे देखा है जब से दीवाना हुआ,बुरा है मेरा...

तुझे प्यार करता मैं हद से ज्यादा
(Base-Salamat rahe Dostana...)

M- तुझे प्यार करता मैं हद से ज्यादा
तुझे प्यार करता मैं हद से ज्यादा
दिखाऊँगा मैं ये मेरा है वादा
F- तुझे प्यार करती मैं हद से ज्यादा
दिखाऊँगी मैं ये मेरा है वादा
M&F- दिखाऊँगा/गी मैं ये मेरा है वादा
दिखाऊँगा/गी मैं ये मेरा है वादा
तुझे प्यार करती/ता मैं हद से ज्यादा

M- तन्हाई में तू याद आने लगी
तन्हाई में तू याद आने लगी
इतना कि मुझे तड़पाने लगी
तेरे बिन कहीं अब गुजारा नहीं
मेरे साथिया क्यों पुकारा नहीं...पुकारा नहीं
नहीं तुझसे मिलता मुझे क्या पता था
दिखाऊँगा मैं ये मेरा है वादा
M&F- तुझे प्यार करता/ती मैं हद से ज्यादा
दिखाऊँगा/गी मैं ये मेरा है वादा

F- मिलकर भी मिले न हम-तुम सनम
मिलकर भी मिले न हम-तुम सनम
घुटकर ही रह गये पिंजड़े में हम
मुहब्बत का उजड़ा मेरा गुलिस्तां
चली ऐसी आँधी उड़ा आशियाँ...उड़ा आशियाँ
नहीं ये समझता तू आशिक है आधा
दिखाऊँगी मैं ये मेरा है वादा
M&F- तुझे प्यार करता/ती मैं हद से ज्यादा
दिखाऊँगा/गी मैं ये मेरा है वादा

तुझे रोशनी का शहर मिला
(Base-Kahin chand rahoon...)

तुझे रोशनी का शहर मिला,मुझे आशिकी की सजा मिली
तुझे रोशनी का शहर मिला,मुझे आशिकी की सजा मिली
तेरी चाहतों में मैं लुट गया,खुशी की न वज़ह मिली
तुझे रोशनी का शहर मिला,मुझे आशिकी की सजा मिली

तेरे नित नये ढब देखकर,मैं गर्दिशों में उलझ गया
तुझे जाना मुझसे दूर था,ये फ़लसफ़ा मैं समझ गया
तुझे खुशबुओं का चमन मिला,मुझे उजड़ती ख़िज़ां मिली
तुझे खुशबुओं का चमन मिला,मुझे उजड़ती ख़िज़ां मिली
तेरी चाहतों में मैं लुट गया,खुशी की न वज़ह मिली
तुझे रोशनी का शहर मिला,मुझे आशिकी की सजा मिली

तन्हाई में संग बैठकर,नग़में मेरे तूने गाये थे
सखियाँ तेरी थी मनचली,ख़त उनसे भिजवाये थे
तुझे जीने का ये सबब मिला,मुझे मौत भी तो न मिली
तुझे जीने का ये सबब मिला,मुझे मौत भी तो न मिली
तेरी चाहतों में मैं लुट गया,खुशी की न वज़ह मिली
तुझे रोशनी का शहर मिला,मुझे आशिकी की सजा मिली

मनमीत ही रूठा मेरा,किससे कहूँ दिल की सदा
चारों तरफ नाक़ामियाँ,तू हो गयी क्यों बेवफ़ा
तुझे चाँदनीं का गगन मिला,अंधेरों की मुझे शब मिली
तुझे चाँदनीं का गगन मिला,अंधेरों की मुझे शब मिली
तेरी चाहतों में मैं लुट गया,खुशी की न वज़ह मिली
तुझे रोशनी का शहर मिला,मुझे आशिकी की सजा मिली

तुम ही तुम तो बसे हो इस दिल में

F- तुम ही तुम तो बसे हो इस दिल में
तुम ही तुम तो बसे हो इस दिल में
मेरे सरकार~मेरे सरकार~मेरे सरकार~मेरे सरकार
M- तुम ही तुम तो लगी हो इस दिल की
तुम ही तुम तो लगी हो इस दिल की
मेरी सरकार-मेरी सरकार-मेरी सरकार-मेरी सरकार

F- देखो-देखो जवां हैं नज़ारे
दीवाने दो दिल हुये बन्जारे
M- बड़ी क़ातिल हैं तेरी अदायें
ए-जानम ये राज़ मुझे समझा रे
F- मेरे नज़दीक आ-आ... मेरे नज़दीक आ-आ-आ
तुम ही तुम तो बसे हो इस दिल में
मेरे सरकार~मेरे सरकार~मेरे सरकार~मेरे सरकार

M- कजरारे नैनों का जादू
बेकाबू इस दिल को कर गयी तू
F- मतवाला छैलछबीला
रंगीला इस दिल को भा गया तू
M- ए-मेरी दिलरूबा...मेरी जानेवफ़ा
तुम ही तुम तो लगी हो इस दिल की
मेरी सरकार-मेरी सरकार-मेरी सरकार-मेरी सरकार

F- तू ही तू ख़्वाबों में क्यों आये
मुस्काये मुझको न तब चैन आये
M- दिन-रात तू मुझको तड़पाये
नादां तू कुछ तेरे बिन न रास आये
F- मैं तेरी चाँदनीं....कर ले मुझपे यकीं
तुम ही तुम तो बसे हो इस दिल में
मेरे सरकार~मेरे सरकार~मेरे सरकार~मेरे सरकार

तुमसे मुहब्बत करने लगी मैं
(Base-Aao Tumhe mein pyar...)

F- तुमसे मुहब्बत करने लगी मैं ~M-अन्जाने में
F- क्यों भी तो तुमपे मरने लगी मैं~M-अन्जाने में
F- लिखने लगी तुझे अफ़साने
कैसी शरारत करने लगी मैं ~M-अन्जाने में
F- तुमसे मुहब्बत करने लगी मैं

F- हो गयी तेरी~ले मैं दिलबर बेक़रार दिल मेरा
M- ए-नाज़नीं है हसीन तू
F- आशिक तू~है अलबेला इन्तज़ार मुझे तेरा
M- आ संवार दूँ तेरी जुल्फ़ को
तन्हा मिलन की ऋतु आई...तन्हा मिलन की ऋतु आई
F- लेती मैं अँगड़ाई
M- हो न जाये रुसवाई F-अन्जाने में
M- तुझसे मुहब्बत करने लगा मैं F-अन्जाने में
M- क्यों भी तो तुझपे मरने लगा मैं F-अन्जाने में
M- तुझसे मुहब्बत करने लगा मैं

M- रातोदिन~बैचेन है करता तेरी आँख का जादू
F- ऐसा न कह जानेजिगर
M- यौवन तेरा~हीरे जैसा मुझको करे बेकाबू
F- नज़दीक आ दिल ले मेरा
हमदम तू मेरा दिलजानी...हमदम तू मेरा दिलजानी
M- करने भी दे मनमानी
F- कैसे कटे ये तन्हाई M- अन्जाने में
F- तुमसे मुहब्बत करने लगी मैं ~M-अन्जाने में
F- क्यों भी तो तुमपे मरने लगी मैं~M-अन्जाने में
F- तुमसे मुहब्बत करने लगी मैं... तुमसे मुहब्बत...

तू जो पास आये बात बन जाये
(Base- Jane kaisa hai mera deewana...)

F- तू जो पास आये बात बन जाये
दिल में सदियों से छिपा राज़ खुल जाये
M- तू जो पास आये बात बन जाये
दिल में सदियों से छिपा राज़ खुल जाये
तू जो पास आये~~~~~~~~~~~

M- करने दे आज मुझे यार मनमानियाँ~~~2
बाली उमर है ऐसी होती नादानियाँ...होती नादानियाँ
तू जो शरमाये... दिल घबराये
दिल में सदियों से छिपा राज़ खुल जाये
F- तू जो पास आये बात बन जाये
दिल में सदियों से छिपा राज़ खुल जाये,तू जो पास...

F- दिल तेरे नाम पिया मैंने लिख कब का दिया~2
जग सारा छोड़कर
तुझपे ऐतबार किया...तुझपे ऐतबार किया
रोग बुरा ये फिर भी मन भाये
दिल में सदियों से छिपा राज़ खुल जाये
M- तू जो पास आये बात बन जाये
दिल में सदियों से छिपा राज़ खुल जाये,तू जो पास...

F- जादू सा है सनम तेरी हर बात में
ढल गयी मैं सनम तेरे जज़्बात में
M- डूबा रहता मैं सनम तेरे ही प्यार में...तेरे ही प्यार में
दिल खिलौना टूट न जाये
M- दिल में सदियों से छिपा राज़ खुल जाये
F- तू जो पास आये बात बन जाये
दिल में सदियों से छिपा राज़ खुल जाये,तू जो पास...

तू है कमसिन नार नवेली
(Base-Gori udke malmal

M- तू है कमसिन नार नवेली..तू है कमसिन नार नवेली
संँभाल अपनी चुनरिया...संँभाल अपनी चुनरिया
.....संँभाल अपनी चुनरिया

F- आई सावन ऋतु अलबेली-आई सावन ऋतु अलबेली
कि आजा मेरे साँवरिया...कि आजा मेरे साँवरिया
.....कि आजा मेरे साँवरिया

F- खोलूँ जब घूँघट पट मैं M-दीदार करूँ तेरा फुर्सत में

F- खोलूँ जब घूँघट पट मैं M-दीदार करूँ तेरा फुर्सत में

F- मत छेड़ना देख अकेली,मत छेड़ना देख अकेली
हंसेंगी मुझपे सखियाँ...हंसेंगी मुझपे सखियाँ
....हंसेंगी मुझपे सखियाँ

M- तू अनसुलझी पहेली...तू अनसुलझी पहेली
नाचे बाँध पायलिया...नाचे बाँध पायलिया
...नाचे बाँध पायलिया

F- रुख़सारों में है जादू M-कर न मुझे तू बेकाबू

F- रुख़सारों में है जादू M-कर न मुझे तू बेकाबू

F- न ही चम्पा न मैं चमेली,न ही चम्पा न मैं चमेली
न आना कल मेरी गलियाँ...
न आना कल मेरी गलियाँ,न आना कल मेरी गलियाँ

M- तू है जन्नत का नज़ारा...तू है जन्नत का नज़ारा
कैसे मैं दूँ छोड़ गलियाँ...कैसे मैं दूँ छोड़ गलियाँ
...कैसे मैं दूँ छोड़ गलियाँ

F- आई सावन ऋतु अलबेली कि आजा मेरे~~~

M- तू है कमसिन नार नवेली संँभाल अपनी~~~

तू है संगदिल सनम
(Base-Yeh Khirki jo band...)

तू है संगदिल सनम~बेवफ़ा है सनम
तू तो निर्मोही है~है हरजाई तू
तू साजन-साजन... तू साजन
तू साजन बड़ा बेदर्दी...तू साजन बड़ा बेदर्दी...
तू है संगदिल सनम~बेवफ़ा है सनम
तू तो निर्मोही है~है हरजाई तू
तू साजन-साजन... तू साजन...
तू साजन बड़ा बेदर्दी...तू साजन बड़ा बेदर्दी...

छत पर न जाने मैं कब से खड़ी
सिर की चुनरिया हवा में उड़ी
कैसी मुसीबत ये आ पड़ी
रामकसम नाज़ुक ये घड़ी
कद्र न जाने कैसा लोफर अनाड़ी
लिये बैठी मैं कब से अर्जी तू साजन...
तू साजन बड़ा बेदर्दी...तू साजन बड़ा बेदर्दी...

कमसिन अभी मैं नादान हूँ
उल्फ़त की राहों से अन्जान हूँ
तुझको पसन्द कर लिया
लाखों के दिल का अरमान हूँ
कैसा अजूबा बाँका सिपहिया
अरे कैसा है तू ख़ुदगर्ज़ी तू साजन...
तू साजन बड़ा बेदर्दी...तू साजन बड़ा बेदर्दी...

तन्हा मैं लेती अंगडाईयाँ
समझे न दिल की गहराईयाँ
जब से निगाहें लड़ गयीं
होने लगी जग में रुसवाईयाँ
सच-सच बता और कुछ न छिपा
तू सच्चा है या फिर फ़रजी तू जानम...
तू साजन बड़ा बेदर्दी...तू साजन बड़ा बेदर्दी

तू तो खोयी-खोयी है ग़फ़लत में
(Base-Zikra hota hai jab...)

तू तो खोयी-खोयी है ग़फ़लत में
मेरे दिल की जुवां क्या समझेगी
मैं न होऊँगा जब इस ज़माने में
मेरे ग़म का फ़साना समझेगी

तुझे अफ़साना मैंने लिखा है
कैसे पहुँचेगा ये भला तुझ तक
देखे कुछ ख़्वाब तेरी आँखों में
क्या भी होंगे ये पूरे मरने तक
तू तो सोयी-सोयी है फुरसत में
मेरी दुनिया यूँ ही उजड़ेगी
तू तो खोयी-खोयी है ग़फ़लत में
मेरे दिल की जुवां क्या समझेगी

सूनी रातों में यादें हैं तेरी
भरी महफ़िल में बातें हैं तेरी
छोड़ दुनिया ये सामने आ-जा
मेरी धड़कन में सांसें हैं तेरी
तू किसी और की है किस्मत में
मेरे आँगन में तू क्या ठहरेगी
तू तो खोयी-खोयी है ग़फ़लत में
मेरे दिल की जुवां क्या समझेगी

ज़िन्दगानी में दम तुझ ही से है
हर तमन्ना में रंग तुझ ही से है
तू न होगी तो ए-जाने जां
लम्हा-लम्हा बदरंग तुझ ही से है
तू तो उलझी रहेगी जन्नत में
मेरी अर्थी ज़हां से गुजरेगी
तू तो खोयी-खोयी है ग़फ़लत में
मेरे दिल की जुवां क्या समझेगी

तू सूरत सादगी की
(Base- yun rootho na hasina...)

तू सूरत सादगी की
तुझे रब से माँगता हूँ...तुझे रब से माँगता हूँ
तू सूरत सादगी की
तुझे रब से माँगता हूँ...तुझे रब से माँगता हूँ
तू सूरत सादगी की~~~~~~~~~~~~~

महकी हैं तेरी सांसें अंग-अंग में है रानाई
ये राज़ कैसे कह दूँ नस-नस में तू समाई
ये सिर झुका है हमदम ले तेरी बन्दगी में
दूजा न कोई है अब बेज़ार ज़िन्दगी में
तू सूरत सादगी की
तुझे रब से माँगता हूँ...तुझे रब से माँगता हूँ
तू सूरत सादगी की~~~~~~~~~~~~~

जानेजां आ सजा दूँ बालों में तेरे गजरा
कैसा ग़ज़ब ढाता आँखों का तेरे कजरा
संगीत की ये सरगम हुई तुझसे ही जवां है
उजड़े नहीं कभी जो ऐसा ही तू समां है
तू सूरत सादगी की
तुझे रब से माँगता हूँ...तुझे रब से माँगता हूँ
तू सूरत सादगी की~~~~~~~~~~~~~

कैसा अनोखा बन्धन तुझसे जुड़ गया है
इतना हंसीन तोहफा कि ठिकाना मिल गया है
तन्हाई के भँवर में अब छोड़ के न जाना
मैं राह का मुसाफिर दिल तोड़ के न जाना
तू सूरत सादगी की
तुझे रब से माँगता हूँ...तुझे रब से माँगता हूँ
तू सूरत सादगी की~~~~~~~~~~~~~

तेरा ही तो रहता है इन्तज़ार
(Base-Mast baharon ka mein...)

तेरा ही तो रहता है इन्तज़ार हर घड़ी
ज़िन्दगी में अब मेरी तू नहीं तो कुछ नहीं
तुझसे मुहब्बत मेरे सनम तेरी कसम

(मार ही न डाले तेरी अंगड़ाई)....2
जलवों ने तेरे क़यामत ढायी
आशिकी का दे सिला...मन का मैं हूँ मनचला
आग ये कैसी तुझे पाने की दिल में लगी है
मेरे सनम तेरी कसम
तेरा ही तो रहता है इन्तज़ार हर घड़ी
ज़िन्दगी में अब मेरी तू नहीं तो कुछ नहीं
तुझसे मुहब्बत मेरे सनम तेरी कसम

(दिल का तोहफ़ा किया तेरे नाम)....2
चाहें जो भी हो आगे अन्जाम
तुझसा हमदम मिले...प्यारा-प्यारा गुल खिले
रब ने मुझको दिया सब कुछ तेरी ही कमी है
मेरे सनम तेरी कसम
तेरा ही तो रहता है इन्तज़ार हर घड़ी
ज़िन्दगी में अब मेरी तू नहीं तो कुछ नहीं
तुझसे मुहब्बत मेरे सनम तेरी कसम

(चूम लूं आ लब से गोरा ये बदन)....2
शोलों में जलता तेरा अँग-अँग
आ गले लग जा मेरे... साथिया दिलबर मेरे
सौ-सौ जनम हम-तुम मिलेंगे मुझको यकीं है
मेरे सनम तेरी कसम
तेरा ही तो रहता है इन्तज़ार हर घड़ी
ज़िन्दगी में अब मेरी तू नहीं तो कुछ नहीं
तुझसे मुहब्बत मेरे सनम तेरी कसम

तेरे कारन दिलरूबा मैं
(Base-Mera jeewan kora...)

तेरे कारन दिलरूबा मैं ग़मजदा हुआ
तेरे कारन दिलरूबा मैं ग़मजदा हुआ
ढल गया मैं...ढल गया मैं तेरे रंग में क्या गुनाह हुआ
तेरे कारन...तेरे कारन दिलरूबा मैं ग़मजदा हुआ

जल रहे थे कुछ दीये...जल रहे थे कुछ दीये
वो भी बुझ गये... वो भी बुझ गये
बढ़ते जाते थे कदम
वो भी रुक गये... वो भी रुक गये
हुई मेरी...हुई मेरी गलियाँ वीरानी मैं फ़ना हुआ
तेरे कारन...तेरे कारन दिलरूबा मैं ग़मजदा हुआ

शामोसुबह तुझसे बातें...शामोसुबह तुझसे बातें
यादें ही रह गयी....यादें ही रह गयी
हम मिले थे तन्हा-तन्हा
रातें कहाँ वो गयीं...रातें कहाँ वो गयीं
रोग ऐसा...रोग ऐसा आज मुझको बे-वज़ह हुआ
तेरे कारन...तेरे कारन दिलरूबा मैं ग़मजदा हुआ

अब गुजरता है नहीं भी...अब गुजरता है नहीं भी
तुझ बिन ये सफ़र...तुझ बिन ये सफ़र
बेवफ़ा तो है नहीं भी
मेरा हमसफर...मेरा हमसफर
इस ज़हां...इस ज़हां की ठोकरों से वो जुदा हुआ
तेरे कारन...तेरे कारन दिलरूबा मैं ग़मजदा हुआ

ढल गया मैं...ढल गया मैं तेरे रंग में क्या गुनाह हुआ
तेरे कारन...तेरे कारन दिलरूबा मैं ग़मजदा हुआ

तेरे नाम पे मैंने लिख दिया
(Base-Tu pyar pe mere atbar...)

तेरे नाम पे मैंने लिख दिया है ये दिल
तेरे नाम पे मैंने लिख दिया है ये दिल
हो कोई मुश्किल सुन मेरे राजा
मैं रामदुलारी तेरी हूँ एक तेरे लिये ही कुँवारी हूँ
तेरे नाम पे मैंने लिख दिया है ये दिल

तेरे जल्वों को देखा हुई मैं दीवानी
तेरे जल्वों को देखा हुई मैं दीवानी
अँगड़ाईयाँ मेरी कहें क्या कहानी
ठण्डी आहें भरती...ठण्डी आहें भरती...
कब से तुझपे मरती सुन मेरे राजा
मैं रामदुलारी तेरी हूँ एक तेरे लिये ही कुँवारी हूँ
तेरे नाम पे मैंने लिख दिया है ये दिल
हो कोई मुश्किल सुन मेरे राजा
मैं रामदुलारी तेरी हूँ एक तेरे लिये ही कुँवारी हूँ
तेरे नाम पे मैंने लिख दिया है ये दिल

जो कहेगा तू मुझसे वही मैं करूँगी
जो कहेगा तू मुझसे वही मैं करूँगी
तेरे क़दमों में सज़दे किया मैं करूँगी
सुबह-शाम तुझे मैं...सुबह-शाम तुझे मैं...
जी भर प्यार करूँगी सुन मेरे राजा
मैं रामदुलारी तेरी हूँ एक तेरे लिये ही कुँवारी हूँ
तेरे नाम पे मैंने लिख दिया है ये दिल
हो कोई मुश्किल सुन मेरे राजा
मैं रामदुलारी तेरी हूँ एक तेरे लिये ही कुँवारी हूँ
तेरे नाम पे मैंने लिख दिया है ये दिल

तोड़ा है तूने दिल
(Base-Tum bin kahin Karar...)

तोड़ा है तूने दिल ज़माने से क्या गिला
तोड़ा है तूने दिल ज़माने से क्या गिला
ऐसा दिया है दर्द नहीं जिसकी कोई दवा
तोड़ा है तूने दिल ज़माने से क्या गिला
ऐसा दिया है दर्द नहीं जिसकी कोई दवा
तोड़ा है तूने दिल ~~~~~~~~~~~~~

दिल का मैं हाल तुझको सुना भी तो न सका
चाहा बहुत मैंने भुला भी तो न सका
खोया है मैंने यार फ़साने से क्या मिला
खोया है मैंने यार फ़साने से क्या मिला
ऐसा दिया है दर्द नहीं जिसकी कोई दवा
तोड़ा है तूने दिल ~~~~~~~~~~~~~

बैचेन है ये दिल लम्हें वो याद कर
ख़ुद से करूँ मैं बात फुरसत में बैठ कर
मोड़ा है तूने मुंह बहाने से क्या मिला
मोड़ा है तूने मुंह बहाने से क्या मिला
ऐसा दिया है दर्द नहीं जिसकी कोई दवा
तोड़ा है तूने दिल ~~~~~~~~~~~~~

उम्मीदें सारी ख़त्म फिर से कभी मिलें
गुलशन मेरा उदास गुल भी नहीं खिले
छोड़ा है तूने तीर दिया अच्छा ये सिला
छोड़ा है तूने तीर दिया अच्छा ये सिला
ऐसा दिया है दर्द नहीं जिसकी कोई दवा
तोड़ा है तूने दिल ~~~~~~~~~~~~~

ठण्डी आहें भरती

(Base-Kitna pyra wada hai...)

ठण्डी आहें भरती....
ठण्डी आहें भरती... मैं तन्हा-तन्हा रातों में
समझाऊँ मैं तुझको कैसे दिल की बात मेरे सनम
तू बेवफ़ा... तू बेरहम
ठण्डी आहें भरती... मैं तन्हा-तन्हा रातों में
समझाऊँ मैं तुझको कैसे दिल की बात मेरे सनम

तू आवारा है बादल, समझ न पाये मेरी धड़कन
मैं हूँ प्यासी एक नदिया, संभल न पाये मुझसे आँचल
जाने जाना सहे हैं यूँ ही तेरी ख़ातिर...
क्या-क्या नहीं मैंने सितम
ठण्डी आहें भरती... मैं तन्हा-तन्हा रातों में
समझाऊँ मैं तुझको कैसे दिल की बात मेरे सनम

दिल में आया चोरी-चोरी, पकड़ी तूने बैंयां मेरी
दिल में तेरे क्या है जानूँ, सदा-सदा को मैं हूँ तेरी
जो तू चाहे मेरे सजना लिखकर दे दूँ...
चाहे भी जो ले-ले कसम
ठण्डी आहें भरती... मैं तन्हा-तन्हा रातों में
समझाऊँ मैं तुझको कैसे दिल की बात मेरे सनम

है मुहब्बत मुझे तुझसे, जुदा रहूँ मैं कैसे तुझसे
बांध बंधन जनम-जनम का, ख़ता हुई क्या ऐसी मुझसे
ओ मतवाले ओ दिलवाले सुनता जा रे...
कर भी तू दे मुझपे करम
ठण्डी आहें भरती... मैं तन्हा-तन्हा रातों में
समझाऊँ मैं तुझको कैसे दिल की बात मेरे सनम

उफ न करूँगा मैं सनम
(Base-Kitni Jawan hai...)

उफ न करूँगा मैं सनम कितने ले इम्तिहान
दिल की दौलत तेरे लिये है ले-ले मेरी जान
उफ न करूँगा मैं सनम कितने ले इम्तिहान
दिल की दौलत तेरे लिये है ले-ले मेरी जान

निखरी-निखरी ये जवानी ढल यूँ ही जायेगी
निखरी-निखरी ये जवानी ढल यूँ ही जायेगी
मान भी ले बात ये मेरी वरना पछतायेगी
तन्हा-तन्हा मिलने आ-जा मुश्किल में है जान
उफ न करूँगा मैं सनम कितने ले इम्तिहान
दिल की दौलत तेरे लिये है ले-ले मेरी जान

दिल समझकर एक खिलौना तोड़ न जानेजिगर
दिल समझकर एक खिलौना तोड़ न जानेजिगर
दे दवा कोई ऐसी मुझको हो रहा दर्द-ए-जिगर
हो गयी तुझसे मुहब्बत है तेरा अरमान
उफ न करूँगा मैं सनम कितने ले इम्तिहान
दिल की दौलत तेरे लिये है ले-ले मेरी जान

हमसफ़र एक चाहिए ज़िंदगानी के लिये
हमसफ़र एक चाहिए ज़िंदगानी के लिये
कब तलक यूँ जानेजां बेख़ुदी में हम जियें
अपने आशिक पर तू कर दे थोड़ा सा एहसान
उफ न करूँगा मैं सनम कितने ले इम्तिहान
दिल की दौलत तेरे लिये है ले-ले मेरी जान

उल्फ़त है रोग ऐसा
(Base-yun rootho no haseena...)

उल्फ़त है रोग ऐसा~जो लग के फिर न छूटा
जो लग के फिर न छूटा
उल्फ़त है रोग ऐसा~जो लग के फिर न छूटा
जो लग के फिर न छूटा...उल्फ़त है रोग ऐसा...

नज़रें मिली हैं जब-जब, बैचेनियाँ बढ़ी हैं
ये प्रेमियों से पूछो, तब मुश्किलें खड़ी हैं
जन्नत की हूर हैं ये, एक दिन दगा ये देंगी
चन्द लम्हें पास आकर, अपना पता न देंगी
उल्फ़त है रोग ऐसा~जो लग के फिर न छूटा
जो लग के फिर न छूटा...उल्फ़त है रोग ऐसा...

ये फूल हैं भी ऐसे, कर देते जो हैं घायल
रंग हैं ये वो बसन्ती, उतरें न फिर से शायद
ऐसी है इनकी फ़ितरत, बदलें ये हर घड़ी में
अन्जानी सी मुसीबत, दे जाते ज़िन्दगी में
उल्फ़त है रोग ऐसा~जो लग के फिर न छूटा
जो लग के फिर न छूटा...उल्फ़त है रोग ऐसा...

लब पे कभी हक़ीक़त, ला न सका है इन्सां
ये राज़ है भी ऐसा, छिप कर नहीं है छिपता
हैरां है ख़ुद ख़ुदा भी, इस हुस्न को बनाकर
कहीं कोसों दूर जा, बैठा है वो वहाँ पर
उल्फ़त है रोग ऐसा~जो लग के फिर न छूटा
जो लग के फिर न छूटा...उल्फ़त है रोग ऐसा...

उल्फ़त की राह में उठ गये मेरे कदम
(Base-Aise tere bagair jiye...)

उल्फ़त की राह में उठ गये मेरे कदम
उल्फ़त की राह में उठ गये मेरे कदम
मुझसे कभी क़रार कर गये मेरे सनम
उल्फ़त की राह में उठ गये मेरे कदम

मुझे याद आने वाले मुझे और ग़म न दे
मुझे याद आने वाले मुझे और ग़म न दे
बे-रंग हो चुका हूँ मुझे और रंग न दे
जन्नत की आस दे छिप गये मेरे सनम
जन्नत की आस दे छिप गये मेरे सनम
मुझसे कभी क़रार कर गये मेरे सनम
उल्फ़त की राह में उठ गये मेरे कदम

देखे जो ख़्वाब मैंने वो सब बिखर गये
देखे जो ख़्वाब मैंने वो सब बिखर गये
बैठे थे डाल पर जो पंछी बिछुड़ गये
पल-पल नासूर जैसे हो गये मेरे जख़्म
पल-पल नासूर जैसे हो गये मेरे जख़्म
मुझसे कभी क़रार कर गये मेरे सनम
उल्फ़त की राह में उठ गये मेरे कदम

होता नहीं है आजकल क़ुदरत का करिश्मा
होता नहीं है आजकल क़ुदरत का करिश्मा
कर ले सुनवाई मेरी न ही है कोई महक़मा
शबनम की बाढ़ में बह गये मेरे करम
शबनम की बाढ़ में बह गये मेरे करम
मुझसे कभी क़रार कर गये मेरे सनम
उल्फ़त की राह में उठ गये मेरे कदम

उस जैसी फिर सुबह न आई
(Base-bachpan ke din bhula...)

उस जैसी फिर सुबह न आई
उस जैसी फिर सुबह न आई
किया प्यार और मिली जुदाई
किया प्यार और मिली जुदाई
उस जैसी फिर सुबह न आई

फुर्सत पाकर हम दोनों ने खूब लिखे अफ़साने दिल के
फुर्सत पाकर हम दोनों ने खूब लिखे अफ़साने दिल के
जब भी मिले हम तन्हा-2 जाम पिये रोज ही लब के
जब भी मिले हम तन्हा-2 जाम पिये रोज ही लब के
उस जैसी फिर शाम न आई
किया प्यार और मिली जुदाई
उस जैसी फिर सुबह न आई

जिधर-२ से हम गुजरे रोशन हमसे थी वो गलियाँ
जिधर-२ से हम गुजरे रोशन हमसे थी वो गलियाँ
नहीं भी हमको गर जो देखा शिकवा हमसे करती सखियाँ
नहीं भी हमको गर जो देखा शिकवा हमसे करती सखियाँ
उस जैसी फिर घड़ी न आई
किया प्यार और मिली जुदाई
उस जैसी फिर सुबह न आई

चले भी धुन में दो मतवाले बुलन्दियों पर थे इरादे
चले भी धुन में दो मतवाले बुलन्दियों पर थे इरादे
मिल के अब जुदा न होंगे खायी कसमें किये थे वादे
मिल के अब जुदा न होंगे खायी कसमें किये थे वादे
लगा के दिल से नज़र चुराई
किया प्यार और मिली जुदाई
उस जैसी फिर सुबह न आई

उसे लिखे वो अफ़साने
(Base-Sanam tu bewafa ke...)

उसे लिखे वो अफ़साने मुझे अब याद आते हैं
सितमगर की कहूँ क्या मैं नहीं जो पास आते है
सितमगर की कहूँ क्या मैं नहीं जो पास आते है
उसे लिखे वो अफ़साने हमें अब याद आते हैं
सितमगर की कहें क्या हम नहीं जो पास आते हैं

न ये नज़रें मिलीं होती...न ये नज़रें मिलीं होती
कदम आगे न ये बढ़ते
न यूँ वे इम्तिहां लेते...न यूँ वे इम्तिहां लेते
जिगर घायल न हम करते
जिगर घायल न हम करते
न जाने क्यों ख़्याल उनके सुबहोशाम आते हैं
सितमगर की कहें क्या हम नहीं जो पास आते हैं

जवां चाँद सा मुखड़ा...जवां चाँद सा मुखड़ा
निगाहें भूल न पायी
महकते फूलों सा यौवन...महकते फूलों सा यौवन
चली थी झूम के पुरबाई
चली थी झूम के पुरबाई
गुलोगुलशन के भँवरे हमें पहचान जाते हैं
सितमगर की कहें क्या हम नहीं जो पास आते हैं

मिले हैं आशिक़ी में ग़म...मिले हैं आशिक़ी में ग़म
ये सब उनकी बदौलत हैं
फरेबी हो गये हैं वो...फरेबी हो गये हैं वो
हुई उनकी क़यामत है
हुई उनकी क़यामत है
खुशामद क्या करें उनकी नहीं जो मान पाते हैं
सितमगर की कहें क्या हम नहीं जो पास आते हैं

वो धड़कनों में धड़क रहे हैं
(Base-Nazar bachakar chale...)

वो धड़कनों में धड़क रहे हैं घुंघरू जैसे कि पाँव में
नस-नस में समा गये वो खुशबू जैसे गुलाब में
घुंघरू जैसे कि पाँव में
वो धड़कनों में धड़क रहे हैं घुंघरू जैसे कि पाँव में
नस-नस में समा गये वो खुशबू जैसे गुलाब में
घुंघरू जैसे कि पाँव में

बेवज़ह ही मेरे यार ने मुझे ख़्वाब दिखलाये
मुस्कुराहटें क़ैद हो गयीं छिपे राज़ खुलवाये
बेवज़ह ही मेरे यार ने मुझे ख़्वाब दिखलाये
मुस्कुराहटें क़ैद हो गयीं छिपे राज़ खुलवाये
वो धड़कनों में धड़क रहे हैं घुंघरू जैसे कि पाँव में
नस-नस में समा गये वो खुशबू जैसे गुलाब में
घुंघरू जैसे कि पाँव में

भूल वो गये ऐसे हैं मुझे नहीं वास्ता कोई
आ गया मैं ऐसे मोड़ पर नहीं रास्ता कोई
भूल वो गये ऐसे हैं मुझे नहीं वास्ता कोई
आ गया मैं ऐसे मोड़ पर नहीं रास्ता कोई
वो धड़कनों में धड़क रहे हैं घुंघरू जैसे कि पाँव में
नस-नस में समा गये वो खुशबू जैसे गुलाब में
घुंघरू जैसे कि पाँव में

मुझको वो गये तन्हा छोड़कर जाने किस दुनिया में
अगर बेख़ुदी हुई न होती वो होते पहलू में
मुझको वो गये तन्हा छोड़कर जाने किस दुनिया में
अगर बेख़ुदी हुई न होती वो होते पहलू में
वो धड़कनों में धड़क रहे हैं घुंघरू जैसे कि पाँव में
नस-नस में समा गये वो खुशबू जैसे गुलाब में
घुंघरू जैसे कि पाँव में

वो लम्हें जो गुजरे कैसे भुलायें
(Base-Tumhe yaad hoga...)

M- वो लम्हें जो गुजरे कैसे भुलायें~~~2
करवट बदलते हैं तुम याद आये
F- वो लम्हें जो गुजरे कैसे भुलायें~~~2
करवट बदलते हैं तुम याद आये
वो लम्हें जो गुजरे कैसे भुलायें

M- निग़ाहों में अब भी तेरी ही सूरत
कि अब भी मुझे है तेरी जरूरत
अगर कोई दिल से मेरे ये पूछे
कि अब भी मुझे है तुझसे चाहत~~~2
F- वो लम्हें जो गुजरे कैसे भुलायें

F- कहाँ तक जियें इन यादों के संग-संग
चले आओ हमदम संवारो ये जीवन
मेरी ज़िंदगी पर फ़क़त हक़ है तेरा
बहाने करो न उठाओ ये चिलमन~~~2
M- वो लम्हें जो गुजरे कैसे भुलायें

M- हक़ीक़त की दुनिया में चाहत नहीं है
ये कागज़ की क़श्ती किनारा नहीं है
कि उस पार तू है इस पार मैं हूँ
नदिया की मौजों का ठिकाना नहीं है~~~2
F- वो लम्हें जो गुजरे कैसे भुलायें

F- नहीं हूँ मैं तेरी अमानत मैं उसकी
बुझेगी कभी न लगी है ये दिल की
जंजीरों से ज्यादा ये बन्धन जुड़े हैं
रुकेंगी कभी न आँधियाँ ग़म~~~2
M- वो लम्हें जो गुजरे कैसे भुलायें

वो रात फिर न आई, वो लम्हें...
(Base-Kisi Meharban ne ake...)

F- वो रात फिर न आई, वो लम्हें फिर न आये
वो रात फिर न आई, वो लम्हें फिर न आये
गुजरे वो पास ही से, हम उनसे मिल न पाये
M- वो रात फिर न आई, वो लम्हें फिर न आये
गुजरे वो पास ही से, हम उनसे मिल न पाये
वो रात फिर न आई, वो लम्हें फिर न आये

F- आयेंगे मेरे साजन...ख़ुद को संवारती मैं
आयेंगे मेरे साजन...ख़ुद को संवारती मैं
तन्हाई में मिलेंगे, खिड़की से झाँकती मैं
हुई कैसी ये जुदाई, वो लौट फिर न आये
हुई कैसी ये जुदाई, वो लौट फिर न आये
गुजरे वो पास ही से, हम उनसे मिल न पाये
M- वो रात फिर न आई, वो लम्हें फिर न आये
वो रात फिर न आई, वो लम्हें फिर न आये
गुजरे वो पास ही से, हम उनसे मिल न पाये
वो रात फिर न आई, वो लम्हें फिर न आये

M- अँगड़ाईयों में उनकी...थे मस्तियों के ढेरे
अँगड़ाईयों में उनकी...थे मस्तियों के ढेरे
बाहों में आते थे वो... शाम 'ओ' कभी सबेरे
राहों में उनकी यारों, हम पलकें है बिछाये
राहों में उनकी यारों, हम पलकें है बिछाये
गुजरे वो पास ही से, हम उनसे मिल न पाये
F- वो रात फिर न आई, वो लम्हें फिर न आये
M- गुजरे वो पास ही से, हम उनसे मिल न पाये
F&M- वो रात फिर न आई, वो लम्हें फिर न आये
गुजरे वो पास ही से, हम उनसे मिल न पाये

यही है मुहब्बत कभी मिलन है
(Base-Agar dil hamara...)

यही है मुहब्बत~कभी मिलन है~कभी जुदाई
कभी जुदाई~ये बात नहीं भायी~ऋतु कैसी आई
चाहा जिसे दिल से~वो हुई है पराई
यही है मुहब्बत~कभी मिलन है~कभी जुदाई
कभी जुदाई~ये बात नहीं भायी~ऋतु कैसी आई
चाहा जिसे दिल से~वो हुई है पराई
यही है मुहब्बत~~~~~~~~~~~~~

है नज़रों का मिलना अजब ही कहानी
है नज़रों का मिलना अजब ही कहानी
बदल जाती पल में हैं ज़िन्दगानी
कि ख़्वाबों की दुनिया हंसी हो गयी
मुझे उससे मिलने की लत हो गयी
गया पास उसके नहीं पास आई
यही है मुहब्बत~कभी मिलन है~कभी जुदाई
कभी जुदाई~ये बात नहीं भायी~ऋतु कैसी आई
चाहा जिसे दिल से~वो हुई है पराई
यही है मुहब्बत~~~~~~~~~~~~~

जो देखे थे सपने फ़ना हो गये
जो देखे थे सपने फ़ना हो गये
हुई भूल क्या भी ख़फा हो गये
छुरी दिल पे मेरे कब चल गई
कि पैरों तले से ज़मीं हिल गई
वो पल भर में ही कर गये बेवफ़ाई
यही है मुहब्बत~कभी मिलन है~कभी जुदाई
कभी जुदाई~ये बात नहीं भायी~ऋतु कैसी आई
चाहा जिसे दिल से~वो हुई है पराई
यही है मुहब्बत~~~~~~~~~~~~~

यही ज़िन्दगी है यही ज़िन्दगी है
(Base-Tum chal rahe ho...)

यही ज़िन्दगी है...यही ज़िन्दगी है
कुछ पल का है रोना...दो पल की खुशी है
यही ज़िन्दगी है...यही ज़िन्दगी है
कुछ पल का है रोना...दो पल की खुशी है
यही ज़िन्दगी है...

कोई रूपसी हसीना...दिल से लगाकर
तोड़ दिल जाये तो हम क्या करें
सुनसान राहें...तमन्ना जगाकर
छोड तन्हा जाये तो हम क्या करें
यही ज़िन्दगी है...यही ज़िन्दगी है
कुछ पल का है रोना...दो पल की खुशी है
यही ज़िन्दगी है...

मदहोश ये जवानी...मचलती रही है
बुझती नहीं है ये दिल की लगी
बनी है चिंगारी...लम्हों में ही शोला
जल जब गयी ये शमा न बुझी
यही ज़िन्दगी है...यही ज़िन्दगी है
कुछ पल का है रोना...दो पल की खुशी है
यही ज़िन्दगी है...

समझता रहा मैं... जिसको अपना
उसी हमनशीं ने तबाह कर दिया
गले से लगाया... ग़मों से मैं खेला
ये कैसा भी मैंने गुनाह कर लिया
यही ज़िन्दगी है...यही ज़िन्दगी है
कुछ पल का है रोना...दो पल की खुशी है
यही ज़िन्दगी है...

याद आये तेरी तन्हाई में
(Base-Kate nahi kat ta...)

M- मेरी जानूं...
याद आये तेरी तन्हाई में, क्या मजा तेरी अंगड़ाई में
याद आये तेरी तन्हाई में, क्या मजा तेरी अंगड़ाई में
तेरे प्यार में डूबा हूँ...मेरी जानूं...मेरी जानूं
मेरी जानूं...मेरी जानूं ...मेरी जानूं

F- बहके-बहके जज़्बात हैं, महके-महके लम्हात हैं
बहके-बहके जज़्बात हैं, महके-महके लम्हात हैं
तेरी याद में खोयी हूँ ... मेरे जानूं... मेरे जानूं
मेरे जानूं... मेरे जानूं ...मेरे जानूं ...

M-	नींद न आये	F-	मेरे सनम)
M-	चैन न आये	F-	मेरे सनम)....2
M-	धुन कोई सुना	F-	मेरे सनम)
M-	गीत कोई गा	F-	मेरे सनम)....2

मेरे सनम...मेरे सनम...मेरे सनम

M- भीगें आ सनम बरसात में, सावन की ठंडी रात में
भीगें आ सनम बरसात में, सावन की ठंडी रात में
तेरे प्यार में डूबा हूँ...मेरी जानूं...मेरी जानूं
मेरी जानूं...मेरी जानूं ...मेरी जानूं

F-	तू मेरी है	M-	जुस्तजू)
F-	तू मेरी है	M-	आरजू)...2
F-	तू है मेरा	M-	हमसफर)
F-	तू है मेरा	M-	दिल-जिगर)...2

दिल-जिगर...दिल-जिगर...दिल-जिगर

F- मीलों जैसी ये दूरियाँ, कब तक हैं ये मजबूरियाँ
मीलों जैसी ये दूरियाँ, कब तक हैं ये मजबूरियाँ
तेरी याद में खोयी हूँ ... मेरे जानूं... मेरे जानूं
मेरे जानूं... मेरे जानूं ...मेरे जानूं ...

याद तुम आये बहुत रात की
(Base-Humsafar mere humsafar...)

याद तुम आये बहुत रात की तन्हाई में
रफ़्ता-रफ़्ता ये सफर कट गया रुसवाई में
याद तुम आये बहुत रात की तन्हाई में
रफ़्ता-रफ़्ता ये सफर कट गया रुसवाई में
याद तुम आये बहुत ~~~~~~~~~~

तुमसे गर हमको मुहब्बत हुई न होती ठीक था
बेवज़ह धड़कन दिल की बढ़ती न तो ठीक था
बीते हैं सुनहरे ये पल
वक़्त की गहराई में...वक़्त की गहराई में
याद तुम आये बहुत रात की तन्हाई में
रफ़्ता-रफ़्ता ये सफर कट गया रुसवाई में
याद तुम आये बहुत ~~~~~~~~~~

देखकर मिलन हमारा दीप हजारों जल गये
बागवां में जाने जांना गुल हजारों खिल गये
पहला-पहला वो मिलन
सोचकर घबराई मैं...सोचकर घबराई मैं
याद तुम आये बहुत रात की तन्हाई में
रफ़्ता-रफ़्ता ये सफर कट गया रुसवाई में
याद तुम आये बहुत ~~~~~~~~~~

नज़रें तुमसे क्या मिली तीर जिगर पे चल गया
देखते ही देखते फ़लसफ़ा बदल गया
सपने सच लग रहे थे
बाहों में जब आई मैं...बाहों में जब आई मैं
याद तुम आये बहुत रात की तन्हाई में
रफ़्ता-रफ़्ता ये सफर कट गया रुसवाई में
याद तुम आये बहुत ~~~~~~~~~~

ये दास्तान है ग़म की
(Base-Mujhe kitna pyar Hai Tum...)

ये दास्तान है ग़म की~तुमको सुना न पाऊँगा
थी संगदिल एक लड़की~जिसे दिल में मैं बसा बैठा
ये दास्तान है ग़म की~तुमको सुना न पाऊँगा
थी संगदिल एक लड़की~जिसे दिल में मैं बसा बैठा

राहों में जिसकी हरदम~पलकें बिछाकर बैठा
उसने दिया है मुझको~कितना हसीन धोखा
हस्ती को मेरी आंका~उसने करीब आकर
गैरों के साथ मिलकर~किया लाजवाब सौदा
ये दास्तान है ग़म की~तुमको सुना न पाऊँगा
थी संगदिल एक लड़की~जिसे दिल में मैं बसा बैठा

बेइन्तहा मुहब्बत~की उससे मैंने क्यों कर
मौसम था वो सुहाना~लिये राज़ मेरे रो-रोकर
दिल इस तरह से टूटा~जैसे आईना कोई हो
तन्हाई में बिठाकर~दिये जाम उसने हंस-हंस कर
ये दास्तान है ग़म की~तुमको सुना न पाऊँगा
थी संगदिल एक लड़की~जिसे दिल में मैं बसा बैठा

उल्फ़त में खायी कसमें~वो तो निभा न पाई
दौलत की रोशनी में~वो हो गयी पराई
हुये इस ज़हां में फेमस~लिखे मेरे तराने
दिया रोग मुझको ऐसा~नहीं जिसकी कोई दवाई
ये दास्तान है ग़म की~तुमको सुना न पाऊँगा
थी संगदिल एक लड़की~जिसे दिल में मैं बसा बैठा

ये दिलोजिगर किया तेरे नाम
(Base-ye jaan chali jaye...)

M- ये दिलोजिगर किया तेरे नाम
तेरी याद आये सुबह और शाम
F- ये दिलोजिगर किया तेरे नाम
तेरी याद आये सुबह और शाम
M- ये दिलोजिगर किया तेरे नाम
तेरी याद आये सुबह और शाम

M- मुहब्बत में नहीं तमाशा करते~~~~2
यूँ ही नहीं दिल जलाया करते
तुझको पाने की ख़ातिर लिये हैं कई जनम
तुझको पाने की ख़ातिर लिये हैं कई जनम
F- पिया मैंने ख़त लिखा तेरे नाम
तेरी याद आये सुबह और शाम
M- ये दिलोजिगर किया ~~~~~~~~~~~

F- दीवानी मैं हुई तुझे देखकर~~~~2
न जाने क्या हुआ तुझे सोचकर
दो ही पल में मेरा दिल कहीं पे खो गया
दो ही पल में मेरा दिल कहीं पे खो गया
M- ये तन्हा सफर कि हो भी अन्जाम
तेरी याद आये सुबह और शाम
ये दिलोजिगर~~~~~~~

M- हजारों सिलसिले तुझ ही से जुड़ गये~~~2
हजारों नये गुल बागों में खिल गये
न जाने कब ये ख़बर ज़हां को हो गयी
न जाने कब ये ख़बर ज़हां को हो गयी
F- ये दिल चाहता है जपूँ तेरा नाम
तेरी याद आये सुबह और शाम
M&F- ये दिलोजिगर किया तेरे नाम
तेरी याद आये सुबह और शाम

www.ingramcontent.com/pod-product-compliance
Lightning Source LLC
LaVergne TN
LVHW060215051026
849517LV00005B/1418
* 9 7 8 9 3 9 1 5 7 1 9 9 3 *